石油钻井关联交易长效管理机制研究

黄伟和 著

石油工业出版社

内 容 提 要

本书总体目标是建立一套具有中国特色的全过程、动平衡、标准化、信息化的石油钻井关联交易长效管理机制，实现中国石油天然气集团公司整体效益最优化。全书共分3篇15章：上篇为理论基础与顶层设计部分，第1章研究发展方向问题与解决方案，第2章研究管理机制问题与解决方案，第3章研究计价标准问题与解决方案，第4章研究总体实施方案，第5章进行总体效益分析；中篇为计价标准编制方法部分，第6章研究钻井工程量清单编制方法，第7章研究钻井工程综合单价编制方法，第8章研究钻井工程计价指标编制方法，第9章研究计价标准总体水平测算方法；下篇为管理制度建设部分，第10章研究中国石油钻井工程造价管理办法编制，第11章研究中国石油钻井工程造价管理流程设计，第12章研究钻井工程费用预算编制方法，第13章研究钻井工程投资规划编制方法，第14章研究钻井工程投资优化分析方法，第15章研究钻井工程造价管理信息系统建设。

本书可供石油钻井工程相关管理人员、造价专业人员和经济研究人员参考。

图书在版编目（CIP）数据

石油钻井关联交易长效管理机制研究/黄伟和著．
北京：石油工业出版社，2014.9
ISBN 978-7-5183-0356-4

Ⅰ．石⋯
Ⅱ．黄⋯
Ⅲ．油气钻井-工程造价-造价管理-研究-中国
Ⅳ．F426.22

中国版本图书馆 CIP 数据核字（2014）第 200924 号

出版发行：石油工业出版社
（北京安定门外安华里2区1号　100011）
网　　址：www.petropub.com.cn
编辑部：（010）64523533　发行部：（010）64523620
经　　销：全国新华书店
印　　刷：北京晨旭印刷厂

2014年9月第1版　2014年9月第1次印刷
787×1092毫米　开本：1/16　印张：19
字数：490千字

定价：98.00元
（如出现印装质量问题，我社发行部负责调换）
版权所有，翻印必究

前　言

2014年4月17日，中国石油天然气集团公司召开全面深化改革领导小组第一次会议，标志着全面深化改革正式开始。总体目标是，坚持走中国特色社会主义国有企业发展道路，坚持市场化改革方向，遵循市场经济规律和石油行业发展规律，建立完善现代企业制度，着力消除各方面体制机制性障碍，进一步激发企业发展动力和活力，为全面建成世界水平综合性国际能源公司提供保障。2014年主要工作之一是做好顶层设计，制订好全面深化改革的总体方案。

石油钻井是中国石油的一项关键业务，是油气勘探部署决策、发现油气田的最终手段，是油气田增储上产的主要措施，也是油气勘探开发项目中投资最大的工程。2000年，中国石油重组上市开始，石油钻井业务主要实行关联交易，但是运行效果很不理想，存在着较为突出的矛盾和问题。目前，关于钻井行业发展方向和定位的认识存在较大分歧。有人认为应该全部放开钻井市场，与普通商品市场一样，市场越开放，竞争越激烈，越能降低成本；也有人认为钻探企业应该与油田公司合并，可以避免突出的关联交易矛盾。解决中国石油钻井关联交易问题，建立长效管理机制，落脚点需要着重放在中国特色、石油行业发展规律、企业制度3个方面，认真做好顶层设计。从经济学角度来看，本质上是采用什么样的中国石油钻井管理机制，最终实现中国石油天然气股份有限公司总体钻井投资效益最优化，保证中国石油天然气集团公司整体社会效益和经济效益最大化。

新制度经济学告诉我们，制度是一个社会的游戏规则，起着规范、约束人们行为的作用。它具有以下4个方面特性：(1) 制度是一种公共规则，表现为一定范围内的人群共同遵守的东西；(2) 制度是一个长期有效的规则，具有长期性和稳定性；(3) 制度是一种实现合作的规则，在某种意义上讲，制度就是人们在合作中经过多次博弈而达成的一系列规则的总和；(4) 制度是一种提供确定性的规则，通过建立一个人们相互作用的结构来减少人们相互交往时的不确定性，消除人们之间的利益冲突。因此，制度是人类赖以生存和发展的基石，是人们能够进行正常交往和相处的基础。

制度对于经济活动的作用通过制度的功能体现出来。第一个功能是降低交易费用；第二个功能是为经济提供服务；第三个功能是为合作创造条件；第四个功能是提供激励机制；第五个功能是外部收益内部化；第六个功能是抑制机会主义行为。因此，建立中国石油钻井关联交易长效管理机制，必须建立配套的管理制度。

这里采用新制度经济学的交易费用理论、经济机制设计理论、全过程造价管理理论解析中国石油钻井长效管理机制。认为中国石油应该建立以关联交易为主体、少量外部工程服务交易做补充的钻井市场，有效降低总体钻井成本和调整利润；建立一套具有中国特色的全过程、动平衡、标准化、信息化的钻井工程造价管理新机制，构建"交易管理委员会+建设单位+施工单位"的三边治理结构；建立一套以标准井工程量清单计价为核心的全过程钻井工程计价标准体系；建设一个以集团公司管理层为中心的两纵两横放射状立体的钻井工程造价管理信息平台；建立一套中国石油钻井规划计划编制、勘探开发项目管理、单井钻井工程管理的管理制度；解决钻井造价信息不对称、激励措施不相容、资源配置不合理问题；实现股份公司总体钻井投资效益最优和集团公司总体钻井成本最低，保证集团公司整体社会效益和经济效益最大化。

本书分上、中、下三篇。上篇为理论基础与顶层设计，主要包括发展方向问题与解决方案、管理机制问题与解决方案、计价标准问题与解决方案、总体实施方案、总体效益分析等5个方面内容。中篇为计价标准编制方法，主要包括钻井工程量清单编制方法、钻井工程综合单价编制方法、钻井工程计价指标编制方法、计价标准总体水平测算方法等4个方面内容。下篇为管理制度建设，主要包括中国石油钻井工程造价管理办法编制、中国石油钻井工程造价管理流程设计、钻井工程费用预算编制方法、钻井工程投资规划编制方法、钻井工程投资优化分析方法、钻井工程造价管理信息系统建设等6个方面内容。希望能为中国石油全面深化改革的顶层设计提供参考。

本书是在以往研究成果基础上的进一步提升。近年先后出版的主要著作有《石油钻井系统工程造价技术体系研究》（2008年）、《石油天然气钻井工程造价理论与方法》（2010年）、《石油天然气钻井工程工程量清单计价方法》（2012年）、《石油钻井工程市场定价机制研究》（2013年）。由于研究时间很长，提供帮助的人很多，参考资料也很多，上述著作中已经列出，在此一并表示感谢。

由于石油钻井行业非常复杂，加之笔者水平和知识所限，书中的缺点和不足在所难免，敬请广大同仁、专家、学者批评指正，以便今后不断完善。

目 录

上篇 理论基础与顶层设计

1 发展方向问题与解决方案 (3)
   1.1 交易费用理论 (3)
   1.2 石油钻井交易总体特性 (5)
   1.3 国际钻井市场总体发展规律 (6)
   1.4 中美钻井成本变化差距对比 (10)
   1.5 中外大公司利润率水平对比 (14)
   1.6 国内钻井市场开放案例分析 (17)
   1.7 民营钻井企业低成本根源分析 (18)
   1.8 国内钻井市场开放后果分析 (20)
   1.9 结论 (21)

2 管理机制问题与解决方案 (22)
   2.1 经济机制设计理论 (22)
   2.2 全过程造价管理理论 (22)
   2.3 存在问题分析 (23)
   2.4 管理机制建立 (24)
   2.5 发展目标 (26)
   2.6 技术路线 (27)

3 计价标准问题与解决方案 (28)
   3.1 钻井工程造价项目标准化 (28)
   3.2 钻井工程计价标准标准化 (29)
   3.3 钻井工程计价方法标准化 (31)
   3.4 标准井工程造价管理标准化 (33)
   3.5 钻井工程全过程计价标准化 (34)

4 总体实施方案 (35)
   4.1 管理机制建立方法 (35)
   4.2 总体进度安排 (36)
   4.3 保障措施 (36)

5 总体效益分析 (39)
   5.1 明确中国石油钻井市场发展方向 (39)
   5.2 根本上全面解决钻井关联交易问题 (39)
   5.3 显著减少集团公司总体钻井成本 (40)

5.4　全过程优化钻井工程投资决策 …………………………………………… (40)
5.5　有利于形成反腐倡廉新机制 …………………………………………… (41)

中篇　计价标准编制方法

6　钻井工程量清单编制方法 …………………………………………… (45)
6.1　钻井工程造价项目分类标准 …………………………………………… (45)
6.2　钻井工程工程量清单计算规则 ………………………………………… (45)
6.3　典型井筛选方法 ………………………………………………………… (46)
6.4　标准井工程参数设计方法 ……………………………………………… (51)
6.5　标准井工程量清单编制方法 …………………………………………… (68)

7　钻井工程综合单价编制方法 …………………………………………… (70)
7.1　钻井工程综合单价规定 ………………………………………………… (70)
7.2　原始资料采集方法 ……………………………………………………… (74)
7.3　基础标准编制方法 ……………………………………………………… (75)
7.4　钻前工程综合单价编制方法 …………………………………………… (86)
7.5　钻进工程综合单价编制方法 …………………………………………… (93)
7.6　固井工程综合单价编制方法 …………………………………………… (99)
7.7　录井工程综合单价编制方法 …………………………………………… (103)
7.8　测井工程综合单价编制方法 …………………………………………… (105)
7.9　完井工程综合单价编制方法 …………………………………………… (107)
7.10　工程建设其他项目综合单价编制方法 ………………………………… (118)

8　钻井工程计价指标编制方法 …………………………………………… (119)
8.1　钻井工程概算指标编制方法 …………………………………………… (119)
8.2　钻井工程估算指标编制方法 …………………………………………… (119)
8.3　钻井工程参考指标编制方法 …………………………………………… (124)

9　计价标准总体水平测算方法 …………………………………………… (126)
9.1　钻井工程造价计算方法 ………………………………………………… (126)
9.2　钻井工程投资对比方法 ………………………………………………… (128)
9.3　钻井工程成本对比方法 ………………………………………………… (130)
9.4　钻井周期水平对比方法 ………………………………………………… (133)

下篇　管理制度建设

10　中国石油钻井工程造价管理办法编制 ……………………………… (139)
10.1　总则 …………………………………………………………………… (139)
10.2　管理机构及职责 ……………………………………………………… (139)
10.3　计价标准管理 ………………………………………………………… (140)
10.4　中长期规划中钻井工程造价管理 …………………………………… (141)
10.5　可行性研究中钻井工程造价管理 …………………………………… (141)

10.6　初步设计中钻井工程造价管理 ………………………………………………… (141)
　10.7　年度投资计划编制中钻井工程造价管理 …………………………………… (142)
　10.8　钻井工程预算管理 ……………………………………………………………… (142)
　10.9　招标投标和合同价管理 ………………………………………………………… (142)
　10.10　钻井工程结算管理 …………………………………………………………… (143)
　10.11　钻井工程决算管理 …………………………………………………………… (144)
　10.12　钻井工程造价信息管理 ……………………………………………………… (144)
　10.13　钻井工程造价人员管理 ……………………………………………………… (145)
　10.14　监督检查 ……………………………………………………………………… (145)
　10.15　其他 …………………………………………………………………………… (145)
11　中国石油钻井工程造价管理流程设计 ………………………………………………… (146)
　11.1　中长期规划中钻井工程造价管理流程 ……………………………………… (146)
　11.2　勘探开发项目可行性研究中钻井工程造价管理流程 …………………… (148)
　11.3　年度投资计划中钻井工程造价管理流程 …………………………………… (150)
　11.4　钻井工程预算中钻井工程造价管理流程 …………………………………… (152)
　11.5　钻井工程结算中钻井工程造价管理流程 …………………………………… (153)
12　钻井工程费用预算编制方法 …………………………………………………………… (155)
　12.1　钻井工程费用预算编制内容 ………………………………………………… (155)
　12.2　编制说明 ……………………………………………………………………… (156)
　12.3　钻井周期设计 ………………………………………………………………… (157)
　12.4　分部分项工程费用预算 ……………………………………………………… (158)
　12.5　钻井工程费用预算 …………………………………………………………… (170)
　12.6　技术经济指标分析 …………………………………………………………… (172)
13　钻井工程投资规划编制方法 …………………………………………………………… (173)
　13.1　专家经验法 …………………………………………………………………… (173)
　13.2　造价指数法 …………………………………………………………………… (174)
14　钻井工程投资优化分析方法 …………………………………………………………… (178)
　14.1　标准井费用变化分析方法 …………………………………………………… (178)
　14.2　区块钻井工程投资变化分析方法 …………………………………………… (179)
　14.3　油田公司钻井工程投资变化分析方法 ……………………………………… (181)
　14.4　股份公司钻井工程投资变化分析方法 ……………………………………… (183)
　14.5　钻井工程投资优化分析方法应用 …………………………………………… (183)
15　钻井工程造价管理信息系统建设 ……………………………………………………… (187)
　15.1　数据库建设 …………………………………………………………………… (187)
　15.2　管理子系统 …………………………………………………………………… (187)
附录A　钻井工程造价项目分类标准 …………………………………………………… (189)
附录B　钻井工程概算指标模式 ………………………………………………………… (199)
附录C　钻井工程工程量清单计算规则 ………………………………………………… (215)

— 3 —

附录 D　钻井工程主要参数统计表 …………………………………（230）
附录 E　典型井工程参数统计表 ……………………………………（232）
附录 F　标准井工程参数设计表 ……………………………………（241）
附录 G　标准井工程量清单模式 ……………………………………（250）
附录 H　施工队伍信息统计表 ………………………………………（265）
附录 I　主要材料和运输价格统计表 ………………………………（286）
附录 J　钻井工程投资统计表 ………………………………………（289）
参考文献 …………………………………………………………………（293）

上 篇

理论基础与顶层设计

本篇包括发展方向问题与解决方案、管理机制问题与解决方案、计价标准问题与解决方案、总体实施方案、总体效益分析等5个方面内容。

1 发展方向问题与解决方案

存在问题：目前中国石油钻井关联交易矛盾突出，关于钻井行业管理发展方向和定位的认识存在较大分歧。有人认为应该全部放开钻井市场，与普通商品市场一样，市场越开放，竞争越激烈，越能降低成本；也有人认为钻探企业应该与油田公司合并，可以避免突出的关联交易矛盾。

解决方案：采用交易费用理论，解决钻井管理发展方向问题。中国石油应该建立以关联交易为主体、少量外部工程服务交易做补充的钻井市场，有效降低总体钻井成本并调整利润，实现集团公司总体钻井成本最小化和综合效益最大化。

下面从交易费用理论、石油钻井交易总体特性、国际钻井市场总体发展规律、中美钻井成本变化差距对比、中外大公司利润率水平对比、国内钻井市场开放案例分析、民营钻井企业低成本根源分析、国内钻井市场开放后果分析等8个方面进行研究。

1.1 交易费用理论

1.1.1 新制度经济学简介

新制度经济学兴起于20世纪70年代，该领域先后有6人获得诺贝尔经济学奖，核心思想是交易费用和产权结构影响人的激励和经济行为，因而制度安排对于人的行为、资源配置和经济增长具有至关重要的影响，包括4个基本理论：交易费用理论、企业理论、产权理论、制度变迁理论。

1.1.1.1 交易费用理论

交易源自社会分工与合作，生产和交易构成了人类经济活动的全部内容，因此，经济活动的成本包括生产费用和交易费用。作为理性的经济人，经济单位或经济个体总是希望降低交易费用，因而会想出各种办法，包括作出不同的制度安排，建立不同的经济组织，或者选择不同的交易方式等。

由于经济学是研究稀缺资源配置的，交易费用理论表明交易活动是稀缺的，市场的不确定性导致交易也是冒风险的，因而交易也有代价，从而也就有如何配置的问题。资源配置问题就是经济效率问题。所以，某一种制度能够提高经济效率，将会取代旧的制度。这样，制度分析也就真正纳入了经济学分析之中。因此，交易费用是新制度经济学最基本的核心概念，交易费用思想对于新制度经济学具有重要意义。

1.1.1.2 企业理论

认为市场机制是一种配置资源的手段，企业也是一种配置资源的手段，二者是可以相互替代的。交易费用的节省是企业产生、存在和替代市场机制的唯一动力。由于企业管理是有费用的，企业规模不可能无限扩大，其限度在于利用企业方式组织交易的成本等于通过市场交易的成本。

1.1.1.3 产权理论

产权实质上是一套激励与约束机制。新制度经济学认为，产权安排直接影响资源配置效率。一个社会的经济绩效如何,最终取决于产权安排对个人行为所提供的激励。

1.1.1.1.4 制度变迁理论

制度在决定一个国家经济增长和社会发展方面具有决定性作用。制度变迁的原因之一就是相对节约交易费用,即降低制度成本,提高制度效益。所以,制度变迁可以理解为一种收益更高的制度对另一种收益较低的制度的替代过程。

1.1.2 交易费用决定因素

交易费用取决于人的行为因素和特定交易因素。新制度经济学认为经济活动中的人是一个追求个人利益最大化、有限理性、具有机会主义倾向的契约人。特定交易因素包括资产专用性、不确定性和交易频率。

资产专用性指某项资产能够被重新配置于其他替代用途或是被他人使用而不损失其生产价值的程度。资产专用性对交易费用具有决定性作用,而交易费用的高低决定了管理机制,因此,资产专用性程度决定了管理机制。图 1-1 给出了随着资产专用性程度的增加,市场制、混合制、企业制 3 种管理机制依次显示其节约交易费用的优势。其中,$M(k)$、$X(k)$、$H(k)$ 分别表示市场制、混合制、企业制基于资产专用性 k 的交易费用函数,$TC_M = M(k)$,$TC_X = X(k)$,$TC_H = H(k)$。

令 k^* 表示一项交易中 k 的最优值,则有效的管理机制有如下 3 种情况:(1)当 $k^* < k_1$ 时,市场制管理机制的交易费用最小,此时应选择市场交易;(2)当 $k_1 < k^* < k_2$ 时,市场激励对有依赖关系的交易双方的协调造成阻碍,行政控制所带来的收益增加,但还不足以达到抵消官僚成本的程度,所以混合制是一种行之有效的模式;(3)当 $k^* > k_2$ 时,行政控制的收益已经开始超过其成本,此时企业制的交易费用最低,从而成为双方交易的选择。

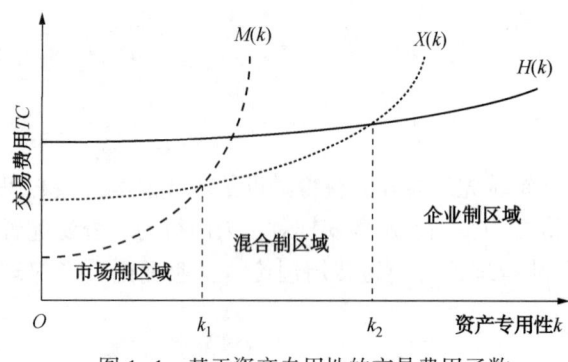

图 1-1 基于资产专用性的交易费用函数

不确定性指人们对未来会发生什么和会如何变化没有确切的把握,是由于信息不完全和有限理性所造成的。不确定性与交易费用变化关系同资产专用性具有相似性,其变化规律也如图 1-1 所示。

交易频率指当事人在一定时期内交易的次数。总体来说,交易频率越高,总交易费用也越高。交易频率影响单次交易的费用,即平均交易费用。在交易费用一定时,交易频率越高,平均交易费用越低。对于上述 3 种管理机制是相同的。但是,由于 3 种管理机制的交易费用起点和变化趋势存在差异,从而对平均交易费用产生不同影响。交易频率变化与交易费用变化关系如图 1-2 所示。其中,$M(r)$、$X(r)$、$H(r)$ 分别表示市场制、混合制、企业制基于交易频率 r 的交易费用函数。

因此,交易费用取决于资产专用性、不确定性、交易频率 3 个特定因素共同作用,实际上交易费用的变化趋势应该是一个四维的变化发展过程。为了便于直观理解,简化成二维图形,如图 1-3 所示。这里采用 TC_M、TC_X、TC_H 分别代表市场制、混合制、企业制的交易费用,用 k、w、r 分别代表资产专用性、不确定性、交易频率,于是有:$TC_M = M(k, w, r)$;$TC_X = X(k, w, r)$;$TC_H = H(k, w, r)$。

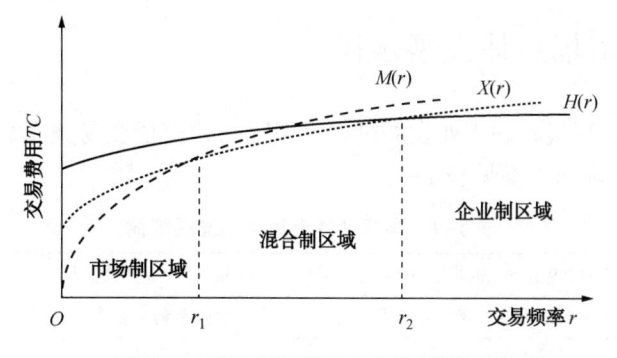

图 1-2　基于交易频率的交易费用函数

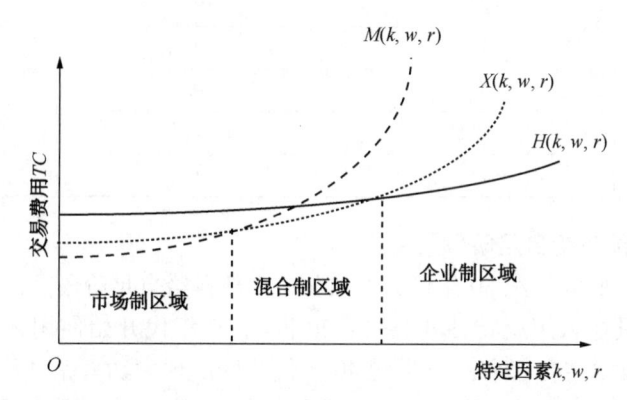

图 1-3　基于 3 个特定因素的交易费用变化趋势

1.2　石油钻井交易总体特性

1.2.1　资产专用性强

石油钻井属于专用性极高的特质资产，表现为位置专用性、人力资本专用性、实物资产专用性和专项资产专用性。位置专用性就是每一个油田和每一口油气井的地理位置是不可以移动的。人力资本专用性就是从事石油钻井、测井、录井、固井、试油等专业技术工作，需要拥有特殊知识和信息的劳动者才能胜任。实物资产专用性就是石油钻机、固井设备、测井仪器等实物资产，在物理性能上具有专门的适用性，除了规定的一定用途外，别无他用；专项资产专用性就是套管、油管和井下工具等专门为钻井工程所使用。

1.2.2　不确定性高

石油钻井工程是一种完全的隐蔽性工程，涉及地质风险、技术风险、环境风险、经济风险、政治风险等各种各样的风险。因此，风险性即不确定性是非常高的。

1.2.3　交易频率变化大

不同油田不同勘探开发阶段的石油钻井工程量变化是非常大的，有时 1 年仅钻几口井，有时 1 年需要钻几百口井甚至几千口井，因此，钻井交易频率变化大。

总体来看，基于资产专用性强、风险性高的特点，石油钻井交易费用是很高的，管理机制适用于企业制和混合制管理机制。

1.3 国际钻井市场总体发展规律

从1859年开始,现代石油工业发展过程中国际钻井市场交易关系总体上经历了"合→分→合"的发展变化规律,参见表1-1。

表1-1 国际钻井市场总体发展规律

	时间节点	1859年至20世纪50年代	20世纪50年代至90年代后期	20世纪90年代后期至今
概况	发展阶段	石油公司内部自给自足	钻井承包市场建立	综合服务和联盟
	定价模式	内部成本核算	市场招标投标	共同协商激励
根源	资产专用性	高	中	高
	不确定性	高	中	高
	交易频率	低	中	高
规律	交易模式	企业制	市场制	混合制
	交易关系	合	分	合

1.3.1 石油公司内部自给自足阶段

19世纪60年代到20世纪50年代为石油公司内部自给自足阶段。1901年以前采用机械顿钻方式,1901年开始采用旋转钻井方式;20世纪20年代开始使用牙轮和注水泥固井技术,将钻进和洗井技术结合起来;20世纪40年代开始出现大功率钻井设备。可见,这个阶段石油钻井技术很不成熟,钻井设备和服务具有高度专用性,钻井风险很大,钻井交易频率也不是很高,无法或者说难以进行公开的外部市场交易,只能是企业内部负责钻井施工和管理,采用内部成本核算的交易方式。

1.3.2 钻井服务承包市场建立阶段

20世纪50年代到90年代为钻井服务承包市场的建立和发展阶段。进入20世纪50年代,现代石油钻井技术系列开始成熟起来。这个阶段没有产生重大技术变革,主要是发展了一些降低工程风险和提高效率的单项技术,如钻柱力学与井斜控制技术、喷射钻井技术、无固相不分散钻井液及固控技术、钻井参数优选、地层压力检测和井控技术、平衡钻井技术和PDC钻头等。形成今天还在主要使用的钻井工艺和设备系列配套标准,比如用于确定井身结构的套管和钻头配合标准,如图1-4所示。

正是由于石油钻井设备和产品的标准化,使得石油钻井服务的专用性大幅度降低;石油公司自己管理钻井施工队伍的交易费用显得比较高昂;同时由于钻井技术的不断提高,钻井风险性也不断降低。因此,出现了钻井服务承包市场。通过市场竞争,可以有效降低钻井成本。

1.3.3 综合服务和联盟阶段

进入20世纪90年代,石油天然气勘探开发难度越来越大,钻井技术发生了革命性发展,表现出以下特点。

(1) 资产专用性越来越强。

美国于1995年启动了一项重大长期研究和开发计划,称为"国家先进的钻井与掘进技术",致力于研究与开发一种智能钻井系统,2000年后开始大规模现场实施。斯伦贝谢公司研制出测传马达和遥控可变径稳定器,开发出自动旋转导向钻井系统,传感器距钻头仅2m

图 1-4 套管和钻头尺寸配合表

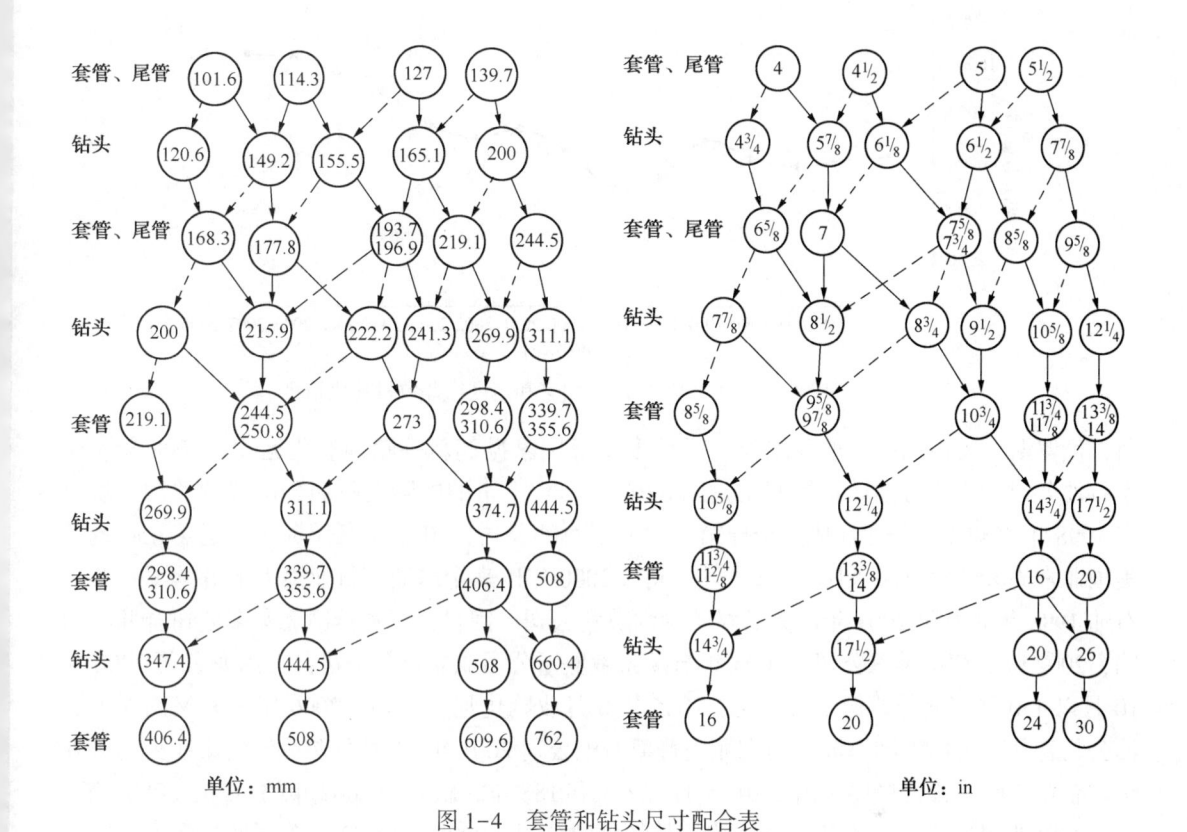

左右，解决了薄油层精确测量问题。再比如过去钻井一直要求过平衡钻井和完井，如今开发出欠平衡钻井完井技术；过去单井眼钻井完井，如今开发出了多分支井钻井完井技术等。钻井市场中的人力资源专用性、钻井设备资产的专用性提高到一个新水平。

（2）不确定性即风险性快速上升。

石油钻井工程涉及地质、环境、技术、经济、政治等各种各样的风险。通过深入研究发现，对于属于完全隐蔽性工程的钻井而言，交易成本中比重最大的是信息成本，特别是工程本身的信息成本。在不考虑经济风险、政治风险的情况下，钻井施工环境总体变化趋势是：在地貌方面，由陆地向海洋、由平原向沙漠和山地发展；在井型方面，由直井、定向井向水平井、分支井发展；在井深方面，由浅井向深井、超深井发展。资料分析表明，2000—2010年美国浅井（井深不大于 5000ft）比例由 55.80% 下降到 42.56%，降低了 13.24%；深井（10000ft＜井深≤15000ft）比例由 12.87% 增长到 21.16%，上升了 8.29%；超深井（井深大于 15000ft）比例由 2.23% 增长到 6.92%。因此，风险性程度由中向高发展。

（3）国际钻井市场交易频率明显提高。

根据《世界石油》统计数据，图 1-5 给出了 1993-2007 年全球 59 个国家和地区钻井数量变化趋势，表明国际钻井市场交易数量明显增加，交易频率也相应提高。

正是由于石油钻井风险性显著增加，钻井高技术性特点更为突出，导致钻井服务的专用性明显增强，并且钻井交易频率明显提高，导致钻井市场交易费用显著增加。

为了降低交易费用，20 世纪 90 年代后期和 21 世纪初，国际钻井市场越来越向买卖双边寡头垄断市场发展。买方垄断市场主要表现形式有 3 种：（1）国家石油公司强化国内垄

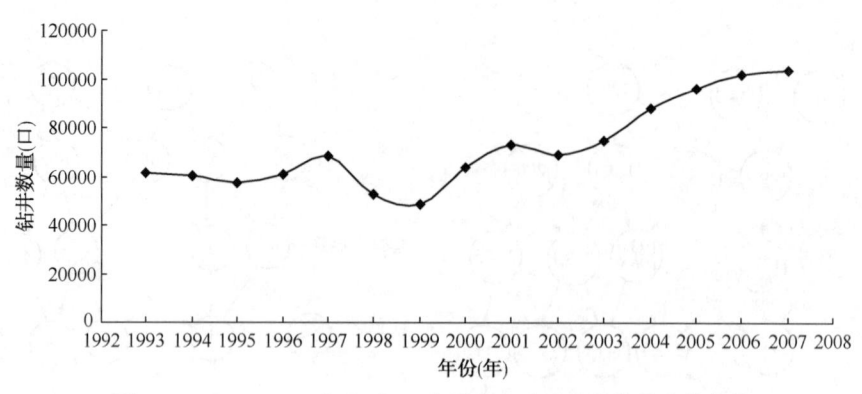

图1-5 1993—2007年全球59个国家和地区钻井数量变化趋势

断,俄罗斯、委内瑞拉、玻利维亚、厄瓜多尔等国家掀起新一轮国有化运动。2008年,国家石油公司对全球石油储量控制率达到82%。(2)上市的国际大石油公司持续并购,埃克森1998年收购美孚公司后成为全球第一大上市石油公司,2009年又斥资410亿美元收购了美国非常规天然气巨头XTO能源公司,成为2000年以来全球油气行业最大的并购案;英国石油1998年8月至2001年底先后对美国阿莫科公司、阿科公司和英国嘉实多公司合并与收购,2002收购德国维巴公司,2003年与两家俄罗斯公司成立合资公司;雪佛龙公司2000年10月以450亿美元并购德士古公司,2005年8月收购优尼科公司,2006年1月又同西方石油公司合并;美国大陆石油公司和菲利普斯石油公司2001年11月并购后创建康菲公司,在全球企业500强排行榜中,由2001年的122位和188位,跃升为2002年的36位,2002年8月并购康纳和公司,2006年3月并购柏林顿资源公司,2008年以52亿美元收购了Origin公司在澳大利亚的煤层气资产;壳牌公司2008年以58亿美元收购了Duvernay公司在加拿大西部的非常规油气资产。可见,几乎所有居世界前列的上市石油公司在21世纪前10年都实施了一系列的并购活动,主要目的是进一步控制更多的油气田。(3)国家石油公司和国际大石油公司建立联盟。伊拉克在相隔30年后重新对外开放其石油资源,2009年实施两轮招标。在6月第一轮招标中,英国石油联手中国石油成功获得伊拉克最大的、世界排名第6的鲁迈拉油田20年开发权,随后成立合资公司,英国石油、中国石油、伊拉克国有南方石油3家公司分别占38%、37%、25%,作业者为英国石油公司。在12月第二轮招标中,中国石油、道达尔、马来西亚石油公司组成的集团成功获得属于"超巨型"油田的哈法亚油田20年开发权,中国石油、道达尔、马来西亚石油和伊拉克南方石油公司分别拥有37.5%、18.75%、18.75%和25%的权益,中国石油担任作业者。上述两个实例可以明显看出,国家石油公司和国际大石油公司建立合作联盟,共同控制油气田资源。这种情况不胜枚举。

卖方垄断市场以国际大服务公司为主体。1998年哈里伯顿与德莱赛、贝克休斯与西方阿特拉斯合并,世界油田服务公司由"五强"变成"三巨头":斯伦贝谢、哈里伯顿和贝克休斯;威德福1997—2007年收购了300多家公司。采用两种行业集中度CR_4划分市场类型标准,参见表1-2和表1-3。测算得出2000—2011年23个国际钻井专业市场全部是寡头垄断市场,其中19个属于强寡头垄断型市场,参见表1-4。

21世纪钻井交易模式向混合制的综合服务和联盟发展,如图1-6所示。综合服务和联盟的共同特点是:(1)协同工作是前提;(2)鼓励是手段;(3)不断改进作业指标是关键;(4)互利双赢是目的。

表 1-2　市场分类标准一

序号	市场类型		行业集中度 CR_4
1	垄断竞争型		$CR_4 < 20\%$
2	寡头垄断型	弱寡头垄断型	$20\% \leq CR_4 < 40\%$
3		寡头垄断型	$40\% \leq CR_4 < 60\%$
4		强寡头垄断型	$60\% \leq CR_4$

表 1-3　市场分类标准二

序号	市场类型		行业集中度 CR_4
1	竞争型		$CR_4 < 30$
2	寡占型	寡占Ⅴ型	$30\% \leq CR_4 < 35\%$
3		寡占Ⅳ型	$35\% \leq CR_4 < 50\%$
4		寡占Ⅲ型	$50\% \leq CR_4 < 75\%$
5		寡占Ⅱ型	$75\% \leq CR_4 < 85\%$
6		寡占Ⅰ型	$CR_4 \geq 85\%$

表 1-4　国际钻井专业市场类型分析

序号	专业市场	CR_4（%）	按标准一划分	按标准二划分
1	陆上钻井承包服务	37.32	弱寡头垄断	寡占Ⅳ型
2	海上钻井承包服务	49.01	寡头垄断	寡占Ⅳ型
3	海上船运	54.78	寡头垄断	寡占Ⅲ型
4	设备租赁与打捞服务	57.25	寡头垄断	寡占Ⅲ型
5	套管和油管服务	61.01	强寡头垄断	寡占Ⅲ型
6	井下钻具服务	62.05	强寡头垄断	寡占Ⅲ型
7	固控与废弃物管理服务	67.49	强寡头垄断	寡占Ⅲ型
8	搬家及井控服务	67.90	强寡头垄断	寡占Ⅲ型
9	钻机设备	69.52	强寡头垄断	寡占Ⅲ型
10	录井服务	70.69	强寡头垄断	寡占Ⅲ型
11	套管附件	71.45	强寡头垄断	寡占Ⅲ型
12	石油工业用管材	74.48	强寡头垄断	寡占Ⅲ型
13	井口装置	76.21	强寡头垄断	寡占Ⅱ型
14	固井压裂和防砂服务	76.23	强寡头垄断	寡占Ⅱ型
15	定向钻井服务	78.85	强寡头垄断	寡占Ⅱ型
16	专用化学品	79.10	强寡头垄断	寡占Ⅱ型
17	海上航空运输	79.98	强寡头垄断	寡占Ⅱ型
18	钻井液和完井液服务	80.24	强寡头垄断	寡占Ⅱ型
19	测井服务	82.22	强寡头垄断	寡占Ⅱ型
20	管材检测与表层防护服务	86.01	强寡头垄断	寡占Ⅰ型
21	完井装备与服务	88.02	强寡头垄断	寡占Ⅰ型
22	钻头	89.84	强寡头垄断	寡占Ⅰ型
23	随钻测井（LWD）	99.18	强寡头垄断	寡占Ⅰ型

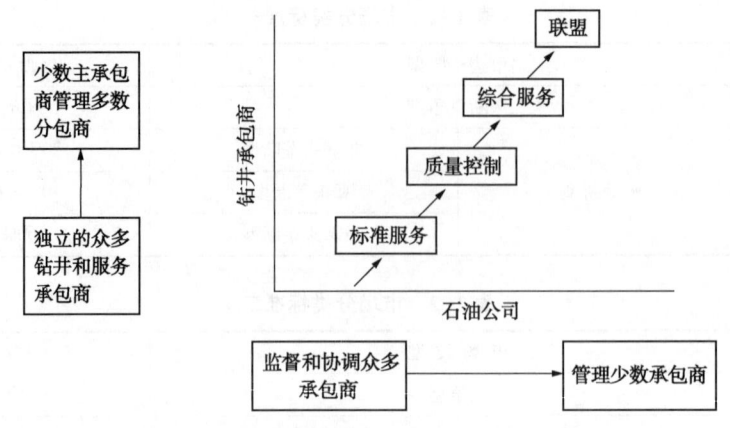

图 1-6　石油公司和钻井承包商之间关系的发展趋势

综合上述分析，国际钻井市场交易关系"合→分→合"发展规律的根源是由钻井资产专用性、不确定性、交易频率决定的交易费用变化所引起的，如图 1-7 所示。

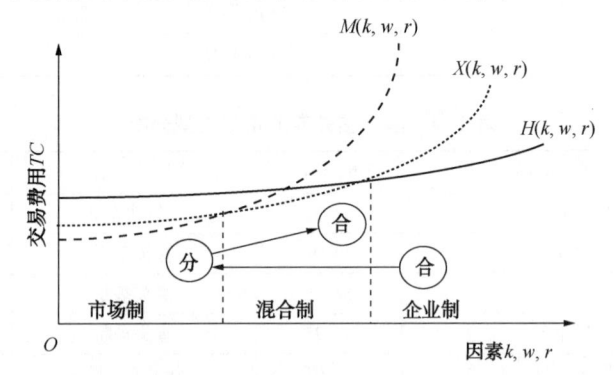

图 1-7　国际钻井市场发展规律与交易费用变化趋势

1.4　中美钻井成本变化差距对比

美国具有世界上最大的钻井市场，占全球 40% 以上的工作量，钻井市场化程度最高，美国的平均井深和钻井规模同中国石油相当，如图 1-8 和图 1-9 所示。2000—2008 年中国石油与美国陆地钻井成本年增长率对比如图 1-10 所示。

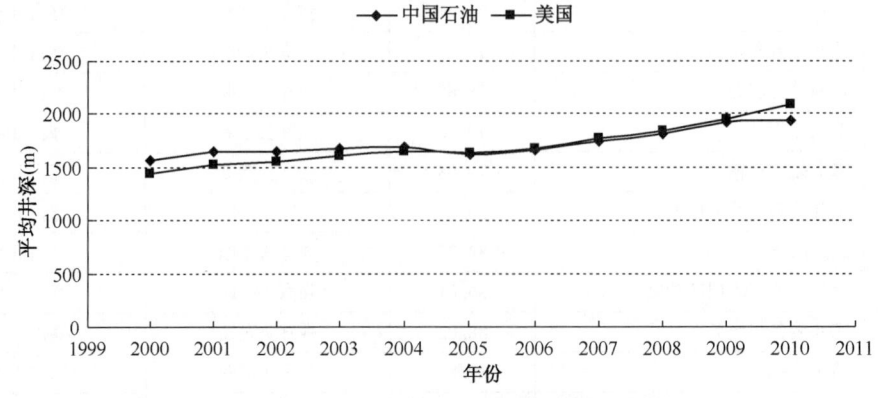

图 1-8　2000—2010 年中国石油与美国平均井深

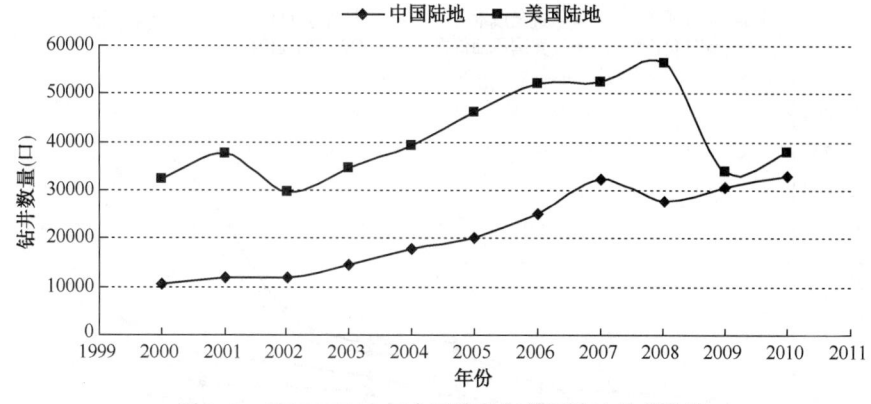

图 1-9　2000—2010 年中国陆地与美国陆地钻井数量

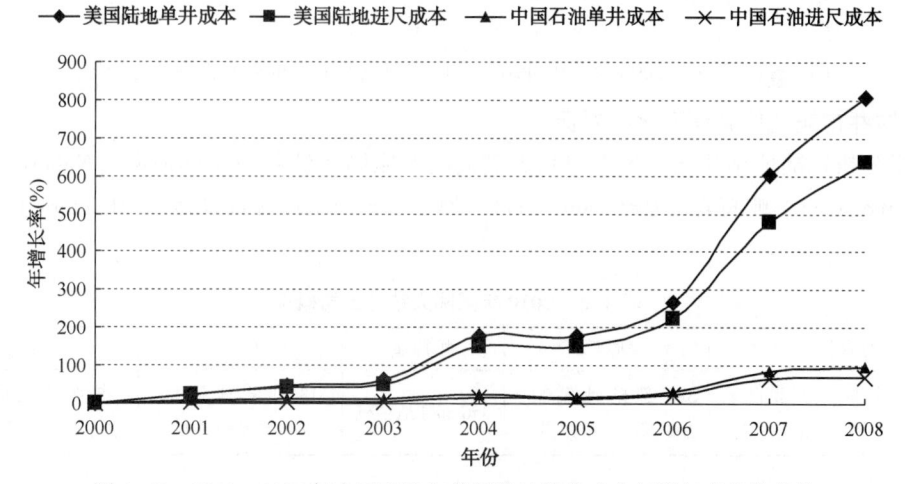

图 1-10　2000—2008 年中国石油与美国陆地钻井成本年增长率变化趋势

可以看出，中国石油与美国陆地平均单井成本、进尺成本的增长率差异很大。2000-2008 年美国陆地平均单井成本增长 805.45%，中国石油为 95.45%，相差 8.44 倍；美国陆地年平均增长率 31.71%，而中国石油为 8.74%，相差 3.63 倍，以年平均 22.97%的幅度拉大。2000—2008 年美国陆地平均进尺成本增长 639.14%，中国石油为 67.95%，相差 9.41 倍；美国陆地年平均增长率 28.41%，中国石油为 6.70%，相差 4.24 倍，以年平均 21.71%的幅度拉大。

1.4.1　主要价格上涨因素分析

以 2000 年为基数，2000—2008 年美国陆地平均单井成本、平均进尺成本与油气上游劳动力价格、柴油价格、钢铁价格、美国原油价格、OPEC 原油价格的增长率变化趋势如图 1-11 所示。

可见，美国陆地钻井成本增长率远远大于主要因素价格增长率，也就是说，劳动力、柴油、钢铁、美国原油、OPEC 原油的价格上涨是导致钻井成本上涨的因素，但还不是导致钻井成本大幅度上涨的主要因素。进一步研究会发现，2000—2008 年美国劳动力和柴油价格上涨幅度还远远没有中国的价格上涨幅度大，美国的钢铁、原油和 OPEC 原油的价格上涨幅度对于中国而言，二者是相当的。因此，影响钻井成本的主要因素价格上涨不是中美钻井成本变化巨大差距的根源。

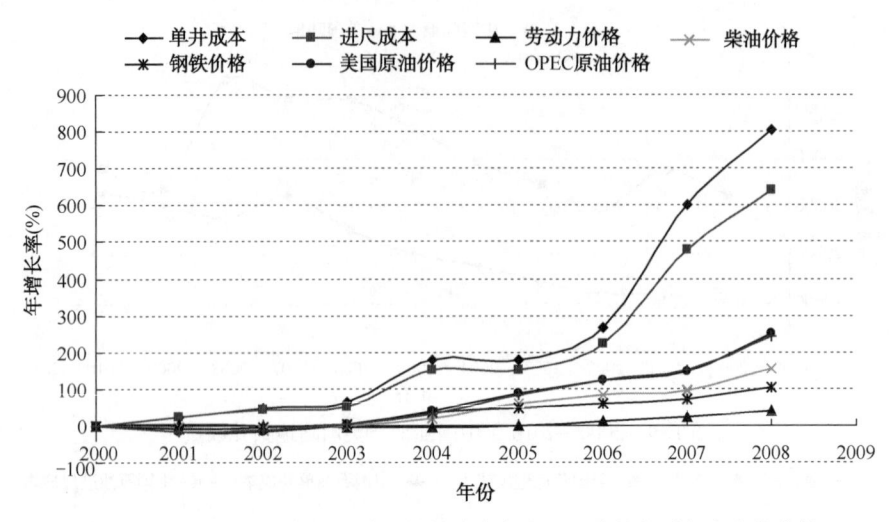

图 1-11　2000—2008 年美国陆地钻井成本与主要因素价格增长率变化趋势

1.4.2　钻井市场主体利润率水平对比

这里分析以陆地钻井施工为主的北美最大的 5 家国际钻井公司纳伯斯（Nabors）、普瑞斯圳（Precision）、帕特森（Patterson-UTI）、恩辛（Ensign）、荷梅瑞希（Helmerich），参见表 1-5。

表 1-5　2010 年国际大钻井公司概况

纳伯斯	普瑞斯圳	帕特森	恩辛	荷梅瑞希
550 部陆地钻机、727 部陆地修井机、37 个海上钻井平台	358 部陆地钻机、200 部陆地修井机	356 部陆地钻机	313 部陆地钻机、123 部陆地修井机	248 部陆地钻机、9 个海上钻井平台

2000—2011 年 5 家钻井公司净利润率和 12 年平均值（国际钻井）与中国石油的钻井公司（中国钻井）净利润率对标情况如图 1-12 所示。

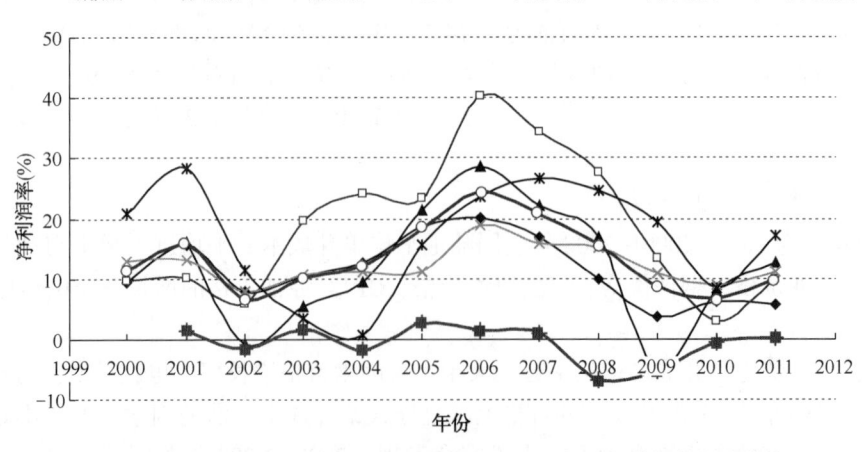

图 1-12　2000—2011 年中国钻井和国际大钻井公司净利润率变化趋势

可以看出，2000—2011 年中国钻井平均净利润率为 -1.10%，而 5 家国际钻井公司平均净利润率为 14.29%，二者相差 15 倍。中国钻井一直处于微利和亏损状态，变化区间为 2.59% 到 -6.85%；而国际钻井始终处于高盈利状态，变化区间为 6.73% 到 24.35%。

钻井公司的利润直接体现在石油公司钻井成本中。可见,钻井公司的利润水平高低是中美钻井成本变化巨大差距的根源之一。

1.4.3 钻井市场承包方式对比

美国在20世纪70年代以前,只有日费制和进尺制,80年代后期开始应用总包制。根据美国1995—2005年动用钻机情况分析,图1-13给出了三种钻井承包方式所占比例的变化趋势。

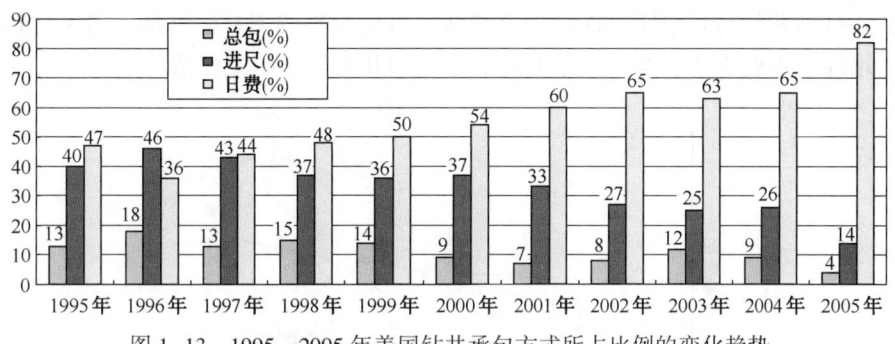

图1-13 1995—2005年美国钻井承包方式所占比例的变化趋势

可见,1995—2005年美国的日费制所占比例最大,其次是进尺制,总包制所占比例最小。1998年以后日费制比例呈逐年升高趋势,2001年后维持在60%以上,2005年高达82%。日费制逐年升高的结果是钻井交易费用会大幅度上升,增加钻井成本。因此,钻井日费制承包方式的大幅增长,是美国钻井成本快速上涨的根源之一。

在中国石油钻井市场中,多年来,90%以上的承包方式是总包制,因此,钻井交易费用会相对低。

可见,钻井承包方式的巨大差异,即美国以日费制为主且呈快速上升趋势,中国以总包制为主且多年变化不大,是中美钻井成本变化巨大差距的根源之一。

1.4.4 交易费用特定因素对比

1.4.4.1 资产专用性

进入21世纪,美国和中国均开始大规模实施水平井、分支井、欠平衡钻井、大型水力压裂等一系列革命性新技术,导致钻井人力资源和设备资产的专用性越来越高。

1.4.4.2 不确定性

2000年后,中国石油和美国不但大量实施水平井、分支井、欠平衡钻井等高难度技术,而且浅井比例大幅减少,深井比例大幅增加,参见表1-6。因此,风险性显著提高。

表1-6 2000—2010年中国石油和美国钻井深度分类比例分析

类别	井深范围（H）	中国石油	美国
浅井	中国石油:$H \leq 1500m$ 美国:$H \leq 1524m$	由55.75%下降到46.00%,降低9.75%	由55.80%下降到42.56%,降低13.24%
中深井	中国石油:$1500m < H \leq 3000m$ 美国:$1524m < H \leq 3048m$	由35.23%增长到42.91%,上升7.68%	由29.11%增长到29.36%,上升0.25%
深井	中国石油:$3000m < H \leq 4500m$ 美国:$3048m < H \leq 4572m$	由7.79%增长到9.14%,上升1.35%	由12.87%增长到21.16%,上升8.29%
超深井	中国石油:$H > 4500m$ 美国:$H > 4572m$	由1.23%增长到1.95%,上升0.72%	由2.23%增长到6.92%,上升4.69%

1.4.4.3 交易频率

美国陆地钻井数量由 2000 年的 32464 口井增加到 2008 年的 56224 口井，中国石油钻井由 2000 年的 7486 口井增加到 2008 年的 16848 口井，并且总体上呈连续增长趋势，交易频率大幅提高。

正是由于石油钻井风险性显著增加，钻井高技术性特点更为突出，钻井服务的专用性明显增强，并且钻井交易频率明显提高，导致钻井市场交易费用显著增加。图 1-14 表示了基于资产专用性、不确定性、交易频率变化的中美钻井交易费用变化情况。

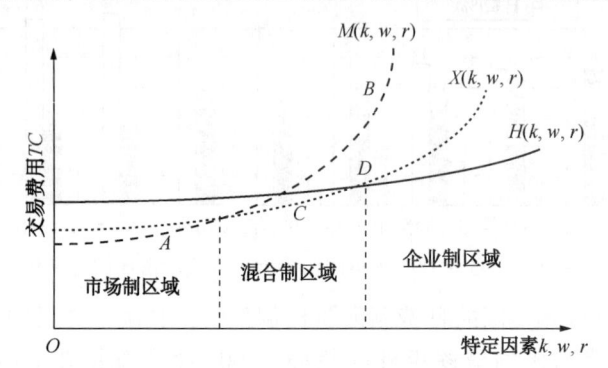

图 1-14　基于三个特定因素的中美钻井交易费用变化趋势

在图 1-14 中，$M(k, w, r)$ 曲线代表美国市场制自由竞争条件下的钻井成本中交易费用变化情况，$X(k, w, r)$ 曲线代表中国混合制关联交易条件下的钻井成本中交易费用变化情况。随着资产专用性、不确定性、交易频率的增加，美国钻井交易费用水平由 A 点快速向上发展到 B 点，同期中国钻井交易费用水平由 C 点向上发展到 D 点。很显然，B 点的美国钻井交易费用水平远大于 D 点的中国交易费用水平。

从经济学原理角度分析，随着钻井资产专用性、不确定性、交易频率的不断增加，基于市场制的自由竞争经济制度环境，美国越来越多采用日费制承包方式，相应地会增加生产费用，钻井公司会取得高额利润，钻井交易费用快速上涨，导致美国钻井成本快速上升；基于混合制的关联交易经济制度环境，中国更趋向采用总包制承包方式，相应地生产费用变化不大，钻井公司微利亏损，钻井交易费用上涨缓慢，导致中国钻井成本低速上升。

可见，中美钻井成本变化巨大差异的关键根源是经济制度或者说是管理机制。

1.5　中外大公司利润率水平对比

选取 2000—2011 年国际钻井市场中大公司净利润率平均值，包括埃克森美孚等 5 家石油公司（国际石油），斯伦贝谢等 4 家服务公司（国际服务），纳伯斯等 5 家钻井公司（国际钻井），对比集团公司所属的股份公司（中国石油）、钻井技术服务公司（中国服务）和钻井公司（中国钻井）的净利润率，如图 1-15 至图 1-19 和表 1-7 所示。

由图 1-15 至图 1-19 和表 1-7 得出以下认识：

（1）国际钻井市场主体和中国钻井市场主体的利润率变化规律是完全相反的。按 2000—2011 年 12 年平均净利润率由低到高排序，国际钻井市场主体中依次为石油公司、服务公司、钻井公司，中国市场主体中依次为钻井公司、服务公司、石油公司。

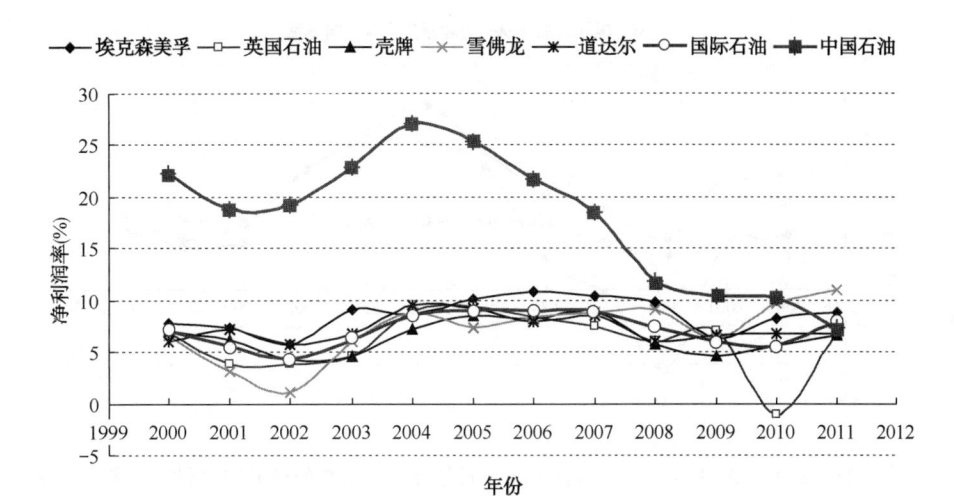

图 1-15　2000—2011 年中国石油和国际大石油公司净利润率变化趋势

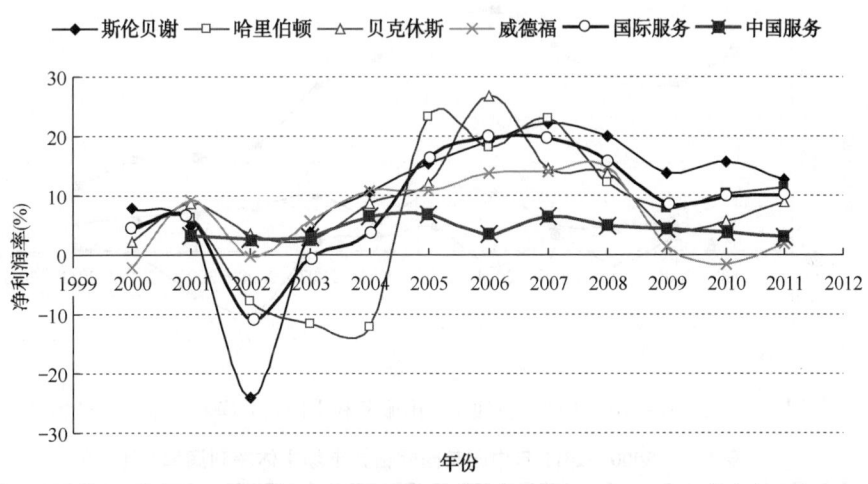

图 1-16　2000—2011 年中国服务和国际大油田服务公司净利润率变化趋势

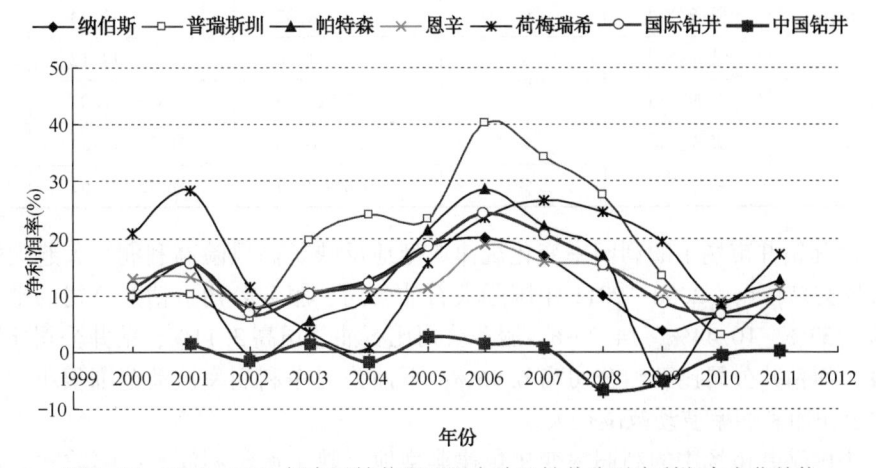

图 1-17　2000—2011 年中国钻井和国际大陆地钻井公司净利润率变化趋势

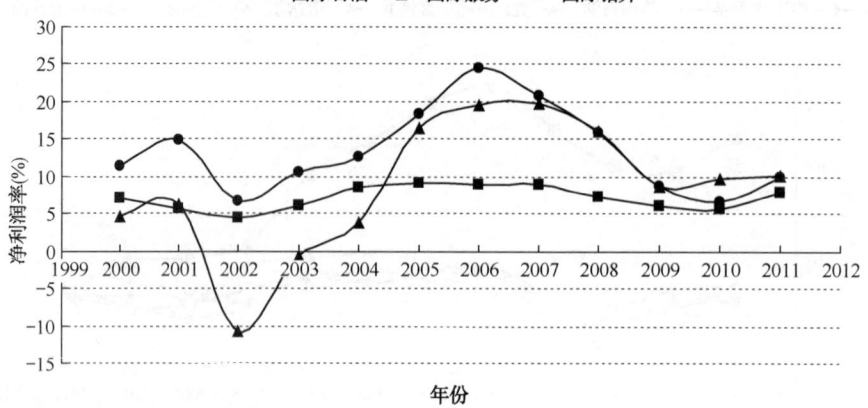

图 1-18 2000—2011 年国际大石油公司、服务公司、钻井公司平均净利润率变化趋势

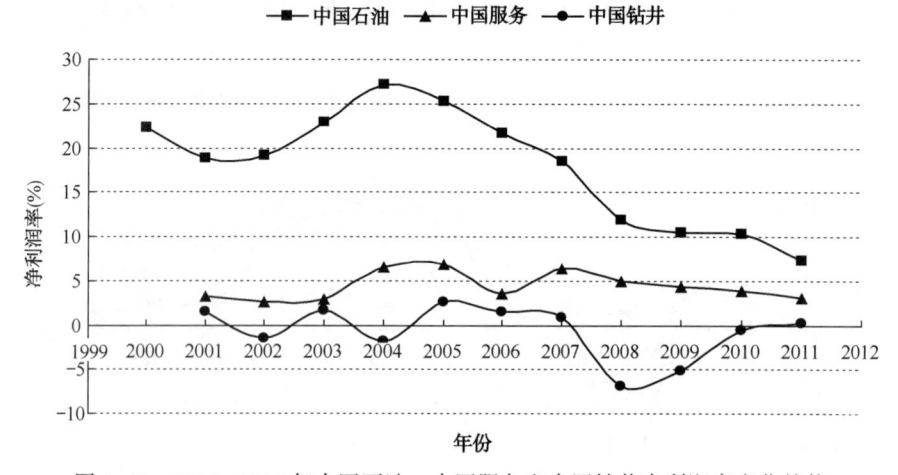

图 1-19 2000—2011 年中国石油、中国服务和中国钻井净利润率变化趋势

表 1-7 2000—2011 年中国与国际钻井市场主体净利润率对比

项　　目	类型公司	计量单位	中国市场	国际市场	差　　额
平均净利润率	石油公司	%	14.33	7.33	6.99
	服务公司	%	4.32	10.44	-6.12
	钻井公司	%	-1.10	14.12	-15.22
净利润率波动范围	石油公司	%	7.28~27.15	4.36~9.04	
	服务公司	%	2.64~6.86	-10.73~19.84	
	钻井公司	%	-6.85~2.59	6.72~24.51	

（2）国际钻井市场中的利润率变化规律典型地反映了高风险高利润、大起大落的自发适应的市场交易特点。2000—2011 年国际大石油公司、服务公司、钻井公司的平均净利润率分别为 7.33%、10.44%、14.29%，服务公司比石油公司高 3.11%，钻井公司比服务公司高 3.85%，而钻井公司比石油公司高 6.96%；石油公司净利润率波动范围很小，而服务公司和钻井公司净利润率波动范围很大。

（3）中国钻井市场中的利润率变化规律典型地反映了调整利润、窄幅波动的自觉适应的关联交易特点。2000—2011 年中国石油、中国服务、中国钻井的平均净利润率分别为

14.33%、4.32%、-1.10%，中国服务比中国石油低10.01%，中国钻井比中国服务低5.42%，而中国钻井比中国石油低15.43%；中国石油净利润率波动范围很大，而服务公司和钻井公司净利润率波动范围很小。

1.6 国内钻井市场开放案例分析

1.6.1 案例背景

A和B两个油区距离3000多公里。2009年3月至2012年4月，基地位于B油区的B2钻探公司调用5部ZJ40钻机，进入到A油区钻井58口，其中HC区块46口井、AY区块12口井。A油区的A2钻探公司共有46口井与B2钻探公司同期作业，其中HC区块31口井、AY区块15口井。两个区块井深区间在2200~3000m。外部来的B2钻探公司钻井日费报价低于关联交易的A2钻探公司7.2%。

1.6.2 钻井周期分析

按开钻时间先后顺序，在HC和AY区块的钻井周期如图1-20所示。

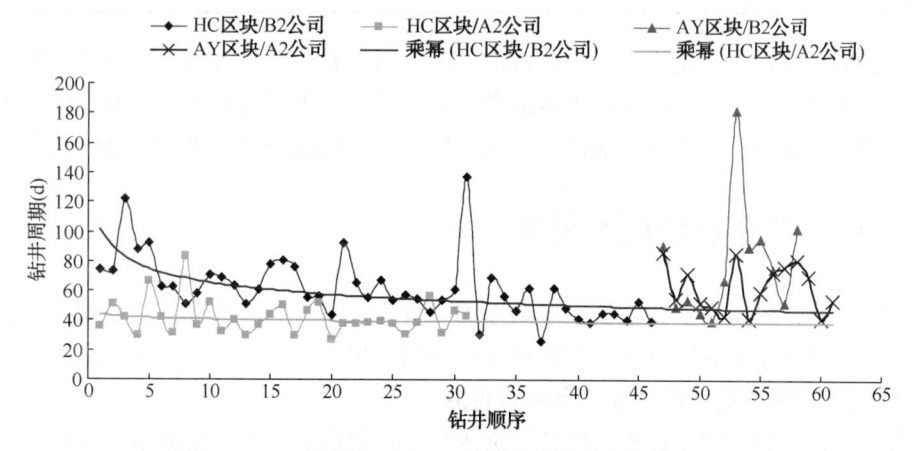

图1-20 B2钻探公司和A2钻探公司钻井周期变化情况

在HC区块，B2钻探公司46口井平均钻井周期61.62d，比A2钻探公司31口井平均钻井周期41.87d多19.74d，高出47.15%。B2钻探公司钻井周期表现出明显地学习曲线特征，在大约第39口井时，刚刚达到A2钻探公司的钻井周期水平，第39口井到第46口井平均钻井周期43.80d，而A2钻探公司钻井周期保持在41.87d水平。

在AY区块，B2钻探公司12口井平均钻井周期78.48d，比A2钻探公司15口井平均钻井周期62.50d多15.98d，高出25.56%。

可以看出B2钻探公司至少有4口井钻井周期表现特别异常高。

1.6.3 总体钻井成本水平对比

采用A2钻探公司HC和AY区块平均进尺成本，分别乘以B2钻探公司的HC和AY区块工作量，进行同样钻井工作量条件下总体钻井成本水平对比，参见表1-8。

可以看出，在总进尺147804.00m条件下，B2钻探公司钻井成本48399.19万元，比A2钻探公司钻井成本37796.21万元增加10602.99万元，增加了28.05%。增加钻井成本的原因有3方面：（1）B2钻探公司交纳的学费7699.20万元，占72.6%；（2）5部钻机长距离的动迁费2065.61万元，占19.5%；（3）外部市场施工增加的运营费838.19万元，占7.9%。

表 1-8　相同工作量条件下总体钻井成本水平对比

施工单位	区块	进尺（m）	单价（元/m）	总成本（万元）
B2 钻探公司	HC	115295.00	3100.55	35747.75
	AY	32509.00	3891.67	12651.44
	合计	147804.00		48399.19
A2 钻探公司	HC	115295.00	2379.73	27437.07
	AY	32509.00	3186.54	10359.13
	合计	147804.00		37796.21
B2 钻探公司-A2 钻探公司	HC		720.82	8310.68
	AY		705.13	2292.30
	合计			10602.99
（B2 钻探公司-A2 钻探公司）÷A2 钻探公司	HC		30.29%	30.29%
	AY		22.13%	22.13%
	合计			28.05%

可见，基于钻井资产高度专用性的特点，本油田钻井队伍经过数十年施工，取得了丰富经验，已经达到很低的钻井周期和成本水平，几乎没有多大提升空间；而外来队伍需要交纳巨额的学费、动迁费、运营费。这样的市场开放只能大幅度增加集团公司总体钻井成本。

1.7　民营钻井企业低成本根源分析

从表面上看，民营钻井企业低成本的原因是管理效率高。深入分析会发现，民营钻井企业低成本的根源实质上是国有企业各种资源转移的结果。

1.7.1　民营钻井企业的资源主要来自国有企业

民营钻井企业的人力、设备、材料等资源主要来自国有企业。石油钻井人力资源具有高度专用性特点，民营企业中的管理者和技术骨干基本上都是来自国有企业，有高薪挖走的，有买断工龄的，有退休的。民营企业中的熟练工人基本上是国有企业培养 2~5 年的市场化员工。据了解，在长庆油区民营钻井队中，仅渤海钻探第二钻井公司培养出来的技术骨干和熟练工人达 400 多人。可见，国有企业已经成为民营企业技术人才的"培训学校"，民营企业节省了大量的人员培养费用。更为严重的是，相当一部分民营企业中人员不但拿着高工资，而且仍然生活在石油矿区，还享受着国有企业所提供的各种福利和补贴。此外，大部分民营企业钻井设备是国有企业的二手设备，很多材料来自国有企业队伍施工的剩余材料。

1.7.2　民营企业与国有企业钻井费用对比

从人工费看，根据行业定员标准规定，ZJ40 和 ZJ50 钻机的钻井队定员为 50 人和 55 人，而在长庆油区的民营钻井队实际配备平均人数为 42 人和 48 人，减少 8 人和 7 人，分别压缩了 16% 和 13%。民营钻井队全部采用市场化用工，国有钻井队有部分合同化用工和部分市场化用工，合同化用工比市场化用工价格高出 30%~50%。另外，民营企业的管理人员工资水平是国有企业的 2~4 倍，但国有企业的管理人员和后勤支持人员数量通常是民营企业的几倍到十几倍，因此，国有企业人工费总量远高于民营企业。

从设备费看，根据长庆油区 ZJ30、ZJ40、ZJ50 钻机资产原值统计，民营企业钻机原值比国有企业低13%~26%。比如国有钻井队的一部钻机原值4000万元，而民营钻井队仅有3000万元；如果都是按8年折旧，国有钻井队年折旧需要500万元，而民营钻井队年折旧仅需要375万元，相差125万元；另外，国有企业相关规定，要求购置设备需要按8%上缴回报，每年上缴320万元；因此，国有钻井队比民营钻井队每年多负担445万元，相当于钻井日费增加1.7~2.0万元/d。此外，现金交易可以使民营钻井队的设备修理费降低很多。因此，国有钻井队的设备费比民营钻井队的设备费要高出许多。

从管理费看，国有企业拥有大量的固定资产，比如一个国有钻井公司通常需要一栋到几栋办公楼，而一个民营钻井公司通常仅租用几间办公室，因此，国有企业资产折旧和摊销费要大大高出民营企业。从运营费来看，由于国有企业管理部门和人员多，其运营费就比民营企业高出许多。从制度和政策性费用来看，往往国有企业必须要承担一些政策性费用，比如买断工龄人员费用、矿区服务费用，而民营企业不需要承担。上述分析表明，国有企业管理费要比民营企业高出很多，通常要达到数倍。

1.7.3 民营企业与国有企业经营成本对比

国有企业和民营企业经营成本与经营收入的关系如图1-21所示。

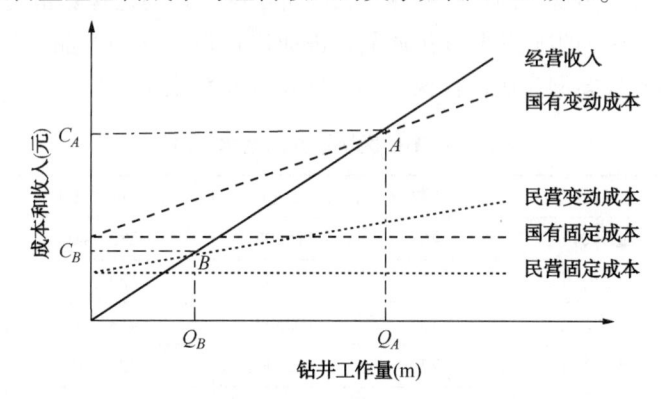

图1-21 国有企业和民营企业经营成本与经营收入关系

可以看出，民营企业固定成本低于国有企业，民营企业变动成本的斜率低于国有企业。在相同钻井价格条件下，经营收入随着钻井工作量的增加而呈线性增长，经营收入线交国有企业变动成本线于A点，交民营企业变动成本线于B点。A点是国有企业的盈亏平衡点，对应的钻井工作量是Q_A，对应的总成本或总收入均为C_A；B点是民营企业的盈亏平衡点，对应的钻井工作量是Q_B，对应的总成本或总收入均为C_B。

可见，国有企业达到盈亏平衡点的工作量远大于民营企业，对应的国有企业总收入也远大于民营企业。在现实中，钻井市场的工作量大部分是在Q_B和Q_A之间，也就是民营企业可以营利而国有企业亏损。甚至出现国有企业变动成本线与经营收入线难以交叉，钻井队干得越多，亏损越大。

国有企业为了能够同民营企业在同一个市场中竞争，只能采取不完全成本政策。如某钻井公司对下属的外部市场项目部采取的年度经营考核指标：少提50%的设备折旧和50%的职工三险一金，免交管理费、基地服务费、买断人员费，减免费用1630万元，约占总成本的8%。然而，这样会使钻井公司财务数据失真。

综上所述，所谓的民营企业价格低，有竞争力，实际上是"借用资源、缺少约束、没有包袱"的价格，显然比关联交易价格低。

1.8 国内钻井市场开放后果分析

基于钻井资产高度专用性的属性，钻井市场完全开放的后果将是钻井成本上升、钻井质量下降、增加腐败风险、动摇企业文化甚至威胁国家安全。

1.8.1 钻井成本上升

从国有钻井公司方面看，实例分析表明，放开市场将会产生巨额的学费、动迁费、营运费，显然会显著增长钻井成本。从民营企业方面看，一旦没有国有企业向外输血，按正常市场秩序和法规运行，钻井价格将会大幅度上升。从专业技术服务方面看，一旦放开国内市场，基于人力资源的高度专用性和高薪诱惑，中油测井很可能变成斯伦贝谢（中国）测井，测井价格将会成倍增长，其他技术服务也会产生类似结果。最终结果是钻井成本大幅增长，投资压力增大，集团公司总体经济效益下降。

1.8.2 钻井质量下降

钻井市场开放将会出现逆向选择问题。在经济学中，逆向选择是指由交易双方信息不对称和市场价格下降产生的劣质品驱逐优质品，进而出现市场交易产品平均质量下降的现象。以前面研究的市场开放案例为例进行说明，参见表 1-9 和表 1-10。

表 1-9 HC 区块钻井周期水平对比

市场条件	施工单位	井数	进尺（m）	钻井周期（d）	单井周期（d）
市场开放	B2 公司	46	115295	2834.40	61.62
	A2 公司	31	77295	1298.10	41.87
	合计	77	192590	4132.50	53.67
市场不开放	A2 公司	77	192590	3224.31	41.87
市场开放-市场不开放				908.19	11.79
（市场开放-市场不开放）÷市场不开放				28.17%	28.17%

表 1-10 HC 区块钻井成本水平对比

市场条件	施工单位	井数	进尺（m）	总成本（万元）	单井成本（万元/口井）	进尺成本（元/m）
市场开放	B2 公司	46	115295	35747.75	777.13	3100.55
	A2 公司	31	77295	18394.11	593.36	2379.73
	合计	77	192590	54141.86	703.14	2811.25
市场不开放	A2 公司	77	192590	45831.18	595.21	2379.73
市场开放-市场不开放				8310.68	107.93	431.52
（市场开放-市场不开放）÷市场不开放				18.13%	18.13%	18.13%

基于外部队伍日费低 7.2%，市场开放。结果是：（1）77 口井平均钻井周期由 41.87d 上升到 53.67d，增加 11.79d，增长 28.17%；总钻井周期增加 908.19d。（2）相应的钻头、钻井液材料等大宗材料和钻井复杂事故也明显增加。（3）平均单井成本增加 107.93 万元，平均进尺成本增加 431.53 元/m，增长 18.13%；实际总成本增加 8310.68 万元。

1.8.3 增加腐败风险

基于国内油田的区域性和钻井的高度专业性，市场范围非常小，难以实现广泛地公开招标投标，从事钻井管理和技术的人员往往有着同学、校友、老同事等各种千丝万缕的关系，将会大量增加腐败机会。

1.8.4 动摇企业文化

中国石油企业文化的铁人精神就是来自中国石油钻井工人，若是中国石油没有了钻井队伍，铁人精神没有了源泉，是否会直接影响到中国石油企业文化建设？是否会动摇中国石油企业制度的性质？

1.8.5 威胁国家安全

一旦放开国内钻井市场，钻井技术服务特别是高新技术服务很可能被斯伦贝谢等外国公司控制，各种油气资源信息直接外漏，中国石油商业秘密将会无法保守，将会对国家安全产生重大隐患。

1.9 结论

国内钻井市场开放将会产生严重后果。综合上述 8 个方面研究，以减少钻井交易费用为前提，国际钻井市场均为寡头垄断市场，发展方向是联盟；美国钻井成本快速上升、国内市场开放案例、民营企业低成本根源均说明市场开放将会显著增加钻井成本，产生严重后果。

中国石油应该建立以关联交易为主体、少量外部工程服务交易做补充的钻井市场。中国石油的油田公司和钻探公司是钻井工程项目必不可少的共同建设者，二者既是法律意义上市场中的买方和卖方，又是集团公司下属的两个子公司，既有市场性质，又有企业性质，二者之间适合建立一种混合制的交易模式。关联交易是一种最接近企业制的混合制交易模式，其主要作用和目的就是减少交易费用和调整利润，最符合中国石油实际情况和发展需要。

外部工程服务交易做补充主要有两种情况：（1）当年钻井工作量非常大而现有关联交易队伍难以完成；（2）极少量的边远地区探井或低效开发井。外部钻井队伍需要由关联交易钻井队伍的技术人员进行专业化管理，即采用分包的方式，而不是由油田公司的人员直接管理。只有这样，才能保证钻井工程质量和效率，进而降低总体钻井成本。

2 管理机制问题与解决方案

存在问题：从直观的表面现象看，钻井关联交易矛盾突出主要是缺少钻井工程预算定额。从深层次的经济学原理角度分析，中国石油缺乏一套全过程的钻井工程造价管理机制，体现在造价信息不对称、激励措施不相容、资源配置不合理3个方面问题。

解决方案：采用经济机制设计理论和全过程造价管理理论，建立一套具有中国特色的全过程、动平衡、标准化、信息化的钻井工程造价管理新机制，解决钻井造价信息不对称、激励措施不相容、资源配置不合理问题，实现股份公司投资效益最优化，保证集团公司整体效益最大化。

2.1 经济机制设计理论

经济机制设计理论是最近20年微观经济领域中发展最快的一个经济学分支，已经进入主流经济学的核心部分，被广泛地运用于垄断定价、最优税收、契约理论、委托代理理论和拍卖理论等诸多领域，已有3人获得诺贝尔经济学奖。

经济机制设计理论用一个统一的模型把所有的经济机制放在一起进行研究，可以是计划经济机制、市场经济机制或它们的各种混合机制。研究对象大到整个经济社会的制度设计，小到只有两个参与者的经济组织管理。

经济机制设计理论主要解决两个问题：一是信息成本问题，二是机制激励问题。评价某种经济机制优劣的基本标准有3个：（1）信息是否有效利用；（2）激励是否相容；（3）资源是否有效配置。

2.2 全过程造价管理理论

工程项目建设通常要经过投资决策、工程设计、招标投标、工程施工、竣工决算等5个阶段，全过程造价管理理论要求工程造价管理必须贯穿于项目建设全过程，主要有3个方面内容。

（1）以决策和设计阶段为重点。

国内外工程实践表明，在项目建设各个阶段中，投资决策阶段影响工程造价的程度最高，达到75%~95%；设计阶段为35%~75%；施工阶段为5%~35%；竣工阶段为0~5%。项目决策正确与否，直接关系到项目建设的成败，关系到工程造价的高低和投资效果的好坏。同时，管理工程造价的关键在于设计，设计费一般只相当于建设工程全寿命费用的1%以下，但设计对工程造价的影响可以达到75%以上，许多重大项目专门有设计监督。

（2）动态地主动地管理工程造价。

根据工程项目运行的可行性研究、设计、招标、签订合同、施工准备、正式施工、竣工等各个环节，工程造价控制重点应相应变化并采取不同措施，保证达到有效控制造价的目标。

（3）技术与经济相结合是管理工程造价的有效手段。

有效管理工程造价应从组织、技术、经济等多方面采取措施。在组织方面，明确项目组织结构，明确造价管理者及任务，明确职能分工；在技术方面，进行多设计方案选择，采用先进适用的成熟技术；在经济方面，动态比较造价计划值和实际值，严格审核各项费用支出，采取节约奖励等措施。

2.3 存在问题分析

2.3.1 造价信息不对称问题

造价信息不对称问题表现在中国石油钻井工程管理运行的各个环节所需要的信息不一致、不规范甚至缺失，没有一套科学规范的钻井工程造价信息流程和平台，形成一系列的"信息孤岛"。由此导致投资决策缺乏依据，产生很大的信息成本，引发一系列问题。

钻井工程造价信息流程具体表现在组织机构和业务管理两个方面。在组织机构方面，表现为两纵两横信息流，参见表2-1。在业务管理方面，包括编制与审查投资规划和年度计划、勘探开发项目估算和概算、单井钻井工程预算和结算。

表 2-1 两纵两横信息流

纵 向	横 向
（1）建设单位（如采油厂）、油田公司、勘探与生产分公司、股份公司直到集团公司管理层； （2）施工单位（如钻井公司）、钻探公司、工程技术分公司直到集团公司管理层	（1）建设单位与施工单位、油田公司与钻探公司、勘探与生产公司与工程技术分公司； （2）各级机关的勘探、开发、工程等业务主管部门和计划、财务、审计、造价等综合部门

钻井工程造价信息流应该形成通畅的造价信息渠道。但是，中国石油没有一个统一的钻井工程造价信息标准和信息平台。无论是在组织机构链上，还是在业务管理链上，所需要的造价信息不一致、不规范甚至缺失，缺乏统一的工程预算需要的预算标准，缺乏统一的编制勘探开发方案需要的概算指标，缺乏统一的编制规划计划需要的估算指标，缺乏统一的宏观决策需要的参考指标。

2.3.2 激励措施不相容问题

激励措施不相容问题表现在中国石油各级钻井工程管理主体激励措施取向不一致、不规范，没有一套合作共赢的钻井工程管理机制，产生大量的内耗，损害了集团公司整体经济效益。

钻井工程造价管理主体涉及面广且复杂。在管理部门方面，涉及集团公司和地区公司的规划计划、财务、资产、人事、安全环保、物资采购、审计、勘探、开发、工程管理等众多部门。在市场主体方面，涉及油田公司及下属的勘探公司、采油厂和钻探公司及下属的钻井公司、固井公司、录井公司等众多单位。从集团公司高度来看，所有管理主体应该以集团公司综合效益最大化为前提，但是实际工作中，各管理主体均是站在自身效益的角度来考虑问题。比如，对于施工单位，集团公司管理部门规定购置设备需要按资产价值的8%上缴投资回报，假如钻探公司占用设备资产100亿元，则每年需要上缴8亿元，进入钻井成本；对于建设单位而言，无形中股份公司钻井投资需要增加8亿元，而不产生任何效益，只是增加了固定资产投入。再比如，前面研究实例中外部队伍在HC区块钻井46口，油田公司节省投资 54 万元，而钻探公司增加成本 8311 万元，即集团公司总体损失 8311 万元。

2.3.3 资源配置不合理问题

资源配置不合理问题表现在中国石油钻井队伍资源利用效率低、交易费用高和钻井投资分配不科学，缺乏一套高效运行的钻井工程管理平台，导致较大幅度增加钻井成本和投资缺口问题。

钻井队伍资源利用效率低。首先体现在本油田窝工，由于油田公司和钻探公司之间信息沟通不畅，油田公司有了钻井计划工作量，要求钻探公司快速上施工队伍；而这批井钻完之后，施工队伍又没有活干，因此造成大量的窝工费。其次是钻探公司外部油田闯市场，市场信息更不完全，工作量极不稳定，钻井设备搬来搬去，有效生产时间大幅度缩短，而且需要支付昂贵的学费、动迁费、管理费，很难达到盈亏平衡点。

交易费用高。首先表现在关联交易矛盾突出，双方主管领导及大量人员用于关联交易谈判，既耗费精力，又增加管理成本；另外，不能及时结算，钻探公司不得不贷款运行，每年上百亿的贷款，仅利息就得数亿元。其次是外部市场的学费、动迁费、管理费、协调费，无形之中增加一大笔钻探公司成本。

钻井投资资源分配不科学。主要体现在规划计划编制缺乏依据和标准，同实际情况偏差大。比如按历史水平法计算百万吨产能投资，而很少考虑每年实际钻井数量、井深、井型变化情况。

资源配置不合理导致投资缺口呈剪刀差方向变化。一方面钻井队伍资源利用效率低，增加大量的交易费用，无形中提高一大块钻井成本；另一方面钻井投资分配不科学，导致钻井投资不到位。二者共同作用，关联交易矛盾愈加突出，集团公司总体经济效益愈加变差。

2.4 管理机制建立

建立全过程钻井工程造价管理机制，管理需求、管理主体、管理手段必须有机地结合在一起，三者互相依存，缺一不可。需要从管理需求出发，管理主体采用一定的管理手段，满足管理需求，如图 2-1 所示。

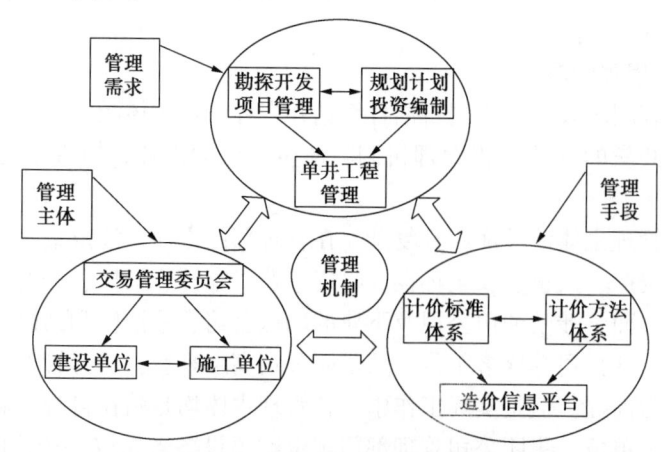

图 2-1 全过程钻井工程造价管理机制主要内容和逻辑关系

2.4.1 管理需求

全过程钻井工程造价管理需求包括 3 个层面：编制投资规划和计划的宏观决策、勘探开发项目可行性研究估算和概算编制与审查、单井钻井工程预算和结算编制与审查。表2-2给出了全过程管理矩阵。

表2-2 全过程钻井工程造价管理矩阵

管 理 机 构	规划计划投资编制	勘探开发项目管理	单井工程管理
集团公司总部机关	★★★	★	
勘探与生产分公司	★★★	★★	★
油田公司	★★★	★★★	★★
勘探（开发）公司和采油厂	★★★	★★★	★★★

注：★代表工作量多少和重要程度。

2.4.2 管理主体

通过大量研究表明，目前中国石油钻井管理机制易采用混合制的关联交易，混合制管理机制有双边治理结构和三边治理结构。

中国石油钻井工程造价管理主体包括交易管理委员会、建设单位、施工单位。交易管理委员会不是新设立一个机关管理部门，而是在现有管理部门基础上形成一种管理机制或者说是一项管理制度，也可以称为定价管理委员会、市场管理委员会等。当然，其核心工作是解决定价问题。当采用双边治理结构时，交易管理委员会由油田公司和钻探公司人员共同组成，同许多国际石油合作项目组成的合作委员会或联席会议制度一样。当采用三边治理结构时，交易管理委员会由集团公司总部和专业公司人员组成。

根据目前中国石油管理现状来看，易采用三边治理结构，这里提出一种交易管理委员会组成方案。交易管理委员会组成形式参照国家能源委员会的组织架构，一是需要有来自全过程钻井工程造价管理所涉及部门的一个领导集成组织，二是需要有一个类似于国家能源局的具体执行部门，参见表2-3。

表2-3 交易管理委员会组成方案

序号	委员会成员	日常办事机构
1	集团公司领导	交易管理委员会办公室
2	规划计划部、财务部、财税价格部、人事部、生产经营部等总部机关部门主管领导	
3	勘探与生产分公司、工程技术分公司、中国石油工程造价管理中心等专业公司和单位主管领导	

针对目前中国石油钻井工程造价管理中存在的主要问题，交易管理委员会可以发挥以下几个方面重要作用：

（1）制定中国石油钻井市场发展战略，监督钻井关联交易，最大限度减少关联交易矛盾和问题，实现集团公司钻井业务平稳健康发展和总体效益最大化；

（2）建立中国石油钻井工程造价管理信息平台，最大限度实现钻井工程造价信息对称性和完全性，避免重大决策失误和巨大钻井资源浪费；

（3）建立科学合理的权、责、利分配制度，最大限度实现钻井市场主体激励相容，避免出现逆向选择和道德风险问题。

2.4.3 管理手段

要想解决目前中国石油钻井工程造价管理机制问题，必须建立一套具有中国特色的全过程钻井工程造价管理技术体系，如图2-2所示。其中核心是计价标准体系和计价方法体系。

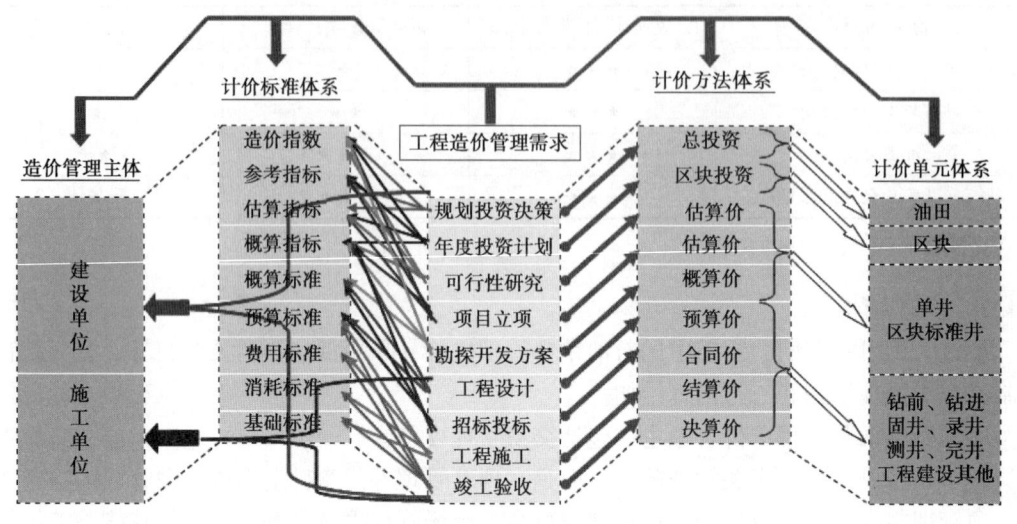

图2-2 全过程钻井工程造价管理技术体系架构

钻井工程计价标准体系包括基础标准、消耗标准、费用标准、预算标准、概算标准、概算指标、估算指标、参考指标和造价指数9种。

钻井工程计价方法体系包括钻井工程投资匡算、钻井工程投资估算、钻井工程投资概算、钻井工程费用预算、工程合同价确定、工程结算价确定、工程决算价确定的一系列配套方法。

计价标准体系和计价方法体系在一个管理信息平台上运行，实现事前控制、事中跟踪、事后评价的全过程钻井工程造价管理。

2.5 发展目标

建立"一套理论体系、一个信息平台、一项管理制度"。

2.5.1 理论体系

建立一套中国石油全过程钻井工程造价管理理论体系，包括6项配套管理技术：
（1）钻井工程工程量清单计价规范；
（2）钻井工程计价标准体系编制方法；
（3）钻井工程全过程计价方法体系；
（4）钻井工程投资动态调整技术；
（5）钻井工程投资优化分析技术；
（6）钻井工程造价信息模型建模技术。

2.5.2 信息平台

建设一个以集团公司管理层为中心的两纵两横（表2-1）放射状立体的钻井工程造价管理信息网，打通一个一个的"信息孤岛"，解决信息不对称问题。

钻井工程造价管理信息平台分为集团公司和地区公司两个层次，前者称为"中国石油钻井工程造价管理信息系统",后者称为"某某油田公司钻井工程造价管理信息系统"和"某某钻探公司钻井工程造价管理信息系统",所有信息系统均在集团公司石油专网上运行,实行分级授权管理。

集团公司造价信息系统主要内容涵盖中国石油所有地区公司的各种工程造价管理信息,包括8个数据库、6个子系统。8个数据库:典型井工程参数数据库、标准井工程参数数据库、施工队伍工程档案数据库、钻井工程投资数据库、钻井工程基础标准数据库、钻井工程主要价格数据库、钻井工程综合单价数据库、钻井工程计价指标数据库;6个子系统:数据采集子系统、中长期规划子系统、可行性研究子系统、年度投资计划子系统、工程预算子系统、投资分析子系统。

油田公司造价信息系统主要内容涵盖本油田公司的各种工程造价管理信息,包括10个数据库、7个子系统。10个数据库:典型井工程参数数据库、标准井工程参数数据库、施工队伍工程档案数据库、钻井工程投资数据库、钻井工程基础标准数据库、钻井工程主要价格数据库、钻井工程综合单价数据库、钻井工程计价指标数据库、钻井工程预算数据库、钻井工程结算数据库;7个子系统:数据上报子系统、中长期规划子系统、可行性研究子系统、年度投资计划子系统、工程预算子系统、工程结算子系统、投资分析子系统。

钻探公司造价信息系统主要内容涵盖本钻探公司的各种工程造价管理信息,包括8个数据库、3个子系统。8个数据库:典型井工程参数数据库、标准井工程参数数据库、施工队伍工程档案数据库、钻井工程基础标准数据库、钻井工程主要价格数据库、钻井工程综合单价数据库、钻井工程预算数据库、钻井工程结算数据库;3个子系统:数据上报子系统、工程预算子系统、工程结算子系统。

2.5.3 管理制度

根据全过程钻井工程造价管理3个层面的需求,建立一套中国石油钻井工程规划计划编制、勘探开发项目管理、单井钻井工程管理的管理制度,可以将上述内容归集为《中国石油钻井工程造价管理办法》、《某某油田公司钻井工程造价管理办法》和《某某钻探公司钻井工程造价管理办法》。也可以细化为钻井工程投资估算管理办法、钻井工程年度投资计划编制管理办法、钻井工程预算结算管理办法等,并且建立相应的钻井工程造价管理流程。

2.6 技术路线

按照"全过程+动平衡+标准化+信息化"的技术路线开展工作。"全过程"就是建立贯穿造价管理需求3个层面的全过程计价标准体系、计价方法体系,实现全过程造价确定和控制;"动平衡"就是每年动态调整相关计价依据,实现工程消耗和投资动态平衡,进而实现油田公司和钻探公司业绩指标动态平衡,保证集团公司总体经济效益动态优化;"标准化"具体表现为5个方面标准化:钻井工程造价项目、钻井工程计价标准、钻井工程计价方法、标准井工程造价管理、钻井工程全过程计价;"信息化"就是建立信息平台,保证钻井投资管理过程中,各级相关部门均能很容易找到本部门所需要的准确造价信息。"全过程"是核心,"动平衡"是手段,"标准化"是前提,"信息化"是关键,四位一体。

3 计价标准问题与解决方案

存在问题：计价标准是解决关联交易问题的关键手段，但是目前没有形成全过程造价管理需要的配套的计价标准体系，并且钻井工程造价项目不规范，计价方法不一致。

解决方案：依据全过程造价管理理论，建立一套以标准井工程量清单计价为核心的全过程钻井工程计价标准体系，具体包括钻井工程造价项目、计价标准、计价方法和标准井工程造价管理、钻井工程全过程计价等 5 个方面标准化。造价项目标准化是基础，计价标准的标准化是核心，计价方法标准化是前提，标准井造价标准化是纽带，全过程计价标准化是关键。

3.1 钻井工程造价项目标准化

由于管理方式、施工条件、历史习惯等多方面原因，目前各油田钻井工程造价项目都不一致，做钻井工程预算时，工程造价项目差别很大，很难进行造价信息的对比和沟通。下面是目前 3 个油田实际一口井的钻井工程预算计算公式。

A 油田：工程总价款＝直接费+其他直接费+间接费+风险费+利润+工程设计费

B 油田：合计＝钻前准备工程+钻井工程+固井工程+施工管理费+试油工程+风险费+利润+地貌恢复费+泥浆配合费+测井费用+水平井服务费+取心费用+转移费+油料差价+代理费+城建及教育税

C 油田：总成本＝直接费+其他直接费+管理费+HSE 费+科技发展费+风险费+利润+税金+钻前费用+固井费用+单井直接材料费+固定费用

而从宏观角度来看，其工程造价的构成应该是一致的。工程造价项目的确定是钻井工程定价的基础，必须进行规范，实现标准化设置。

根据钻井工程建设的特点，借鉴基本建设项目工程分类方法和思路，将钻井工程造价项目分为 5 个层次：Ⅰ单项工程、Ⅱ单位工程、Ⅲ分部工程、Ⅳ分项工程、Ⅴ子项工程，建立一套钻井工程造价项目分类标准，参见附录 A。

根据钻井工程造价项目分类标准，所有油田一口井的钻井工程预算均按工程量清单计价规则，计算公式为

钻井工程造价＝钻前工程费+钻进工程费+固井工程费+录井工程费+测井工程费+完井工程费+工程建设其他费

钻前工程费＝∑（井位勘测费+道路修建费+井场修建费+钻机搬迁费+其他作业费+税费）

钻进工程费＝∑（钻进作业费+主要材料费+大宗材料运输费+技术服务费+其他作业费+税费）

固井工程费＝∑（固井作业费+主要材料费+大宗材料运输费+技术服务费+其他作业费+税费）

录井工程费＝∑（录井作业费+技术服务费+其他作业费+税费）

测井工程费＝∑（裸眼测井费+固井质量测井费+技术服务费+资料处理解释费+其他作业费+税费）

完井工程费＝∑（完井作业费+主要材料费+大宗材料运输费+技术服务费+其他作业费+税费）

工程建设其他费＝∑（钻井工程管理费+钻井设计费+土地租用费+环保管理费+工程研究试验费+工程保险费+安全保卫费+贷款利息+税费）

分部分项工程费＝∑（综合单价×设计工程量）

3.2 钻井工程计价标准标准化

目前中国石油统一钻井计价标准仅有以2000年水平制订的2005年发布的预算定额，并且存在一系列问题。首先是10多年未做修订；其次是定额与2008年工程技术服务专业化重组后的管理体制不相适应；最后是存在标准不统一、方法不规范、取费不合理等问题。

钻井工程计价标准指根据一定的技术标准和施工组织条件，完成一定的石油天然气钻井工程量所消耗的人工、设备、材料和费用的标准额度，是一种经济技术标准。钻井工程计价标准体系包括基础标准、消耗标准、费用标准、预算标准、概算标准、概算指标、估算指标、参考指标和造价指数等9种。基础标准、消耗标准、费用标准、预算标准、概算标准等标准是以1口井的钻井工程中各分部分项工程为研究对象和目标，而概算指标、估算指标、参考指标和造价指数等指标是以1口井、1个区块、1个油田甚至1个公司为研究对象和目标，也可以说成投资概算指标、投资估算指标、投资参考指标。图3-1给出了钻井工程计价标准体系的内容，图3-2给出了钻井工程计价标准之间的逻辑关系。

3.2.1 基础标准

基础标准指一定管理模式和生产组织方式下人员和设备的配备标准，以及相关技术标准和规定，代表了当前油气田企业的生产力水平，是编制消耗标准和费用标准的基础。包括施工队伍定员标准、与定员标准相配套的年人工费标准、施工设备配置标准、设备资产原值、折旧和修理费标准、施工条件技术标准等。

3.2.2 消耗标准

消耗标准指在一定的工艺技术、生产组织和设备条件下，为完成钻井工程中分项工程量所必须消耗的人工、设备和材料的数量标准。包括人工工时和设备台时标准、常规材料消耗数量标准。

3.2.3 费用标准

费用标准指在基础标准和消耗标准所规定的生产条件下，完成钻井工程中某一分项工程量所必须消耗的单位费用。包括人工费标准、设备费标准、材料费标准、其他直接费标准、管理费标准、风险费标准、利润标准、相关价格等。

3.2.4 预算标准

按施工工序和分项工程将多个同类性质计费项目所对应的费用标准或消耗标准乘以相关价格得出的费用进行综合，形成综合单价，以及预算时需要的各种税费标准。

3.2.5 概算标准

以单位工程或分部工程为对象，将多个预算标准按单井进行归类，得出1口井费用标准，再考虑相关税费，形成单位工程综合单价。

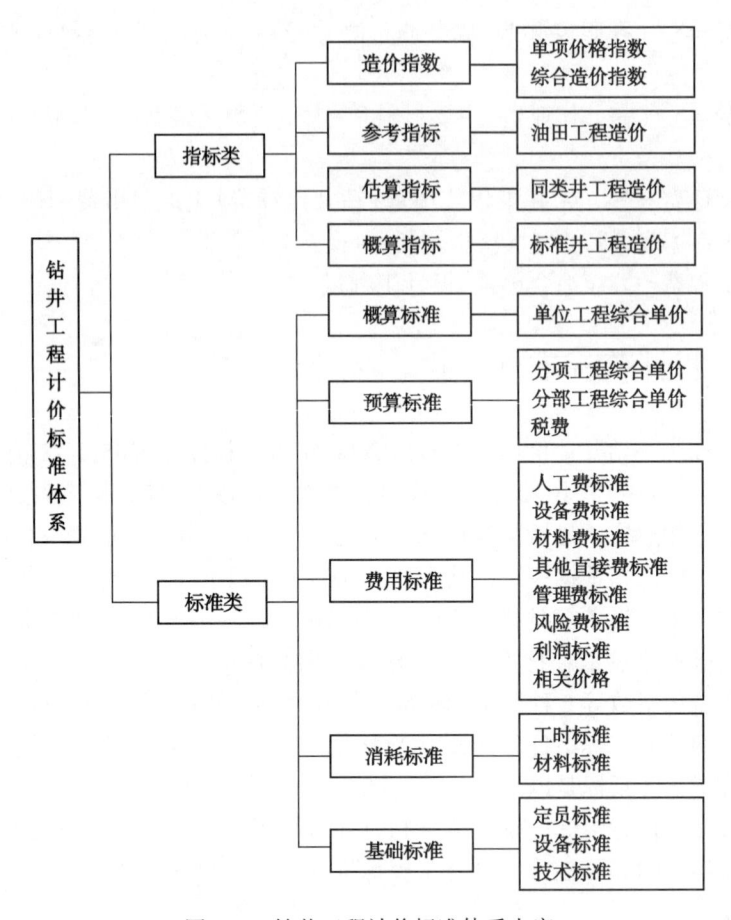

图 3-1 钻井工程计价标准体系内容

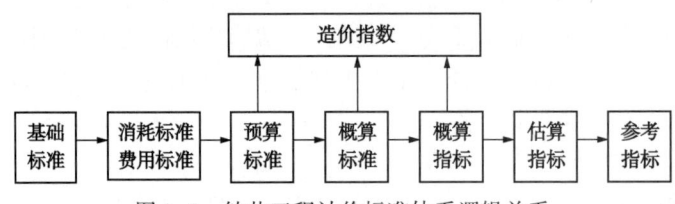

图 3-2 钻井工程计价标准体系逻辑关系

3.2.6 概算指标

概算指标指完成石油公司所属油田和区块中一口标准井或典型井全部工程量所需要的全部投资，除工程施工费用外，还包括工程设计费、工程监督费、项目管理费等工程建设其他费用，示例见附录 B。

3.2.7 估算指标

估算指标指石油公司所属油田或区块中同一类井钻井工程综合平均造价，示例见表 3-1。

表 3-1 辽河油田分公司钻井工程估算指标模式

指标编号	LHGS-1	LHGS-2
建设单位	兴隆台采油厂	
油气田	兴隆台	
区块	马 20	马古 1、马古 6

续表

指标编号	LHGS-1	LHGS-2
井别	开发井	开发井
井型	定向井	定向井
井身结构	二开	四开
井深（m）	2847	4870
建井周期（d）	124	280
预备费率	5%	5%
工程造价（万元/口井）	860	2791
单位造价（元/m）	3021	5732

注：表中数据为模拟数据。

3.2.8 参考指标

参考指标指石油公司所属油田或区块的钻井工程综合平均投资参考标准，示例见表3-2。

表3-2 辽河油田分公司钻井工程参考指标模式　　　　计量单位：元/m

序号	指标编号 单位	LHCK-1 开发井	LHCK-2 评价井	LHCK-3 探井	LHCK-4 综合
1	辽河油田分公司	2654	3561	4582	2897
2	兴隆台采油厂	1988	2235	2351	2078
2.1	兴隆台油田	1832	2163	2375	2175
2.2	双台子油田	2386		2593	2489
3	沈阳采油厂	5432	5893	7681	6302
3.1	边台油田	6789		9802	7356
3.2	静安堡油田	4321	5893		4922

注：表中数据为模拟数据。

3.2.9 造价指数

造价指数是反映一定时期内由于价格变化对钻井工程造价影响程度的一种指标，是调整钻井工程造价价差的依据。单项价格指数如人工价格指数、钻机价格指数、柴油价格指数等。综合造价指数如钻井工程造价指数、钻前工程造价指数、固井工程造价指数、测井工程造价指数、完井工程造价指数等。

3.3 钻井工程计价方法标准化

由于各种原因，目前各油田的钻井工程造价项目设置和计价标准差别很大，相应地工程计价方法也有很大区别，小到某一个子项目的具体费用计算公式，大到全井的工程造价计算公式，都是不同的。

在钻井工程工程量清单计价规则和计价标准体系基础上，进一步发展扩大，建立一套标准化的全过程钻井工程计价方法体系，包括钻井工程投资匡算、钻井工程投资估算、钻井工程投资概算、钻井工程费用预算、工程合同价确定、工程结算价确定、工程决算价确定。

3.3.1 钻井工程投资匡算方法

在编制宏观规划和勘探开发项目建议书等进行投资决策时，匡算钻井工程总投资。计算方法有造价指数法、参考指标法。

3.3.1.1 造价指数法

造价指数法指采用钻井工程造价指数和建设项目工程量编制钻井工程总投资的方法。计算方法为

$$Vtz = \sum_{i=1}^{n} Vtz_0 \times (1 + Dtz_i)$$

式中，Vtz 为计划钻井工程总投资，万元；Vtz_0 为基期钻井工程总投资，万元；Dtz_i 为钻井造价指数。

3.3.1.2 参考指标法

参考指标法指采用钻井工程参考指标和建设项目工程量编制钻井工程总投资的方法。计算方法为

$$Vtzck = \sum_{i=1}^{n} Ctzck_i \times Qtzck_i \div 10000$$

式中，$Vtzck$ 为钻井工程总投资，万元；$Ctzck$ 为参考指标，元/m；$Qtzck$ 为计划进尺工程量，m。

3.3.2 钻井工程投资估算方法

在编制年度投资计划、勘探项目或开发项目可行性研究报告等进行项目投资决策时，估算钻井工程总投资，通常作为勘探开发钻井工程投资的最高限额。计算方法有造价指数法（见 3.3.1 部分）、估算指标法。

估算指标法指采用钻井工程投资估算指标和建设项目工程量编制工程估算投资的方法。计算方法为

$$Vzg = \sum_{i=1}^{n} Czg_i \times Qzg_i \div 10000$$

式中，Vzg 为钻井工程估算投资，万元；Czg 为估算指标，元/m；Qzg 为计划进尺工程量，m。

3.3.3 钻井工程投资概算方法

在编制年度投资实施计划、勘探开发方案进行技术经济评价时，概算钻井工程总投资，比工程投资估算更详细。计算方法有造价指数法（见 3.3.1 部分）、概算指标法、标准井法。

3.3.3.1 概算指标法

概算指标法指采用钻井工程投资概算指标和建设项目工程量编制工程概算投资的方法。计算方法为

$$Vzgs = \sum (Vzgsj + Vzgsl + Vzgsc + Vzgsy)$$

$$Vzgsj = \sum (Czgsj \times Qzgsj)$$

$$Vzgsl = \sum (Czgsl \times Qzgsl)$$

$$Vzgsc = \sum (Czgsc \times Qzgsc)$$

$$Vzgsy = \sum (Czgsy \times Qzgsy)$$

式中，$Vzgs$ 为钻井工程概算投资，万元；$Vzgsj$ 为探井或开发井工程概算投资，万元；$Vzgsl$ 为特殊道路工程概算投资，万元；$Vzgsc$ 为特殊测井工程概算投资，万元；$Vzgsy$ 特殊压裂酸

化工程概算投资，万元；C_{zgsj} 为探井或开发井工程概算指标，万元/口井；Q_{zgsj} 为探井或开发井计划工程量，口井。C_{zgsl} 为特殊道路工程概算指标，万元/km；Q_{zgsl} 为特殊道路工程计划工程量，km；C_{zgsc} 为特殊测井工程概算指标，万元/次；Q_{zgsc} 为特殊测井工程计划工程量，次；C_{zgsy} 为特殊压裂酸化工程概算指标，万元/次；Q_{zgsy} 为特殊压裂酸化工程计划工程量，次。

3.3.3.2 标准井法

根据勘探开发方案，做出几种标准井工程设计，采用预算标准分别计算出各种标准井的总费用，测算出单位进尺费用，再乘以各种标准井所分别代表的计划工程量，计算出勘探开发项目钻井概算投资。计算方法为

$$Vzgs = \sum_{i=1}^{n} Cbi \times Qbi \div 10000$$

$$Cbi = Cbzi \div Qbzi$$

式中，$Vzgs$ 为钻井工程概算投资，万元；Cbi 为第 i 种标准井单位费用，元/m；Qbi 为第 i 种标准井所对应的探井和开发井计划工程量，m；n 为建设项目中所需要的标准井数量；$Cbzi$ 为第 i 种标准井总费用，元；$Qbzi$ 为第 i 种标准井进尺工程量，m。

标准井总造价计算方法同下面工程预算费用计算方法，注意需要考虑工程建设其他费。

3.3.4 钻井工程费用预算方法

在建设单位组织编制和审批工程费用预算、确定工程标底和施工单位确定工程报价时，采用工程量清单计价方法。

单井工程造价=钻前工程费+钻进工程费+固井工程费+录井工程费+测井工程费+完井工程费+工程建设其他费

单项工程费计价方法、分部分项工程费计算方法示例详见附录B。

3.3.5 工程合同价确定

钻井工程合同价的基本确定方法同工程预算费用计算方法一致，也采用工程量清单计价方法。由于管理模式和生产组织方式不同，每个工程合同所涵盖的工程范围有所区别，比如，测井工程往往独立签订一个合同，那么就仅采用测井工程的工程量清单计价方法确定测井工程合同价。另外，合同价可能在预算价或投标价基础上浮动某一比例系数，或者调整某些项目。因此，需要在工程量清单计价结果基础上乘以某一系数，或是增减某一额度。

3.3.6 工程结算价确定

钻井工程结算价的确定方法同合同价的确定方法相一致，根据实际工程量乘以综合单价确定工程结算价。也可能按照合同约定，需要支付工程变更价款和工程索赔价款。

3.3.7 工程决算价确定

在钻井工程结算价的基础上，将建设单位管理相关的费用按一定的方法分摊进该项工程，形成钻井工程决算价。

3.4 标准井工程造价管理标准化

实际上部分油田正在实施标准井工程造价管理。比如，大庆油田造价中心每年发布的区块钻井结算价格，一个结算价格适用于几十口井到几百口井；长庆油田按天然气勘探井、天然气开发井、石油预探井、石油评价井、石油开发井等5大类，每年发布各区块的钻前、钻

井、固井、录井、测井、试气（试油）等工程技术服务标准化市场价格，可见标准井具有广泛的适用性。标准井在工程造价管理中发挥了重要作用，如西南油气田分公司《钻井系统工程单井及区块成本预警系统》获得2012年集团公司工程造价优秀成果一等奖。

标准井工程造价管理还存在一系列问题。(1) 标准井工程造价管理没有引起高度重视，使用范围有限，巨大潜力没有发挥出来；(2) 标准井工程造价管理没有统一的规范，基本上是各油田自发行为；(3) 大部分油田公司没有实施标准井工程造价管理。

在工程量清单计价规则的基础上，建立一套标准井工程造价管理规范，形成标准井工程造价模式，示例见附录B。

3.5 钻井工程全过程计价标准化

采用全过程的标准化的计价标准体系和计价方法体系，制订相应的管理办法，实现投资决策阶段、工程设计阶段、招标投标阶段、工程施工阶段、竣工决算阶段的标准化管理。

4 总体实施方案

4.1 管理机制建立方法

总体上分为建立计价标准体系、建立计价方法体系、运行管理信息系统、制定制度、审查发布、动态调整 6 个环节。

4.1.1 建立计价标准体系

每个油田建立体现本油田现有生产力水平的一套钻井工程计价标准体系，共有 10 项：（1）钻前工程计价标准；（2）钻进工程计价标准；（3）固井工程计价标准；（4）录井工程计价标准；（5）测井工程计价标准；（6）完井工程计价标准；（7）工程建设其他费标准；（8）概算指标；（9）估算指标；（10）参考指标。具体按以下 6 个步骤组织实施。

第一步：编制标准井工程量清单。

采集近 3 年本油田实际完成井的井号、建设单位、油田、区块、井型、井身结构、开钻时间、完钻时间、完井时间、完钻井深、钻井周期等 14 个主要参数，通过测算平均单位进尺工时、排序和加权平均的方法，筛选出若干组典型井，每组 3 口典型井；再详细采集每口典型井的工程实际消耗；最后按照标准化工程设计思路，采用加权平均、直接套用等方法，参照钻井工程造价项目分类标准，由每组 3 口典型井实际消耗确定出 1 口标准井工程量清单。

第二步：编制综合单价。

根据本油田实际生产情况和标准井所对应的区块具体条件，按照钻前工程、钻进工程、固井工程、录井工程、测井工程、完井工程、工程建设其他项目等 7 个部分，分别编制标准井需要的综合单价。

第三步：编制概算指标。

采用标准井的工程量清单，乘以第二步中的综合单价，编制出概算指标（模式见附录 B）。

第四步：编制估算指标。

根据油田已钻井情况和勘探开发需要，按井别、井型、井身结构三个基本条件确定钻井工程估算指标。

第五步：编制参考指标。

采用钻井工程估算指标乘以本区块对应的近 3 年实际完成的钻井进尺工程量，再除以钻井总进尺工程量，得出钻井工程参考指标。

第六步：调试完善。

基础标准、消耗标准、费用标准、预算标准、概算标准、概算指标、估算指标、参考指标是环环相扣的一套计价标准体系，采用计算公式联系每个相关联的标准，形成全过程联动。比如，基础标准中的钻井队人工费调整后，能够马上看到参考指标的变化情况。因此要认真调试、检验计价标准的联动性，同时从宏观上分析整体计价标准体系，调整个别不合适的工程造价项目、工程量、综合单价。

4.1.2 建立计价方法体系

建立与计价标准配套的估算、概算、预算、结算的标准化计算模式。

4.1.3 运行管理信息系统

将建立的计价标准体系和计价方法体系上载到造价管理信息平台的3个信息系统中，保证造价管理信息平台运行起来。

4.1.4 制订制度

制订本油田钻井工程造价管理办法和配套的管理流程，形成一套管理制度。《中国石油钻井工程造价管理办法》初稿和管理流程的主要内容和模式已经建立起来，详见"下篇 管理制度建设"，只要略加补充完善就可完成。

4.1.5 审查发布

集团公司工程造价主管部门组织审查后，由集团公司发布实施。

4.1.6 动态调整

钻井工程计价标准和信息系统实行集团公司和所属企业两级动态管理，每年调整两次。

根据集团公司年度勘探开发业务发展需要、年度投资计划和主要人工、设备、材料价格变化情况，集团公司工程造价管理部门制定年度统一计价标准和编制方法，包括基础标准、消耗标准、费用标准和造价指数，以文件形式在1月份发布。所属企业工程造价管理部门根据统一计价标准和编制方法，结合本企业钻井计划，调整编制一套预算标准，在2月份发布，用于当年预结算工作。

根据当年钻井施工和主要材料价格变化情况，所属企业在7月份发布调整预算标准，用于下半年预结算工作。同时集团公司工程造价管理部门以当前预算标准为基础，组织编制出年度概算指标、估算指标和参考指标，用于集团公司、油田公司勘探开发方案编制和审查、下一年度投资计划和规划编制。

4.2 总体进度安排

先试点，再推广，滚动推进，成熟一个油田发布应用一个油田，总体进度安排参见表4-1。

表4-1 总体进度安排

年 份	新建标准和系统	动态调整
2014年	辽河、华北、大港	
2015年	大庆、吉林、冀东	辽河、华北、大港
2016年	新疆、吐哈、青海	辽河、华北、大港、大庆、吉林、冀东
2017年	长庆、西南	辽河、华北、大港、大庆、吉林、冀东、新疆、吐哈、青海
2018年	塔里木、玉门、浙江、南方	辽河、华北、大港、大庆、吉林、冀东、新疆、吐哈、青海、长庆、西南
2019年		辽河、华北、大港、大庆、吉林、冀东、新疆、吐哈、青海、长庆、西南、塔里木、玉门、浙江、南方
2020年		完善形成一套中国石油钻井工程造价管理新机制

4.3 保障措施

4.3.1 解决认识问题需要集团公司管理层支持

目前关于中国石油钻井市场定位和发展方向的认识存在一定的误区，比如开放市场就能降低钻井成本等问题。通过大量研究，认为中国石油应该建立以关联交易为主体、少量外部交易做补充的钻井市场，采用"交易管理委员会+建设单位+施工单位"的三边治理结构，建立一套具有中国特色的全过程、动平衡、标准化、信息化的钻井工程造价管理机制，解决钻井造价信息不对称、激励措施不相容、资源配置不合理问题，实现集团公司钻井整体效益最大化。这些认识必须得到集团公司管理层的认可和支持，才能进一步统一思想，解决钻井工程造价管理发展方向问题，促进中国石油钻井工程造价管理工作健康发展。

4.3.2　建立新机制需要集团公司授权协调

钻井工程造价管理涉及面非常广且复杂。在管理制度方面，涉及人事、财务、安全生产、合同管理等众多规章制度，实际工作中管理制度之间常会发生冲突，比如规定钻探公司按设备价格上缴8%回报和关联交易的利润，会直接增加股份公司投资额度而不产生任何效益等。在业绩考核方面，钻井价格水平影响到油田公司投资规模、投资回报率等关键业绩指标，直接决定了钻探企业的收入水平和利润水平。

因此，有些制度在本部门来看是合理的，但是将各项制度放到一起来考虑，往往存在很多问题。而这些问题涉及集团公司多项规章制度，由某一个部门是无法解决的，必须由高于某一部门的机构或组织来决定。在即将开始的集团公司全面深化改革中，建立类似于"交易管理委员会"的常态管理机制，或授权规划计划部。

4.3.3　编制钻井工程造价管理中长期发展规划

按照中国石油"有质量、有效益、可持续"发展方针，编制相应的钻井工程造价管理中长期发展规划。五年规划目标是初步建立一套具有中国特色的动态管理的中国石油钻井工程造价管理机制，形成配套的管理制度；2020年建成一个以集团公司管理层为中心的两纵两横放射状立体的中国石油钻井工程造价管理信息高速公路网，集团公司钻井投资整体效益得到大幅度提高，满足2020年全面建成世界水平综合性国际能源公司奋斗目标的需要。

4.3.4　建立施工队伍工程档案和典型井工程参数数据库

施工队伍工程档案数据库是按年度建立每支施工队伍的主要作业信息，分为工程信息和综合信息。工程信息内容反映施工队伍在每一口井作业的主要和关键信息，综合信息内容反映施工队伍全年工作情况的主要和关键信息。以钻井队为例，工程信息内容包括基本参数（井号、油田、井别、井型、井身结构、井深）、时间参数（搬迁日期、开钻日期、完钻日期、完井日期、建井周期、钻井周期）、材料参数（钻头、柴油）、费用参数（钻头费、柴油费、钻井液费、钻具费、运输费）等；综合信息内容包括年度工作量（井数、进尺、建井周期、钻井周期）、人工（人数、人工费）、设备（规格、资产原值、折旧、修理费）、材料（钻头费、柴油费、钻井液费、钻具费、运输费、其他直接费、制造费）、总收入、总支出、利润等。固井队、测井队、录井队等以此类推，但具体项目可能有所不同。

按照科学的方法选出典型井，建立每口典型井的综合地质、钻前工程、钻进工程、固井工程、录井工程、测井工程、完井工程等7个部分工程消耗数据库。

这两个数据库能够全面反映当前油田实际钻井生产力水平，是后续所有工作的基础。综合应用这些信息，能够为优化生产组织提供全面详细决策依据，实现技术和经济的最优组合。

4.3.5　开展关联交易长效运行机制试点工作

建议在华北、大港、辽河3个油田开展钻井关联交易运行机制试点，建立一套基于工程量清单计价规则的综合单价、概算指标、估算指标、参考指标等计价标准体系，以及配套的全过程计价方法体系，开发出一套中国石油钻井工程造价管理信息平台，制订出一套钻井工程造价管理办法，通过集团公司审核后发布试行。

4.3.6 加强骨干和专家队伍建设

调动更多的人力资源，特别是各专业的骨干和专家，共同谋划和实施发展规划。拟建立集团公司钻井工程造价管理专家库，初期规模在 20~30 人，以地区公司造价部门相关专业人员为主，适当选择计划、财务、工程等相关部门人员，在此基础上成立钻前、钻井、固井、测井和录井、完井等多个专业的专家组。

拟开展地区公司钻井工程造价管理负责人和专家研讨，进一步统一思想，完善问题解决方法，谋划编制中国石油钻井工程造价管理工作中长期发展规划。对即将开展试点的油田公司和钻探公司相关人员进行专题培训。

5 总体效益分析

从思想认识、解决矛盾、降低成本、优化投资、反腐倡廉等 5 个方面说明。

5.1 明确中国石油钻井市场发展方向

目前关于中国石油钻井市场定位和发展方向的认识存在一定的误区，比如，认为钻井市场与普通商品市场一样，市场越开放，竞争越激烈，越能降低成本。殊不知，市场和企业仅是一种资源配置的方式，都是受各种制度以及资产专用性、不确定性、交易频率等因素限制的。特别是石油钻井，其交易费用或者说是信息成本是非常高的。

通过采用新制度经济学交易费用理论、经济机制设计理论、全过程造价管理理论分析，认为中国石油应该建立以关联交易为主体、少量外部工程服务交易做补充的钻井市场，主要目的和作用就是节约交易费用和调整利润；集团公司应该建立一套具有中国特色的全过程、动平衡、标准化、信息化的钻井工程管理机制；采用"交易管理委员会+建设单位+施工单位"的三边治理结构等。这些认识解决了钻井工程造价管理发展方向和发展目标问题，有利于进一步统一思想，促进中国石油钻井工程管理工作健康发展。

5.2 根本上全面解决钻井关联交易问题

目前的状况是，基于石油钻井人力资源具有典型的高度专用性特点，国有企业已经成为民营企业技术人才的"培训学校"；而且钻探企业连年亏损严重影响到钻井队伍的思想稳定，感觉到关联交易中实际地位是不平等的，出现了很多消极情绪。比如，反正怎么干都是亏损，还不如多亏损些，管理松懈，甚至财务数据失真，出现经济学中常说的道德风险问题，钻井工人的主人翁精神难以看到。尽管有关管理部门做了许多工作，想了很多办法，但是目前钻井关联交易矛盾还是比较突出，直观看上好像需要一套关联交易预算定额就能解决问题，但从经济学角度分析，根本原因是造价信息不对称、激励措施不相容、资源配置不合理。

新的管理机制能够从根本上全面解决钻井关联交易问题，主要体现在以下 3 个方面：

（1）造价信息对称。在造价管理信息平台上，关联交易的工作量、计价标准、计价方法等信息是共享透明的，双方不再需要因为关联交易价格等问题进行艰苦地谈判。同时各级管理部门有了统一的计价标准，实施各项投资决策有了充分的依据，直接避免了许多问题。

（2）激励措施相容。基于三边治理结构和配套的管理制度，钻井工程关联交易的地位和信息是对称的、平等的。关联交易工作量得到保证，按钻机满负荷安排生产，钻探公司的人员会明显地感觉到实际地位得到提升。这实质上是一种精神上的激励机制，钻井工人的主人翁意识得到加强。标准井工程造价的存在，相当于在每个区块立起一个标杆，一系列激励措施就比较容易制定出来并发挥作用，生产作业指标会不断改善。同时，通过动态调整计价标准，建立起持续改进油田钻井生产力水平的良性循环机制。另外，有了配套的计价标准，钻探企业即使亏损，也能够说清楚为什么亏损，亏损在什么地方。

（3）资源配置合理。建立以关联交易为主体、少量外部工程服务交易做补充的中国石油钻井市场，在集团公司范围内安排调动钻井队伍，保证集团公司钻井队伍资源得到充分利用，会大大减少窝工费、学费、长距离动迁费、外部市场协调费等无效费用。建立起全过程的钻井工程计价标准体系和计价方法体系，按照参考指标、估算指标、概算指标等计价标准做出的钻井投资估算和概算以及年度投资计划，完全能够满足后期预算和关联交易结算的需要，不会出现前后脱节的问题，也就会避免钻井投资缺口问题。

因此，在新的管理机制下，困扰钻井队伍思想的主要问题能够得到有效的解决。这样，钻井工人气顺了，消极情绪自然就会减少，钻井工程施工质量和效益就会提高，进而钻井工人的收入也会相应提高，形成一个良性循环，中国石油钻井队伍就会稳定和健康发展，中国石油企业文化中的铁人精神将会发扬光大。

5.3 显著减少集团公司总体钻井成本

5.3.1 显著减少钻井工程学习费用

市场开放实例分析表明，基于钻井工程的高度专业性，需要支付昂贵的学习费用。按目前情况估算，集团公司每年总体钻井成本中支付的学习费用可能达到数十亿元。

在新的钻井工程造价管理机制下，信息平台中造价信息是共享的。工程技术分公司、钻探公司可以根据勘探与生产分公司、油田公司的年度钻井计划和中长期规划等信息，合理安排和调动钻井施工队伍，保证某一支施工队伍在一个油区内能够施工数年或者有足够多的钻井工作量，进而大幅度减少钻井工程学习费用。

5.3.2 显著减少钻井工程窝工费用

由于钻井高度的位置专用性、人力资源专用性、设备资产专用性的特点，一方面是油田公司和钻探公司之间信息沟通不畅，在本油田窝工；另一方面是不能方便地在其他油田市场找到工作量，而且也不能随便解散钻井施工人员，因此造成大量的窝工费。

在新的钻井工程造价管理机制下，油田公司和钻探公司可以共享造价信息，钻探公司可以了解到钻井工程量计划情况，有针对性地调配钻井施工队伍，大幅度减少钻井工程窝工费。

5.3.3 显著减少钻井工程管理费用

由于油田公司和钻探公司之间信息沟通不畅，加之缺乏统一的计价标准，每年关联交易谈判需要耗费大量的人力物力，直接增加管理费支出；每年钻探公司需要去闯外部市场，无形之中增加一笔不小的交易费用；每年结算不能按时进行，甚至有些项目5~6年没有结算，钻探公司承担数十亿元甚至上百亿元的工程成本，需要大量贷款，每年利息就达数亿元。

在新的钻井工程造价管理机制下，关联交易谈判变得非常简单，交易费用甚至可以忽略不计；工程技术分公司等相关部门可以根据勘探与生产分公司年度钻井计划，合理安排和调动钻井施工队伍，可以较大幅度减少钻探公司外部市场的交易费用；同时关联交易结算按预付款、进度款及时进行，可以显著减少钻探公司的贷款利息。根据经验数据估算，五大钻探公司每年节省管理费数亿元是完全有可能的。

5.4 全过程优化钻井工程投资决策

5.4.1 优化编制钻井工程投资中长期规划和勘探开发方案

基于全过程钻井工程计价标准体系和造价管理信息平台，建立一套钻井工程投资动态优化分析技术（详见第 14 章），可以实现钻井工程投资中长期规划多方案比选（详见第 13 章）。按照这套技术方法编制中长期规划和勘探开发方案中的钻井工程投资，会使勘探开发项目的前期投资决策更加科学合理，避免重大决策失误，产生巨大的经济效益。

5.4.2 优化调整钻井工程年度投资计划

首先，在上述科学合理的钻井工程投资中长期规划和勘探开发方案条件下，钻井工程年度投资计划编制也就相对简单容易。其次，可以采用多方案比选的方法优化安排钻井工程年度投资计划，比如要求每个油田公司按区块标准井和概算指标做出年度投资计划，并且测算出新增单位储量（亿吨或万吨）所需要的探井和评价井投资，测算出新增单位产能（亿吨或万吨）所需要的开发井投资；勘探与生产分公司和集团公司规划计划部就可以按新增单位储量钻井投资和新增单位产能钻井投资对全国各个区块钻井投资进行排队，结合其他相关业绩指标，做出各油田公司年度投资计划的排列组合；优选出 2~3 套方案供管理层决策。最后，可以采用钻井工程投资优化分析技术，针对价格变化实施动态优化调整钻井工程年度投资计划。这样，会使钻井工程年度投资计划编制和执行相统一。

5.4.3 有效控制钻井工程设计功能过剩和预算偏高

目前钻井工程设计和钻井工程造价管理是脱节的，技术与经济结合差，钻井工程设计往往强调安全性、新技术、新工艺、新材料，经常发生钻井工程设计功能过剩导致钻井工程预算偏高。

在新的钻井工程造价管理机制下，采用基于标准井的钻井工程概算指标，建立钻井工程预算预警控制技术，可以大大改善目前这种状况，实现钻井技术与经济有效地结合，同时也能够避免应用某些单项新技术、新工艺、新材料造成钻井工程造价畸高。西南油气田已经采用概算指标预警的方法取得了良好的钻井投资控制效果。

5.5 有利于形成反腐倡廉新机制

在新的钻井工程造价管理机制下，全过程钻井工程造价信息是透明的、对称的，各级部门决策均有依据可循。因此，难以在钻井工程造价中加入与钻井工程无关的费用，同时也很容易分辨出不必要的技术服务项目和畸高的技术服务价格、设备和材料价格。从制度和机制层面上堵住了各种腐败的漏洞，形成一项有力的反腐倡廉管理措施，构成反腐倡廉新机制的一个重要组成部分。

中篇

计价标准编制方法

本篇包括钻井工程量清单编制方法、钻井工程综合单价编制方法、钻井工程计价指标编制方法、计价标准总体水平测算方法等4个方面内容。

6 钻井工程量清单编制方法

6.1 钻井工程造价项目分类标准

6.1.1 钻井工程概念

钻井工程是建设地下石油天然气通道的系统工程，即利用专用设备，按一定的方向和深度向地下钻井，通过在井内下入测井、测试仪器，采集录取地下的地层性质和石油、天然气、水等资料，并且建立石油天然气生产的安全通道。钻井工程包括钻前工程、钻进工程、固井工程、录井工程、测井工程、完井工程等6个单项工程和工程建设其他项目。

6.1.2 钻井工程造价项目分类标准

按照工程分类方法，将钻井工程造价项目分为单项工程、单位工程、分部工程、分项工程、子项工程等5个层次。在单项工程层次的钻井工程造价包括钻前工程费、钻进工程费、固井工程费、录井工程费、测井工程费、完井工程费和工程建设其他费。钻井工程造价项目分类标准详见附录A。

6.2 钻井工程工程量清单计算规则

6.2.1 钻井工程工程量清单概念

钻井工程工程量清单是钻井工程的分部分项工程项目的名称和相应数量等的明细清单。分部分项工程量清单包括项目编码、项目名称、项目特征、计量单位、工程量计算规则、工程内容。

6.2.1.1 项目编码

项目编码是工程量清单项目名称的数字标识，共由6位数字组成。第1位数字代表单项工程，第2位数字代表单位工程，第3位数字代表分部工程，第4位数字代表分项工程，第5位和第6位数字代表子项工程，对于个别特殊情况，还可增加1位用英文字母标识的工程顺序码。

6.2.1.2 项目名称

钻井工程中单项工程、单位工程、分部工程、分项工程、子项工程的名称。

6.2.1.3 项目特征

构成分部分项工程量清单项目自身价值的本质特征。

6.2.1.4 计量单位

钻井工程工程量清单中计量相应工程项目工程量所规定的单位。

6.2.1.5 工程量计算规则

钻井工程工程量清单中计算工程量的方法和原则。

6.2.1.6 工程内容

钻井工程工程量清单中描述分部分项工程具体施工和管理的内容。

6.2.2 钻前工程工程量清单计算规则

钻前工程工程量清单由井位勘测、道路修建、井场修建、钻机搬迁和其他作业等5个部分构成。钻前工程工程量清单项目及计算规则参见附录C中表C-1至表C-5。若有钻前工程项目的子项目未包含在已设立钻前工程项目中，则放在相应的分部分项工程下面，并补充相关内容。

6.2.3 钻进工程工程量清单计算规则

钻进工程工程量清单由钻进作业、主要材料、大宗材料运输、技术服务和其他作业等5个部分构成。钻进工程工程量清单项目及计算规则参见附录C中表C-6至表C-10。若有钻进工程项目的子项目未包含在已设立钻进工程项目中，则放在相应的分部分项工程下面，并补充相关内容。

6.2.4 固井工程工程量清单计算规则

固井工程工程量清单由固井作业、主要材料、大宗材料运输、技术服务和其他作业等5个部分构成。固井工程工程量清单项目及计算规则参见附录C中表C-11至表C-15。若有固井工程的子项目未包含在已设立固井工程项目中，则放在相应的分部分项工程项目下面，并补充相关内容。

6.2.5 录井工程工程量清单计算规则

录井工程工程量清单由录井作业、技术服务和其他作业等3个部分构成。录井工程工程量清单项目及计算规则参见附录C中表C-16至表C-18。若有录井工程的子项目未包含在已设立录井工程项目中，则放在相应的分部分项工程下面，并补充相关内容。

6.2.6 测井工程工程量清单计算规则

测井工程工程量清单由裸眼测井、固井质量测井、技术服务、资料处理解释和其他作业等5个部分构成。测井工程工程量清单项目及计算规则参见附录C中表C-19至表C-23。若有测井工程的子项目未包含在已设立测井工程项目中，则放在相应的分部分项工程下面，并补充相关内容。

6.2.7 完井工程工程量清单计算规则

完井工程工程量清单由完井作业、主要材料、大宗材料运输、技术服务和其他作业等5个部分构成。完井工程工程量清单项目及计算规则参见附录C中表C-24至表C-28。若有完井工程的子项目未包含在已设立完井工程项目中，则放在相应的分部分项工程下面，并补充相关内容。

6.2.8 工程建设其他项目清单计算规则

工程建设其他项目清单由钻井工程管理、钻井设计、土地租用、环保管理、工程研究试验、工程保险、安全保卫、贷款利息等8个部分构成。工程建设其他项目清单项目及计算规则参见附录C中表C-29至表C-36。若有子项目未包含在已设立工程建设其他项目中，则放在相应的分部分项工程下面，并补充相关内容。

6.3 典型井筛选方法

这里以2011—2013年辽河油田钻井情况说明典型井筛选方法。

6.3.1 总体工作量统计

采集2011—2013年本油田实际完成每口井的井号、建设单位、油田、区块、井型、井身结构、开钻时间、完钻时间、完井时间、完井方式、完钻井深、钻井周期、施工单位、井队等14个主要参数。测算每口井单位进尺工时：单位进尺工时（h/m）=（钻井周期（d）×24）÷完钻井深（m）。分开发井、评价井、探井三大类，之后按建设单位、油田、区块、井型（直井、定向井、水平井）、井身结构（二开、三开、四开）、开钻时间（2011年、2012年、2013年）排序，需要说明的特殊情况在表格前进行填表说明。开发井、评价井、探井钻井工程主要参数统计表格式参见附录D中表D-1、表D-2和表D-3。

6.3.2 筛选典型井

6.3.2.1 选择典型井

样本组井数少于等于3口井的区块，直接选取全部井为典型井。

样本组井数大于等于4口井的区块，按下面方法选取典型井，个别特殊井可以剔除。

第一步：以井别、油田、区块、井型、井身结构、井深区间为前提，做出单位进尺工时变化趋势图，并且给出趋势线，下面举例说明。

选取样本组的前提条件：井别为开发井；油田为GS油田；区块为G18、G246、G3618；井型为定向井；井身结构为二开井；井深区间为1700~2000m。

2011—2013年钻井30口，按开钻时间进行排序，并计算出平均井深、平均钻井周期、平均单位进尺工时，参见表6-1。做出单位进尺工时变化趋势图和趋势线，如图6-1所示。

表6-1 GS油田单位进尺工时计算

排序	开钻时间	井号	井深（m）	钻井周期（d）	单位进尺工时（h/m）
1	2011-09-29	G3-61-0172	1776	24	0.3243
2	2011-09-30	G3-61-150	1792	27	0.3616
3	2011-10-02	G3-52-160	1732	26	0.3603
4	2011-10-19	G3-62-180	1886	20	0.2545
5	2011-10-23	G3-61-0160	1826	19	0.2497
6	2011-10-27	G3-62-161	1906	21	0.2644
7	2011-10-29	G3-62-157	1816	22	0.2907
8	2011-10-31	G3-61-166	1774	18	0.2435
9	2011-11-05	G3-62-183	1872	21	0.2692
10	2011-11-11	G3-7-K15	1818	18	0.2376
11	2011-11-21	G3-62-160	1864	19	0.2446
12	2011-11-28	G3-62-188	1868	23	0.2955
13	2011-12-24	G3-61-156	1792	19	0.2545
14	2012-07-23	G3-52-150	1736	21	0.2903
15	2012-12-31	G2-2-026	1750	18	0.2469
16	2012-12-31	G2-4-041	1738	26	0.3590
17	2013-01-20	G2-4-026	1745	19	0.2613

续表

排序	开钻时间	井号	井深（m）	钻井周期（d）	单位进尺工时（h/m）
18	2013-01-29	G2-3-016	1766	42	0.5708
19	2013-04-04	G2-04-82	1737	33	0.4560
20	2013-04-10	G2-14-75	1752	24	0.3288
21	2013-05-03	G2-04-81	1740	18	0.2483
22	2013-05-05	G2-6-075	1792	17	0.2277
23	2013-05-07	G2-14-82	1700	15	0.2118
24	2013-05-21	G2-14-81	1740	15	0.2069
25	2013-05-27	G2-5-031	1775	13	0.1758
26	2013-05-30	G2-15-65	1810	18	0.2387
27	2013-06-06	G2-04-75	1721	14	0.1952
28	2013-06-22	G2-4-036	1748	17	0.2334
29	2013-06-22	G2-观2	1792	16	0.2143
30	2013-07-08	G2-14-72	1736	17	0.2350
平均			1783.33	20.67	0.2781

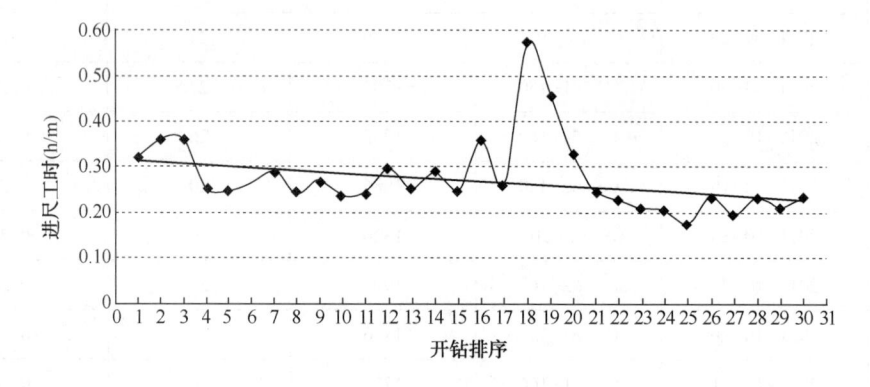

图 6-1 GS 油田单位进尺工时变化趋势

第二步：选择典型井综合考虑 3 个方面因素。一是典型井的单位进尺工时在平均单位进尺工时附近；二是典型井的单位进尺工时最好是在趋势线上，或者是最接近趋势线；三是典型井的完井方式代表大多数井的完井方式。

第三步：按上述条件和要求，选择排序 15 的 G2-2-026、排序 17 的 G2-4-026、排序 21 的 G2-04-81。

6.3.2.2 典型井筛选结果

按照上述方法，从 2011—2013 年 1172 口井中选择了 76 组 217 口井作为典型井。其中开发井 49 组 147 口典型井，评价井 9 组 22 口典型井，探井 18 组 48 口典型井，详见表 6-2、表 6-3、表 6-4。考虑到代表性和覆盖面，评价井和探井部分样本组选择了 2 口典型井作为一个样本组。

表 6-2 典型开发井选井结果

序号	建设单位	油田	组别	井型	井身结构	井 号
1	XXCC	XXLLTT	一组	定向井	二开	马 20-18-22、马 20-20-22、马 20-12-18
2			二组	定向井	四开	马古-H101、马古 6-6-14、马古 12-8-8
3			三组	定向井	四开	兴古 7-H230、兴古 7-10-20、兴古 7-10-24
4			四组	水平井	四开	兴古 7-H234、兴古-中 H102、兴古 7-H233
5		OOLLTT	一组	定向井	二开	欧 37-62-32、欧 37-73-30、欧 37-72-30
6		SSTTZZ	一组	定向井	二开	双 23-24、双 20-037、双 20-38
7	SSCC	BBTT	一组	定向井	三开	边 35-26、边 33-21、边 36-20
8			二组	水平井	三开	边台-H22、边台-H211、边台-H207
9		JJAAPP	一组	水平井	三开	安 1-H2、安 1-H3、安 1-H5
10			二组	水平井	三开	沈 630-H1220、沈 630-H1521、沈 630-H921
11			三组	水平井	三开	胜 601-H305、胜 601-H509、胜 601-H711
12		DDMMTT	一组	定向井	二开	前 19-64、前 21-61、前 19-50
13	CCCC	CCYYTT	一组	定向井	二开	茨 42-67、茨 42-68、茨 55-121
14		ZZQQ	一组	直井	二开	强 1-44-21、强 1-38-18、强 1-50-14
15			二组	定向井	二开	强 1-44-15、强 1-32-16、强 1-58-18
16		NNJJ	一组	定向井	二开	牛 16-气 2、牛 16-气 3、牛 16-气 4
17		QQLLTT	一组	定向井	二开	龙 16-322、龙 17-319、龙 14-16
18	GGCC	GGSS	一组	定向井	二开	高 2-2-026、高 2-4-026、高 2-04-81
19			二组	定向井	二开	雷 24-11、雷 26-13、雷 24-10
20			三组	水平井	二开	雷 11-莲 H703、雷 11-莲 H706、雷 11-莲 H705
21			四组	定向井	三开	雷 26-8、雷 25-16、雷 28-11
22	HHCC	HHXXLL	一组	定向井	二开	欢 127-17-30、欢 127-17-31、欢 127-18-29
23			二组	定向井	二开	欢 2-13-2308、欢 2-13-2309、欢 2-12-2309
24			三组	定向井	二开	欢 2-11-5018、欢 2-10-5317、欢 2-19-316
25			四组	水平井	二开	欢 616-莲 H3、欢 616-莲 H4、欢 127-H28
26			五组	定向井	二开	齐 2-15-3009、齐 2-13-012、齐 2-13-311
27			六组	定向井	二开	齐 40-13-K281、齐 40-14-K032、齐 40-16-K30
28			七组	水平井	三开	齐 40-H5、齐 40-H7、齐 40-H9
29	JJCC	HHXXLL	一组	定向井	二开	锦 7-033-29、锦 45-023-023、锦 45-024-025
30			二组	定向井	二开	锦 2-6-A346、锦 2-丙 5-A326、锦 2-丙 5-A336
31			三组	定向井	二开	锦 2-6-339、锦 2-6-239、锦 2-6-39
32		HHJJDD	一组	定向井	三开	黄 66-5、黄 66-3、黄 66-6
33	LLXX	NNMM	一组	定向井	二开	奈 1-62-50、奈 1-38-44、奈 1-66-60
34			二组	直井	二开	奈 1-74-60、奈 1-64-58、奈 1-34-48
35		RRXXTT	一组	定向井	二开	荣 281-26、荣 281-32、荣 281-K32
36			二组	定向井	三开	荣 72-24-38、荣 72-26-46、荣 72-28-34
37		XXLLTT	一组	定向井	二开	兴浅气 23、兴浅气 24、兴浅气 26

续表

序号	建设单位	油田	组别	井型	井身结构	井 号
38	LLDD	LLJJPP	一组	水平井	四开	陈古-H303、陈古-H305、陈古-H307
39		XXWW	一组	定向井	二开	注83-H103、注83-H102、注83-H105
40			二组	水平井	三开	注60-H65、注60-H67、注60-H3102
41	SUCC	SSGG	一组	定向井	二开	杜813-45-79、杜84-29-51、杜813-41-K60
42			二组	水平井	二开	曙3-H1201、曙3-H2302、曙3-H2306
43			三组	水平井	三开	杜84-兴H3082、杜212-兴H222、杜813-H302
44	TTYY	SSGG	一组	定向井	二开	杜32-50-K42、杜32-55-K39、杜32-44-51
45			二组	水平井	二开	杜32-兴H223、杜84-兴H3052、杜84-兴H2005
46			三组	水平井	三开	杜32-兴H209、杜84-兴H3062、杜84-兴H3338
47	JJMM	HHWHH	一组	定向井	二开	海3-18、海7-24、海2-15
48			二组	水平井	二开	新海27-H60、新海27-H100、新海27-H98
49	QQHH	BBJJLL	一组	定向井	三开	架岭607-3-3、架岭607-3-11、架岭607-1-3

表6-3 典型评价井选井结果

序号	建设单位	油田	组别	井型	井身结构	井 号
1	QQHH	BBJJLL	一组	定向井	三开	架岭607、架岭609
2	SSCC	BBTT	一组	定向井	四开	曹621H导、曹622H导、曹623H导
3			二组	定向井	三开	曹625H导、曹628H导、曹629H导
4		DDMMTT	一组	水平井	三开	静601H、静602H
5			二组	定向井	二开	沈658、沈658K
6	LLDD	LLJJ	一组	定向井	二开	雷81-1、雷81-2
7		XXLLTT	一组	定向井	四开	陈古1-1、陈古1-2
8	XXCC	XXLLTT	一组	定向井	四开	马古3-1、马古6-2、马古6-4
9			二组	定向井	四开	兴古7-16、兴古7-19、兴古7-20

表6-4 典型探井选井结果

序号	建设单位	油田	组别	井型	井身结构	井 号
1	KKTTBB	DDMMTT	一组	定向井	二开	曹32、曹30
2			二组	定向井	二开	沈327、沈317
3			三组	定向井	三开	沈326、沈312、沈324
4			四组	定向井	三开	哈37、沈325、沈308
5			五组	直井	三开	沈311、沈320、沈314
6		DDBBAX	一组	定向井	二开	龙70、欧58、荣89
7			二组	定向井	二开	小40、于68、台42
8			三组	直井	二开	界17、小42
9		LLXXAX	一组	直井	二开	包35、包34
10		LLDDAX	一组	直井	二开	广8、河17

续表

序号	建设单位	油田	组别	井型	井身结构	井 号
11	KKTTBB	XXBBAX	一组	定向井	二开	雷81、雷83、雷84
12			二组	定向井	二开	雷79、洼113、兴西2
13			三组	定向井	三开	冷189、双232、曙137
14			四组	直井	三开	冷191、马南13、双231
15			五组	直井	四开	曙古165、曙古168
16		ZZYYLQ	一组	定向井	三开	赵古12、赵古10、赵古5
17	XXQQBB	KKLLPD	一组	直井	二开	庙31、庙32、白28
18	HHYYKKTT	TTHHZB	一组	定向井	四开	仙鹤5、仙鹤6、仙鹤7

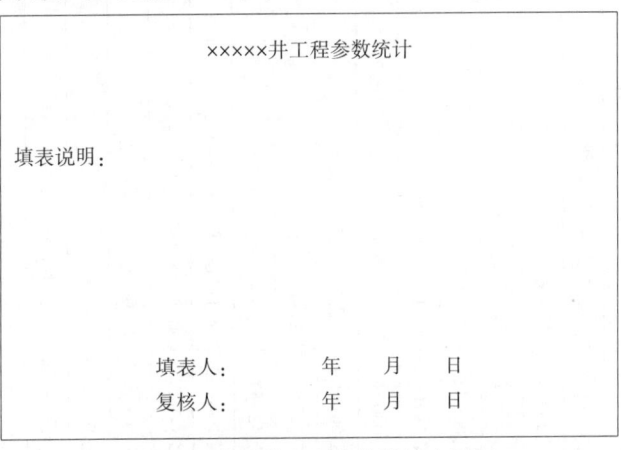

6.3.3 典型井工程参数统计

典型井工程参数统计数据包括综合参数、钻前工程参数、钻进工程参数、固井工程参数、录井工程参数、测井工程参数、完井工程参数、工程建设其他项目参数等8个部分。每口典型井统计表前加一个封面，要有填表说明、填表人签字、复核人签字，模式如图6-2所示。当有多人参加填表时，每个人需要签字，并在填表说明中写明每个人负责填表内容。典型井工程参数统计表模式参见附录E中表E-1至表E-36。

```
          ×××××井工程参数统计


  填表说明：





  填表人：        年    月    日
  复核人：        年    月    日
```

图6-2 典型井工程参数统计表封面

6.4 标准井工程参数设计方法

6.4.1 标准井井号

标准井井号采用油田公司名称+标准+井别+序号的方式进行命名，取拼音首写字母。如辽河油田公司标准开发井的井号为：LHBZKF-1、LHBZKF-2；辽河油田公司标准评价井的井号为：LHBZPJ-1、LHBZPJ-2；辽河油田公司标准勘探井的井号为：LHBZKT-1、LHBZKT-2。

标准井井号对应的建设单位、油田、井型、井身结构、典型井井号、总井数、总进尺参见表6-5。76口标准井来自217口典型井，代表945口完成井，占总井数1172口井的80.63%。

表6-5 标准井基本情况

建设单位	油田	标准井号	典型井号	井型	井身结构	总井数（口）	总进尺（m）
XXCC	XXLLTT	LHBZKF-1	马20-18-22，马20-20-22，马20-12-18	定向井	二开井	11	24667.00
		LHBZKF-2	马古-H101，马古6-6-14，马古12-8-8	定向井	四开井	19	92869.00
		LHBZKF-3	兴古7-H230，兴古7-10-20，兴古7-10-24	定向井	四开井	6	28001.00
		LHBZKF-4	兴古7-H234，兴古中H102，兴古7-H233	水平井	四开井	20	100344.63
	OOLLTT	LHBZKF-5	欧37-62-32，欧37-73-30，欧37-72-30	定向井	二开井	7	20953.00
	SSTTZZ	LHBZKF-6	双23-24，双20-037，双20-38	定向井	二开井	6	16019.00
	BBTT	LHBZKF-7	边35-26，边33-21，边36-20	定向井	三开井	6	15511.05
		LHBZKF-8	边台-H22，边台-H211，边台-H207	水平井	三开井	10	25901.22
SSCC		LHBZKF-9	安1-H2，安1-H3，安1-H5	水平井	三开井	5	17936.00
	JJAAPP	LHBZKF-10	沈630-H1220，沈630-H1521，沈630-H921	水平井	三开井	9	40021.87
		LHBZKF-11	胜601-H305，胜601-H509，胜601-H711	水平井	三开井	9	35966.53
	DDMMTT	LHBZKF-12	前19-64，前21-61，前19-50	定向井	三开井	7	21676.00
	CCYYTT	LHBZKF-13	茨42-67，茨42-68，茨55-121	定向井	二开井	7	17096.00
	ZZQQ	LHBZKF-14	强1-44-21，强1-38-18，强1-50-14	直井	二开井	10	17290.00
CCCC		LHBZKF-15	强1-44-15，强1-32-16，强1-58-18	定向井	二开井	37	67676.00
	NNJJ	LHBZKF-16	牛16-气2，牛16-气3，牛16-气4	定向井	二开井	5	8440.00
	QQLLTT	LHBZKF-17	龙16-322，龙17-319，龙14-16	定向井	二开井	13	22189.00
	GGSS	LHBZKF-18	高2-2-026，高2-4-026，高2-04-81	定向井	二开井	30	53500.00
GGCC		LHBZKF-19	雷24-11，雷26-13，雷24-10	定向井	二开井	7	15621.00
		LHBZKF-20	雷11-莲H703，雷11-莲H706，雷11-莲H705	水平井	二开井	3	7377.00
		LHBZKF-21	雷26-8，雷25-16，雷28-11	定向井	三开井	7	17510.00
HHCC	HHXXLL	LHBZKF-22	欢127-17-30，欢127-17-31，欢127-18-29	定向井	二开井	4	3405.00
		LHBZKF-23	欢2-13-2308，欢2-13-2309，欢2-12-2309	定向井	二开井	5	7572.00
		LHBZKF-24	欢2-11-5018，欢2-10-5317，欢2-19-316	定向井	二开井	20	55648.00

续表

建设单位	油田	标准井井号	典型井井号	井型	井身结构	总井数（口）	总进尺（m）
HHCC	HHXXLL	LHBZKF-25	欢616-莲H3、欢616-莲H4、欢127-H28	水平井	二开井	5	5700.00
		LHBZKF-26	齐2-15-3009、齐2-13-012、齐2-13-311	定向井	二开井	5	11211.00
		LHBZKF-27	齐40-13-K281、齐40-14-K032、齐40-16-K30	定向井	二开井	23	22526.00
		LHBZKF-28	齐40-H5、齐40-H7、齐40-H9	水平井	三开井	4	4731.00
JJCC	HHXXLL	LHBZKF-29	锦7-033-29、锦45-023-023、锦45-024-025	定向井	二开井	61	66915.00
		LHBZKF-30	锦2-6-A346、锦2-丙5-A326、锦2-丙5-A336	定向井	二开井	16	25155.00
		LHBZKF-31	锦2-6-339、锦2-6-239、锦2-6-39	定向井	二开井	5	13316.00
	HHJJDD	LHBZKF-32	黄66-5、黄66-3、黄66-6	定向井	三开井	6	16916.00
	NNMM	LHBZKF-33	茶1-62-50、茶1-38-44、茶1-66-60	定向井	二开井	28	66253.61
		LHBZKF-34	茶1-74-60、茶1-64-58、茶1-34-48	直井	二开井	12	27894.00
	RRXXTT	LHBZKF-35	荣281-26、荣281-32、荣281-K32	定向井	二开井	4	6266.00
		LHBZKF-36	荣72-24-38、荣72-26-46、荣72-28-34	定向井	三开井	4	12077.00
	XXLLTT	LHBZKF-37	兴浅气23、兴浅气24、兴浅气26	定向井	二开井	9	16582.79
	LLJJPP	LHBZKF-38	陈古-H303、陈古-H305、陈古-H307	定向井	四开井	4	22643.00
	XXWW	LHBZKF-39	洼83-H103、洼83-H102、洼83-H105	定向井	三开井	6	10582.00
		LHBZKF-40	洼60-H65、洼60-H67、洼60-H3102	定向井	二开井	3	6043.00
SUCC	SSGG	LHBZKF-41	杜813-45-79、杜84-29-51、杜813-41-K60	定向井	二开井	167	151968.00
		LHBZKF-42	曙3-H1201、曙3-H2302、曙3-H2306	水平井	二开井	47	77847.00
		LHBZKF-43	杜84-兴H3082、杜212-兴H222、杜813-H302	水平井	三开井	75	100230.34
TTYY	SSGG	LHBZKF-44	杜32-50-K42、杜32-55-K39、杜32-44-51	定向井	二开井	19	20498.00
		LHBZKF-45	杜32-兴H223、杜84-兴H3052、杜84-兴H2005	水平井	三开井	5	7103.00
		LHBZKF-46	杜32-兴H209、杜84-兴H3062、杜84-兴H3338	水平井	三开井	57	76902.75
JJMM	HHWWHH	LHBZKF-47	海3-18、海7-24、海2-15	定向井	二开井	20	39481.00
		LHBZKF-48	新海27-H60、新海27-H100、新海27-H98	水平井	二开井	9	15950.00
QQHH	BBJJLL	LHBZKF-49	架岭607-3-3、架岭607-3-11、架岭607-1-3	定向井	三开井	4	14375.00

续表

建设单位	油田	标准井井号	典型井井号	井型	井身结构	总井数（口）	总进尺（m）
QQHH	BBJJLL	LHBZPJ-1	架岭 607、架岭 609	定向井	三开井	2	7362.00
SSCC	BBTT	LHBZPJ-2	曹 621H 号、曹 622H 号、曹 623H 号	定向井	四开井	4	9694.00
		LHBZPJ-3	曹 625H 号、曹 628H 号、曹 629H 号	定向井	三开井	3	8436.00
	DDMMTT	LHBZPJ-4	静 601H、静 602H	水平井	三开井	2	7469.00
		LHBZPJ-5	沈 658、沈 658K	定向井	二开井	2	7264.00
	LLJJ	LHBZPJ-6	雷 81-2	定向井	二开井	2	4536.00
LLDD	XXLLTT	LHBZPJ-7	陈古 1-1、陈古 1-2	定向井	四开井	3	14541.00
XXCC	XXLLTT	LHBZPJ-8	马古 3-1、马古 6-2、马古 6-4	定向井	四开井	4	18562.00
		LHBZPJ-9	兴古 7-16、兴古 7-19、兴古 7-20	定向井	四开井	4	19526.00
		LHBZKT-1	曹 32、曹 30	定向井	二开井	2	4979.00
	DDMMTT	LHBZKT-2	沈 327、沈 317	定向井	二开井	2	7287.06
		LHBZKT-3	沈 326、沈 312、沈 324	定向井	二开井	4	15467.00
		LHBZKT-4	哈 37、沈 325、沈 308	定向井	三开井	4	17041.00
		LHBZKT-5	沈 311、沈 320、沈 314	直井	三开井	6	24643.00
	DDBBAX	LHBZKT-6	龙 70、欧 58、茱 89	定向井	二开井	3	10910.00
		LHBZKT-7	小 40、于 68、台 42	定向井	三开井	3	12100.00
KKTTBB		LHBZKT-8	界 17、小 42	直井	二开井	5	15997.00
	LLXXAX	LHBZKT-9	包 35、包 34	直井	二开井	2	4136.00
	LLDDAX	LHBZKT-10	广 8、河 17	直井	二开井	3	7538.00
	XXBBAX	LHBZKT-11	雷 81、雷 83、雷 84	定向井	二开井	3	8886.00
		LHBZKT-12	雷 79、洼 113、兴西 2	定向井	二开井	3	11569.00
		LHBZKT-13	冷 189、双 232、曙 137	定向井	三开井	3	11141.00
		LHBZKT-14	冷 191、马南 13、双 231	直井	三开井	3	11621.00
		LHBZKT-15	曙古 165、曙古 168	直井	二开井	2	7161.00
	ZZYYLQ	LHBZKT-16	赵古 12、赵古 10、赵古 5	定向井	三开井	3	9817.34
XXQQBB	KKLLPD	LHBZKT-17	庙 31、庙 32、白 28	直井	二开井	4	8620.00
HHYYKKTT	TTHHZB	LHBZKT-18	仙鹤 5、仙鹤 6、仙鹤 7	定向井	四开井	3	12781.00

6.4.2 标准井工程参数设计

根据每一组典型井的钻井井史、地质总结报告、施工总结报告等资料，结合钻井地质设计、钻井工程设计，编制出一口标准井工程参数设计。与常规钻井工程设计有所区别的是，标准井工程设计侧重于工程消耗方面，相关工艺和技术方面的要求和内容省略。

标准井工程参数设计包括综合参数、钻前工程参数、钻进工程参数、固井工程参数、录井工程参数、测井工程参数、完井工程参数、工程建设其他项目参数等8个部分。将每口典型井按上述8个部分内容统计后，并且按组进行归类计算，采用加权平均或直接套用的方法，确定出每口标准井工程参数，下面以标准井"LHBZKF-17井"为例，进行说明。

6.4.2.1 综合参数

综合参数主要是对标准井所在的油田基本情况进行描述，直接套用典型井相关信息数据，设计项目和内容示例参见附录F中表F-1。

6.4.2.2 钻前工程参数

编制标准井钻前工程参数时，可以采用典型井数据算术平均法确定。示例见表6-6。当不能采用平均法时，如3口典型井使用不同钻机型号，则采用数量多者直接套用。

表6-6 钻前工程参数统计

序号	项 目	龙16-322	龙17-319	龙14-16	平均
1	搬迁距离（km）	125	125	125	125
2	搬迁安装周期（d）	4	2	3	3
3	修井场道路长度（km）	0.8	1.2	0.6	0.8
4	井场占地面积（m²）	1848	1848	1848	1848
5	钻机型号	ZJ30	ZJ30	ZJ30	ZJ30

钻前工程参数设计项目和内容示例参见附录F中表F-2。

6.4.2.3 钻进工程参数

标准井钻进工程参数包括井身结构、井眼轨迹、钻井周期、钻头、钻井液材料、用水、大宗材料运输、取心、中途测试、技术服务、其他作业等11项内容。

6.4.2.3.1 井身结构

井身结构参数采用3口典型井参数算术平均确定，示例如表6-7所示。也可以在此基础上略加修正。若钻头尺寸和套管尺寸三口井不一致时，平均值取相同尺寸多者。

表6-7 井身结构参数统计

井号	钻进井段	钻头尺寸（mm）	钻深（m）	井段长度（m）	套管尺寸（mm）	套管下深（m）
龙16-322	一开	346.0	309.00	309.00	273.0	306.70
	二开	241.3	1715.00	1406.00	177.8	1714.90
龙17-319	一开	346.0	306.00	306.00	273.0	302.78
	二开	241.3	1704.00	1398.00	177.8	1703.80
龙14-16	一开	346.0	302.00	302.00	273.0	300.00
	二开	241.3	1558.00	1256.00	177.8	1556.98
平均	一开	346.0	305.67	305.67	273.0	303.16
	二开	241.3	1659.00	1353.33	177.8	1658.56

井身结构参数设计项目和内容示例参见附录 F 中表 F-3。

6.4.2.3.2 井眼轨迹

井眼轨迹参数采用 3 口典型井参数算术平均确定，示例参见表 6-8。也可以在此基础上略加修正。

表 6-8 井眼轨迹参数统计

序号	项　目	龙 16-322	龙 17-319	龙 14-16	平　均
1	井深（m）	1715.00	1704.00	1558.00	1659.00
2	垂直井深（m）	1690.24	1688.84	1545.29	1641.46
3	造斜点（m）	950.00	1250.00	1125.00	1108.33
4	水平位移（m）	136.78	48.09	68.37	84.41

井眼轨迹参数设计项目和内容示例参见附录 F 中表 F-4。

6.4.2.3.3 钻井周期

钻井周期参数采用 3 口典型井参数算术平均确定，示例参见表 6-9。也可以在此基础上略加修正。

表 6-9 钻井周期参数统计

井号	钻进井段	开钻日期	完井日期	钻进时间（d）	完井时间（d）	时间小计（d）
龙 16-322	一开	2012-9-14　1：00	2012-9-16　5：00	1.35	0.82	2.17
	二开	2012-9-17　12：00	2012-10-2　10：00	10.08	4.83	14.91
龙 17-319	一开	2012-10-4　1：00	2012-10-5　17：30	0.63	1.06	1.69
	二开	2012-10-6　22：00	2012-10-21　13：00	10.83	3.79	14.62
龙 14-16	一开	2012-11-5　3：00	2012-11-7　23：00	0.67	2.00	2.67
	二开	2012-11-7　23：00	2012-11-20　6：00	8.00	5.29	13.29
平均	一开			0.88	1.29	2.18
	二开			9.64	4.64	14.27

钻井周期参数设计项目和内容示例参见附录 F 中表 F-5。

6.4.2.3.4 钻头

钻头选型基本原则：单只钻头进尺多、机械钻速高、口井钻头消耗数量少、钻井费用低。钻头参数设计根据典型井实际钻头使用情况，选用使用数量多且进尺效果好的钻头，结合钻井工程设计，综合分析确定。统计 3 口典型井钻头实际消耗情况，参见表 6-10。

表 6-10 典型井钻头参数统计

井号	钻进井段	尺寸（mm）	型号	起深（m）	终深（m）	进尺（m）	钻进时间（h）	钻速（m/h）	磨损程度	所钻地层
龙 16-322	一开	346.0	SKG124	0.00	309.00	309.00	12.60	24.40	5%	明化镇
	二开	241.3	GY437FC	309.00	958.40	649.40	34.00	19.12	30%	馆陶组
		241.3	HAT127	958.40	1574.00	615.60	50.30	12.23	20%	沙一段
		241.3	HAT127	1574.00	1715.00	141.00	27.30	5.05	20%	沙三段

— 56 —

续表

井号	钻进井段	尺寸(mm)	型号	起深(m)	终深(m)	进尺(m)	钻进时间(h)	钻速(m/h)	磨损程度	所钻地层
龙17-319	一开	346.0	SKG124	0.00	306.00	306.00	6.83	44.80	5%	平原组
	二开	241.3	GY437FC	306.00	834.00	528.00	17.00	31.05	30%	馆陶组
		241.3	HAT127	834.00	1424.00	590.00	40.42	14.60	30%	沙一段
		241.3	HAT127	1424.00	1704.00	280.00	60.08	4.66	30%	沙三段
龙14-16	一开	346.0	SKG124	0.00	302.00	302.00	12.00	25.17	75%	平原组、明化镇
	二开	241.3	HJ437G	302.00	876.00	574.00	31.25	18.37	75%	馆陶组、东营组
		241.3	HJ437G	876.00	1522.00	646.00	62.33	10.36	70%	东营组、沙一段、沙三段
		241.3	HJ437G	1522.00	1558.00	36.00	12.00	3.00	85%	沙三段

钻头参数设计项目和内容示例参见附录中F中表F-6。

6.4.2.3.5 钻井液材料

钻井液材料参数采用3口典型井参数算术平均确定，参见表6-11。也可以在此基础上，按照钻井液设计标准要求，略加修正。

表6-11 典型井钻井液参数统计

序号	材料名称	代号	单位	龙16-322 一开	龙16-322 二开	龙16-322 合计	龙17-319 一开	龙17-319 二开	龙17-319 合计	龙14-16 一开	龙14-16 二开	龙14-16 合计	平均 一开	平均 二开	平均 合计
1	土粉		t	22.20	4.60	26.80	12.00	25.00	37.00	31.80	11.80	43.60	22.00	13.80	35.80
2	纯碱		t	0.70	0.30	1.00	0.50	0.90	1.40	1.00	0.20	1.20	0.73	0.47	1.20
3	烧碱	NaOH			0.50	0.50	0.10	0.70	0.80	0.20	1.30	1.50	0.15	0.83	0.98
4	重晶石		t		79.60	79.60		131.50	131.50		35.60	35.60		82.23	82.23
5	聚丙烯酸钾	K-PAM	t					1.20	1.20					1.20	1.20
6	包被剂	FA-367	t								0.30	0.30		0.30	0.30
7	复合硅降黏剂	GXJ	t		1.60	1.60		1.80	1.80					1.70	1.70
8	高聚硅稳定剂	GWJ	t					1.60	1.60					1.60	1.60
9	钻井液用降黏剂（聚合酸）	MFC									0.50	0.50		0.50	0.50
10	防塌降滤失剂	FT-881	t		3.00	3.00		4.00	4.00		2.00	2.00		3.00	3.00
11	磺化酚醛树脂	SMP-1									0.50	0.50		0.50	0.50
12	无荧光井壁稳定剂		t		2.00	2.00								2.00	2.00
13	抗盐降滤失剂剂	KFT	t		1.00	1.00								1.00	1.00
14	聚阴离子纤维素	PAC-HV	t					0.10	0.10					0.10	0.10
15	柴油		t					0.86	0.86					0.86	0.86
16	固体润滑剂（常规）		t		1.50	1.50		1.00	1.00		1.50	1.50		1.33	1.33

钻井液材料参数设计项目和内容参见附录F中表F-7。

6.4.2.3.6 用水

用水参数采用3口典型井参数算术平均确定，参见表6-12。也可以在此基础上略加修正。若供水方式三口井不一致时，平均值取多者。

表 6-12 用水参数统计

序号	项目	龙 16-322	龙 17-319	龙 14-16	平均
1	生产用水（m³）	347.00	364.00	310.00	340.33
2	供水方式	打水井供水	打水井供水	打水井供水	打水井供水

用水参数设计项目和内容参见附录 F 中表 F-8。

6.4.2.3.7 大宗材料运输

大宗材料运输参数采用 3 口典型井实际消耗参数算术平均确定，也可以根据配车标准设计确定。大宗材料运输参数设计项目和内容参见附录 F 中表 F-9。

6.4.2.3.8 取心

取心参数采用 3 口典型井参数算术平均确定，参见表 6-13。也可以根据钻井地质设计和钻井工程设计要求确定。开发井和评价井基本没有取心作业，此项内容可以不设计。

表 6-13 取心参数统计

井号	钻头尺寸（mm）	型号	工具类型	起深（m）	终深（m）	进尺（m）	进尺时间（h）	钻头磨损程度	所钻地层

取心参数设计项目和内容参见附录 F 中表 F-10。

6.4.2.3.9 技术服务

技术服务参数采用 3 口典型井参数算术平均确定，示例参见表 6-14。

表 6-14 钻井液服务参数统计

井号	服务时间（h）	服务人数（人）	主要设备	备注
龙 16-322	480.00	4.00	振动筛、离心机、除砂器	
龙 17-319	432.00	4.00	振动筛、离心机、除砂器	
龙 14-16	360.00	4.00	振动筛、离心机、除砂器	
平均	424.00	4.00	振动筛、离心机、除砂器	

技术服务参数设计项目和内容参见附录 F 中表 F-11。

6.4.2.3.10 中途测试

中途测试参数采用 3 口典型井参数算术平均确定，参见表 6-15。也可以根据钻井地质设计和钻井工程设计要求确定。开发井和评价井基本没有中途测试作业，此项内容可以不设计。

表 6-15 中途测试参数统计

井号	井眼尺寸（mm）	测试方法	工具型号	测试地层	井深（m）	起始日期	终止日期	测试时间（h）

中途测试参数设计项目和内容参见附录 F 中表 F-12。

6.4.2.3.11 其他作业

其他作业参数采用 3 口典型井参数算术平均确定，参见表 6-16。

表 6-16 其他作业参数统计

井号	项目	单位	处理方式	处理数量
龙 16-322	泥浆无害化处理和检测	m³	加固化药剂	270.00
龙 17-319	泥浆无害化处理和检测	m³	加固化药剂	270.00
龙 14-16	泥浆无害化处理和检测	m³	加固化药剂	270.00
平均	泥浆无害化处理和检测	m³	加固化药剂	270.00

其他作业参数设计项目和内容参见附录 F 中表 F-13。

6.4.2.4 固井工程参数

标准井固井工程参数包括固井作业、套管、套管附件、井下工具、水泥、水泥外加剂、大宗材料运输、技术服务、其他作业等 9 项内容。

6.4.2.4.1 固井作业

固井作业参数采用 3 口典型井参数算术平均确定，参见表 6-17。当 3 口典型井车组类型、固井方法不同时，取应用最多的车组类型。

表 6-17 固井作业参数统计

井号	钻进井段	套管尺寸（mm）	套管下深（m）	水泥量（m³）	车组类型	行驶距离（km）	固井方法
龙 16-322	一开	273.0	306.70	61.34	双机单注	100.00	插入固井
	二开	177.8	1714.90	46.00	双机单注	100.00	单级固井
龙 17-319	一开	273.0	302.00	60.40	单机单注	150.00	插入固井
	二开	177.8	1703.80	62.00	双机单注	150.00	单级固井
龙 14-16	一开	273.0	300.00	60.00	单机单注	150.00	插入固井
	二开	177.8	1556.98	45.00	双机单注	150.00	单级固井
平均	一开	273.0	302.90	60.58	单机单注	116.67	插入固井
	二开	177.8	1658.56	51.00	双机单注	116.67	单级固井

固井作业参数设计项目和内容参见附录 F 中表 F-14。

6.4.2.4.2 套管

套管参数采用 3 口典型井参数算术平均确定，参见表 6-18。取平均值时，对于同一个项目具有相同格式数据时，直接算术平均；尺寸、钢级、壁厚有不同的规格时，取数量多的；3 口井同一层次套管有多个下深时，每口井下深起点取最浅的，下深终点取最深的，然后 3 口井平均。套管下深参数要同井身结构参数相一致。也可以按照套管设计程序设计出标准井套管参数。

表 6-18 套管参数统计

井号	套管名称	套管尺寸（mm）	下深起点（m）	下深终点（m）	段长（m）	钢级	壁厚（mm）
龙 16-322	表层套管	273.0	0.00	306.66	306.66	J55	8.89
	生产套管	177.8	0.00	1714.90	1714.90	N80	8.05

续表

井号	套管名称	套管尺寸（mm）	下深起点（m）	下深终点（m）	段长（m）	钢 级	壁厚（mm）
龙17-319	表层套管	273.0	0.00	302.78	302.78	J55	8.89
	生产套管	177.8	0.00	1703.80	1703.80	BG110H	9.19
龙14-16	表层套管	273.0	0.00	300.00	300.00	J55	8.89
	生产套管	177.8	0.00	607.80	607.80	N80	9.19
	生产套管	177.8	607.80	1556.98	949.18	N80	10.36
平均	表层套管	273.0	0.00	303.15	303.15	J55	8.89
	生产套管	177.8	0.00	1658.56	1658.56	N80	9.19

套管参数设计项目和内容参见附录F中表F-15。

6.4.2.4.3 套管附件

套管附件参数采用3口典型井参数算术平均确定，参见表6-19。当3口典型井套管附件类型不同时，取应用最多的套管附件类型。也可以按照套管设计程序设计出标准井套管附件参数。

表6-19 套管附件参数统计

井号	钻进井段	套管尺寸（mm）	附件名称	规格	单位	数量
龙16-322	一开	273.0	水泥套管鞋	273.0mm	个	1.00
	二开	177.8	凡尔鞋	177.8mm	个	1.00
		177.8	阻流环	177.8mm	个	1.00
		177.8	弹性扶正器	177.8mm	只	15.00
龙17-319	一开	273.0	水泥套管鞋	273.0mm	只	1.00
	二开	177.8	凡尔鞋	177.8mm	只	1.00
		177.8	阻流环	177.8mm	只	1.00
		177.8	旋流发生器	177.8mm	只	5.00
		177.8	弹性扶正器	177.8mm	只	15.00
龙14-16	一开	273.0	水泥套管鞋	273.0mm	只	1.00
	二开	177.8	凡尔鞋	177.8mm	只	1.00
		177.8	阻流环	177.8mm	只	1.00
		177.8	旋流发生器	177.8mm	只	6.00
		177.8	弹性扶正器	177.8mm	只	15.00
平均	一开	273.0	水泥套管鞋	273.0mm	只	1.00
	二开	177.8	凡尔鞋	177.8mm	只	1.00
			阻流环	177.8mm	只	1.00
			旋流发生器	177.8mm	只	6.00
			弹性扶正器	177.8mm	只	15.00

套管附件参数设计项目和内容参见附录F中表F-16。

6.4.2.4.4 井下工具

井下工具参数采用3口典型井参数算术平均确定，参见表6-20。当3口典型井井下工具类型不同时，取应用最多的井下工具类型。

表 6-20　井下工具参数统计

井号	钻进井段	套管尺寸（mm）	工具名称	规格	单位	数量
龙 16-322	一开	273.0	内管注水泥器	273.0	套	1.00
龙 17-319	一开	273.0	内管注水泥器	273.0	套	1.00
龙 14-16	一开	273.0	内管注水泥器	273.0	套	1.00
平均	一开	273.0	内管注水泥器	273.0	套	1.00

井下工具参数设计项目和内容参见附录 F 中表 F-17。

6.4.2.4.5　水泥

水泥参数采用 3 口典型井参数算术平均确定，参见表 6-21。当 3 口典型井水泥类型不同时，取应用最多的水泥类型。如一开时 273.0mm 表层套管固井时，采用 3 口典型井的平均值确定 G 级油井水泥数量；二开时 177.8mm 生产套管固井时，采用龙 17-319 和龙 14-16 两口井的低密度和油井水泥加砂两种类型分别计算平均值，作为标准井消耗标准。

表 6-21　水泥参数统计

井号	钻进井段	套管尺寸（mm）	品种	级别	单位	数量
龙 16-322	一开	273.0	油井水泥	G 级	t	76.68
	二开	177.8	油井水泥	G 级	t	57.50
龙 17-319	一开	273.0	油井水泥	G 级	t	75.00
	二开	177.8	低密度水泥	G 级	t	33.80
			油井水泥加砂	G 级	t	21.60
龙 14-16	一开	273.0	油井水泥	G 级	t	76.68
	二开	177.8	低密度水泥	G 级	t	46.25
			油井水泥加砂	G 级	t	10.00
平均	一开	273.0	油井水泥	G 级	t	76.12
	二开	177.8	低密度水泥	G 级	t	40.03
			油井水泥加砂	G 级	t	15.80

水泥参数设计项目和内容参见附录 F 中表 F-18。

6.4.2.4.6　水泥外加剂

水泥外加剂参数采用 3 口典型井参数算术平均确定，参见表 6-22。当 3 口典型井水泥外加剂类型不同时，取应用最多的水泥外加剂类型。也可以根据固井设计要求确定水泥外加剂消耗量。

表 6-22　水泥外加剂参数统计

井号	钻进井段	套管尺寸（mm）	品种	规格	单位	数量
龙 16-322	一开	273.0	消泡剂		kg	30.67
			固井水		m³	85.88
	二开	177.8	消泡剂		kg	23.00
			早强剂		kg	125.00
			固井水		m³	64.40

续表

井号	钻进井段	套管尺寸（mm）	品种	规格	单位	数量
龙17-319	一开	273.0	冲洗液		m³	4.00
			隔离液		m³	8.00
			消泡剂		kg	76.00
			固井水		m³	75.50
	二开	177.8	冲洗液		m³	4.00
			隔离液		m³	8.00
			消泡剂		kg	69.00
			早强剂	S1	kg	240.00
			固井水		m³	69.10
龙14-16	一开	273.0	冲洗液		m³	4.00
			隔离液		m³	8.00
			消泡剂		kg	75.00
			固井水		m³	75.00
	二开	177.8	冲洗液		m³	4.00
			隔离液		m³	8.00
			早强剂	S1	kg	108.00
			固井水		m³	56.25
平均	一开	273.0	冲洗液		m³	4.00
			隔离液		m³	8.00
			消泡剂		kg	75.50
			固井水		m³	75.25
	二开	177.8	冲洗液		m³	4.00
			隔离液		m³	8.00
			消泡剂		kg	34.50
			早强剂	S1	kg	54.00
			固井水		m³	62.68

水泥外加剂参数设计项目和内容参见附录F中表F-19。

6.4.2.4.7 大宗材料运输

大宗材料运输参数采用3口典型井实际消耗参数算术平均确定，也可以根据配车标准设计确定。大宗材料运输参数设计项目和内容参见附录F中表F-20。

6.4.2.4.8 技术服务

技术服务参数采用3口典型井参数算术平均确定，参见表6-23。当套管检测和下套管服务的计量单位为"根"时，数据为整数。若钻井队下套管，则可以不考虑下套管服务。

表6-23 技术服务参数统计

井号	钻进井段	套管检测（根）	水泥试验（次）	水泥混拌（t）	下套管服务（根）	下套管服务动迁距离（km）
龙16-322	一开	27.00	1.00	92.01	27.00	65.00
	二开	156.00	2.00	69.00	156.00	65.00
龙17-319	一开	30.00	1.00	75.50	28.00	65.00
	二开	158.00	2.00	69.10	151.00	65.00
龙14-16	一开	29.00	1.00	75.00	27.00	65.00
	二开	150.00	2.00	56.25	145.00	65.00
平均	一开	29.50	1.00	80.84	27.33	65.00
	二开	154.00	2.00	64.78	150.67	65.00

技术服务参数设计项目和内容参见附录F中表F-21。

6.4.2.4.9 其他作业

其他作业参数采用3口典型井参数算术平均确定，参见表6-24。

表6-24 其他作业参数统计

井号	钻进井段	试压（次）	打水泥塞（次）	备注
龙16-322	一开	1.00		
	二开	1.00		
龙17-319	一开	1.00		
	二开	1.00	1.00	
龙14-16	一开	1.00		
	二开	1.00	1.00	
平均	一开	1.00		
	二开	1.00	1.00	

其他作业参数设计项目和内容参见附录F中表F-22。

6.4.2.5 录井工程参数

标准井录井工程参数包括录井作业、技术服务、其他作业等3项内容。

6.4.2.5.1 录井作业

录井作业参数采用3口典型井参数算术平均确定，参见表6-25。当3口典型井录井作业仪器类型不同时，取应用最多的录井作业仪器类型。录井作业时间要注意和钻井周期保持一致。

表6-25 录井作业参数统计

井号	项目	录井方法	仪器型号	单位	数量
龙16-322	一开井段	地质录井	采集仪	d	4.00
	二开井段	地质录井	采集仪	d	16.00
	二开井段	气测录井	CPS-2000	d	16.00
	资料处理解释			口井	1.00

续表

井号	项目	录井方法	仪器型号	单位	数量
龙17-319	一开井段	地质录井	采集仪	d	2.00
	二开井段	地质录井	采集仪	d	16.00
	二开井段	气测录井	CPS-2000	d	16.00
	资料处理解释			口井	1.00
龙14-16	一开井段	地质录井	采集仪	d	3.00
	二开井段	地质录井	采集仪	d	13.00
	二开井段	气测录井	LH2000	d	13.00
	资料处理解释			口井	1.00
平均	一开井段	地质录井	采集仪	d	3.00
	二开井段	地质录井	采集仪	d	15.00
	二开井段	气测录井	CPS-2000	d	15.00
	资料处理解释			口井	1.00

录井作业参数设计项目和内容参见附录F中表F-23。

6.4.2.5.2 技术服务

技术服务参数采用3口典型井参数算术平均确定，参见表6-26。也可以根据钻井地质设计要求确定。

表6-26 技术服务参数统计

井号	项目	仪器型号	单位	数量
龙16-322	定量荧光		d	16.00
	录井信息		d	16.00
龙17-319	定量荧光		d	16.00
	录井信息		d	16.00
龙14-16	定量荧光		d	13.00
	录井信息		d	13.00
平均	定量荧光		d	15.00
	录井信息		d	15.00

技术服务参数设计项目和内容参见附录F中表F-24。

6.4.2.5.3 其他作业

其他作业参数采用3口典型井参数算术平均确定，也可以根据钻井地质设计要求确定。其他作业参数设计项目和内容见附录F中表F-25。

6.4.2.6 测井工程参数

标准井测井工程参数包括裸眼测井、固井质量测井、技术服务、资料处理解释、其他作业等5项内容。

6.4.2.6.1 裸眼测井

裸眼测井参数采用3口典型井参数算术平均确定，参见表6-27。当3口典型井裸眼测井项目和深度差别很大时，取应用最多的项目和相似深度进行测算，表F-26示例中参数采用龙 16-322 井和龙 17-319 井两口井平均确定。也可以按钻井地质设计要求确定裸眼测井参数。裸眼测井入井深度要注意和井身结构中钻井深度保持一致。

表 6-27　裸眼测井参数统计　　　　　　　　计量单位：m

井号	龙 16-322			龙 17-319			龙 14-16		
工作内容	中完	中完	完井	中完	中完	完井	中完	完井	完井
测井系列	国产数控	国产数控	5700 数控	国产数控	国产数控	5700 数控	国产数控	国产数控	5700 数控
入井深度	1370.00	1707.00	1712.00	1370.00	1700.00	1704.00	1545.00	1552.00	1552.00
声波		1401.00			1398.00		1245.00		1252.00
双侧向	1064.00		342.00	1068.00		334.00	1245.00		1252.00
自然电位				1398.00			1245.00		
井径		1401.00	342.00		1398.00	334.00	1245.00		1252.00
连续测斜		1401.00			1398.00		1245.00	1252.00	
微电极		337.00			330.00		1245.00		
自然伽马			342.00			334.00	95.00		1252.00
0.45m 梯度		507.00			500.00		95.00		
微球聚焦			342.00			334.00			1252.00
补偿中子			342.00			334.00			1252.00
补偿密度			342.00			334.00			1252.00

裸眼测井参数设计项目和内容见附录 F 中表 F-26。

6.4.2.6.2　固井质量测井

固井质量测井参数采用 3 口典型井参数算术平均确定，参见表 6-28。

表 6-28　固井质量测井参数统计　　　　　　　　计量单位：m

井　号	龙 16-322	龙 17-319	龙 14-16	平均
工作内容	固井质量	固井质量	固井质量	固井质量
测井系列	国产数控	国产数控	国产数控	国产数控
入井深度	1704.00	1686.00	1552.00	1647.33
声幅	1704.00	1476.00	1552.00	1577.33
变密度	1704.00	1476.00	1552.00	1577.33
磁定位	1704.00	1476.00	1552.00	1577.33
中子伽马	244.00	226.00	154.00	208.00
自然伽马	244.00	226.00	154.00	208.00

固井质量测井参数设计项目和内容见附录 F 中表 F-27。

6.4.2.6.3　技术服务

技术服务参数采用 3 口典型井参数算术平均确定，井壁取心示例参见表 6-29。

表 6-29　井壁取心参数统计

井号	服务项目	测井系列	入井深度（m）	单位	数量	备注
龙 16-322	井壁取心	国产数控	1712.00	颗	28.00	常规取心

续表

井号	服务项目	测井系列	入井深度（m）	单位	数量	备注
龙17-319	井壁取心	国产数控	1704.00	颗	24.00	常规取心
龙14-16	井壁取心	国产数控	1552.00	颗	10.00	常规取心
平均	井壁取心	国产数控	1656.00	颗	20.67	

技术服务参数设计项目和内容见附录F中表F-28。

6.4.2.6.4 资料处理解释

按照裸眼测井和固井质量测井设计的各项测井项目累计测量长度计算得出。

资料处理解释参数设计项目和内容见附录F中表F-29。

6.4.2.6.5 其他作业

其他作业参数采用3口典型井参数算术平均确定，也可以根据钻井地质设计要求确定。

其他作业参数设计项目和内容参见附录F中表F-30。

6.4.2.7 完井工程参数

标准井完井工程参数包括完井作业、主要材料、大宗材料运输、技术服务、其他作业等5项内容。

6.4.2.7.1 完井作业

完井作业参数采用3口典型井参数算术平均确定，参见表6-30。

表6-30 完井作业参数统计

序号	项目	单位	龙16-322	龙17-319	龙14-16	平均
1	作业机型号		XJ90Z	XJ90Z	XJ90Z	XJ90Z
2	搬迁距离	km	40.00	40.00	40.00	40.00
3	搬迁日期		2012-10-4	2012-10-23	2012-11-22	
4	搬迁周期	d	1.00	1.00	1.00	1.00
5	一层作业					
5.1	开工日期		2012-10-5	2012-10-24	2012-11-23	
5.2	井筒施工时间	d	1.20	1.80	1.50	1.50
5.3	排液求产时间	d	3.00	2.50	3.50	3.00

完井作业参数设计项目和内容见附录F中表F-31。

6.4.2.7.2 主要材料

主要材料参数采用3口典型井参数算术平均确定，采油树、油管、洗井液、压井液、清水参数统计参见表6-31至表6-35。

表6-31 采油树参数统计

井号	规格	单位	数量	备注
龙16-322	KY-21L1	套	1.00	
龙17-319	KY-21L1	套	1.00	
龙14-16	KY-21L1	套	1.00	
平均	KY-21L1	套	1.00	

表 6-32 油管参数统计

井 号	规 格	单 位	数 量	备 注
龙 16-322	φ73mm	m	1695.00	
龙 17-319	φ73mm	m	1684.00	
龙 14-16	φ73mm	m	1538.00	
平均	φ73mm	m	1639.00	

表 6-33 洗井液参数统计

井 号	规 格	单 位	数 量	备 注
龙 16-322	热水	m^3	30.00	
龙 17-319	热水	m^3	30.00	
龙 14-16	热水	m^3	30.00	
平均	热水	m^3	30.00	

表 6-34 压井液参数

井 号	规 格	单 位	数 量	备 注
龙 16-322	1.2g/cm^3盐水	m^3	60.00	
龙 17-319	1.2g/cm^3盐水	m^3	60.00	
龙 14-16	1.2g/cm^3盐水	m^3	60.00	
平均	1.2g/cm^3盐水	m^3	60.00	

表 6-35 清水参数统计

井 号	规 格	单 位	数 量	备 注
龙 16-322		m^3	60.00	
龙 17-319		m^3	60.00	
龙 14-16		m^3	60.00	
平均		m^3	60.00	

主要材料参数设计项目和内容见附录 F 中表 F-32。

6.4.2.7.3 大宗材料运输

大宗材料运输参数采用 3 口典型井实际消耗参数算术平均确定，也可以根据配车标准设计确定。

大宗材料运输参数设计项目和内容见附录 F 中表 F-33。

6.4.2.7.4 技术服务

技术服务参数采用 3 口典型井实际消耗参数算术平均确定，也可以根据相关技术服务设计确定。

技术服务参数设计项目和内容见附录 F 中表 F-34。

6.4.2.7.5 其他作业

其他作业参数采用 3 口典型井参数算术平均确定，也可以根据钻井地质设计要求确定。

其他作业参数设计项目和内容见附录 F 中表 F-35。

6.4.2.8 工程建设其他项目

工程建设其他项目由钻井工程管理、钻井设计、土地租用、环保管理、工程研究试验、工程保险、安全保卫、贷款利息等8个部分构成。采用典型井参数算术平均确定。

工程建设其他项目参数设计内容见附录F中表F-36。

6.5 标准井工程量清单编制方法

6.5.1 钻前工程工程量清单编制

编制钻前工程工程量清单时，按钻前工程工程量项目和计算规则要求，以分部分项工程为基础编制工程量清单。若认为现有工程量清单有必要细分，还可以进一步细化。若有特殊钻前工程项目，未包含在已设立钻前工程项目，则放在150000其他作业下面，按同样规则确定。

根据标准井工程参数设计中钻前工程参数确定工程量。

6.5.2 钻进工程工程量清单编制

编制钻进工程工程量清单时，按钻进工程工程量项目和计算规则要求，以分部分项工程为基础编制工程量清单。若认为有钻进工程的子项目未包含在已设立钻进工程项目，则放在相应单位工程或分部工程下面，如取心作业需要单独的取心队施工，则可以放在技术服务的下面，设立248000取心服务。若有特殊钻进工程项目，未包含在已设立钻进工程项目，则放在250000其他作业下面，按同样规则确定。

根据标准井工程参数设计中钻井周期、钻头、钻井液材料、用水、大宗材料运输、工程技术服务、其他作业等参数确定各项工程量。

6.5.3 固井工程工程量清单编制

编制固井工程工程量清单时，按固井工程工程量项目和计算规则要求，以分部分项工程为基础编制工程量清单。若认为有固井工程的子项目未包含在已设立固井工程项目，则放在相应单位工程或分部工程下面。

根据标准井工程参数设计中固井作业、套管、套管附件、井下工具、水泥、水泥外加剂、大宗材料运输、技术服务、其他作业等参数确定各项工程量。

6.5.4 录井工程工程量清单编制

编制录井工程工程量清单时，按录井工程工程量项目和计算规则要求，以分部分项工程为基础编制工程量清单。若认为有录井工程的技术服务类项目未包含在已设立录井工程项目，如钻柱应力波频谱录井，则放在420000技术服务下面，426000钻柱应力波频谱录井。若认为有特殊录井工程项目，未包含在已设立录井工程项目，如送岩心，则放在430000其他作业下面，按同样规则确定，433000送岩心。

根据标准井工程参数设计中录井作业、技术服务、其他作业等参数确定各项工程量。

6.5.5 测井工程工程量清单编制

编制测井工程工程量清单时，按测井工程工程量项目和计算规则要求，以分部分项工程为基础编制工程量清单。若认为有测井工程的技术服务类项目未包含在已设立测井工程项目，如井温测井，则放在540000技术服务下面，546000井温测井，并补充相关内容。

根据标准井工程参数设计中作业参数确定各项工程量。

6.5.6 完井工程工程量清单编制

编制完井工程工程量清单时，按完井工程工程量项目和计算规则要求，以分部分项工程为基础编制工程量清单。若认为有完井工程的子项目未包含在已设立完井工程项目，则放在相应的分部分项工程下面，并补充相关内容，按同样规则确定。

根据标准井工程参数设计中完井工程参数确定各项工程量。

6.5.7 工程建设其他项目清单编制

编制工程建设其他项目清单时，按工程建设其他项目清单计算规则要求，以分部分项工程为基础编制工程量清单。若认为有工程建设其他项目的子项目未包含在已设立项目中，则放在相应的分部分项工程下面，并补充相关内容，按同样规则确定。

根据标准井工程参数设计中工程建设其他项目参数确定各项工程量。

按照上述方法编制出标准井的工程量清单，模式见附录G。

7 钻井工程综合单价编制方法

7.1 钻井工程综合单价规定

7.1.1 钻井工程综合单价概念

钻井工程综合单价是完成一个规定计量单位的钻井工程分部分项工程量清单项目所需要的人工费、设备费、材料费、其他直接费、企业管理费、工程风险费、利润的总和。

7.1.1.1 综合单价表现形式

综合单价是一种预算标准，是按施工工序和分项工程将多个同类性质计费项目所对应的费用标准或消耗标准乘以相关价格得出的费用进行综合，形成综合单价，便于计算和管理。表现形式主要有以下3种：

（1）时间类综合单价：以工时、台时、日或台月为单位进行计价，如钻井日费、录井日费、试油日费等单价。

（2）长度类综合单价：以行驶距离或测量长度为单位进行计价，如测井工程中的行驶费单价以车公里为计价单位，深度费单价以仪器入井单位深度米为计价单位等。

（3）井次类综合单价：以1口井或施工1井次为单位进行计价，如钻前工程中的搬迁费单价、固井工程中的注水泥作业费单价等。

7.1.1.2 综合单价构成

综合单价由直接费、间接费、利润3部分构成，具体项目参见图7-1。

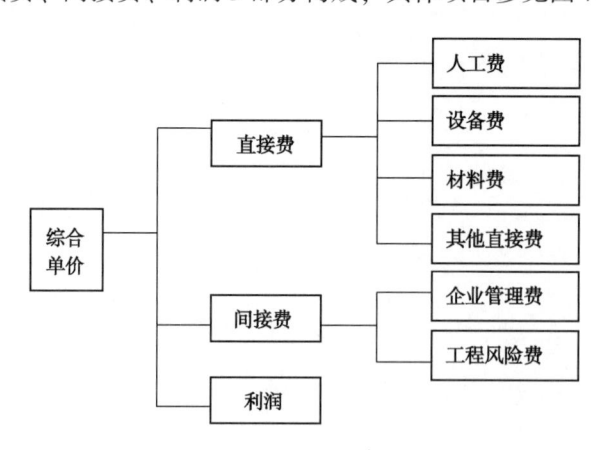

图 7-1 综合单价构成项目

7.1.1.3 综合单价编制方法和相关标准

综合单价编制流程参见图7-2。

7.1.1.3.1 基础标准

基础标准指一定管理模式和生产组织方式下设备和人员的配备数量以及相关技术标准和规定，代表了当前油气田企业的生产力水平，是编制消耗标准和费用标准的基础。

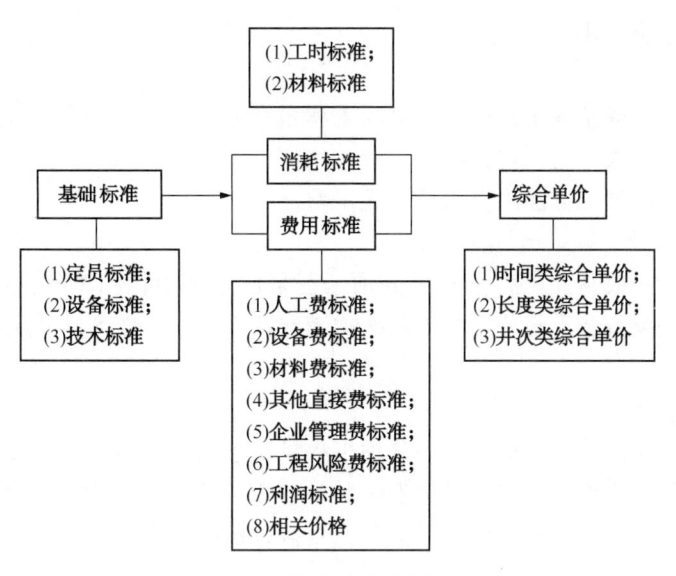

图 7-2 综合单价编制流程

（1）定员标准。

定员标准指完成钻井工程而必须配备的施工队伍定员数量。如钻井队定员、固井设备定员、测井队定员、试油队定员和压裂队定员等，以及与定员相配套的年人工费标准。

（2）设备标准。

设备标准指完成钻井工程而必须配备的施工设备数量。如钻机配套标准、固井作业设备标准、各种系列测井设备配置标准和常规测井组合标准等，以及与之相配套的资产原值、折旧和修理费。

（3）技术标准。

技术标准指完成钻井工程而必须具备的施工条件标准。如年有效工作时间、钻机钻深能力、井场占地面积、固定基础标准、活动基础标准、特车平均行驶速度、井身结构标准等。

7.1.1.3.2 消耗标准

消耗标准指在一定的工艺技术、生产组织和设备条件下，为完成钻井工程中分项工程量所必须消耗的人工、设备和材料的数量。

（1）工时标准。

工时标准指完成钻井工程中某一分项工程量消耗的人工工时和设备台时数量。大部分钻井作业是人机合一状态，人工工时和设备台时是一致的，如钻机搬安、钻进、固井、测井、完井等工序施工过程中钻井队人工工时消耗和钻机台时消耗是一致的。部分工作可以分为人工工时和设备台时，如水电安装工程的人工工时、吊车工作台时等。

（2）材料标准。

材料标准指完成钻井工程中某一分项工程量所消耗的常规材料数量，如钻机的油料、电消耗数量等。对于开发井的钻头、套管、水泥、钻井液等具有较强消耗规律的主要材料也可编制消耗材料标准。

7.1.1.3.3 费用标准

费用标准指在基础标准和消耗标准所规定的生产条件下，完成钻井工程中某一分项工程量所必须消耗的单位费用。

(1) 人工费标准。

人工费标准指完成钻井工程中某一分项工程量所必须消耗的单位人工费。一般按队型、工种、岗位分别确定人工费，包括技能工资、岗位工资、各种津贴、保险等与人员有关的全部费用，再按一定的计算方法测算出单位人工费。

(2) 设备费标准。

设备费标准指完成钻井工程中某一分项工程量所必须消耗的单位设备费。包括设备折旧、修理费，有些设备和重复使用的工具按摊销费计算。根据设备标准配套和相关规定，测算出单位设备费。

(3) 材料费标准。

材料费标准指完成钻井工程中某一分项工程量所必须消耗的单位材料费。主要材料由材料消耗标准乘以相关价格确定单位材料费，如油料费、水费等；对于消耗量大、价值较低、在工程造价中所占比重不大的一般材料消耗，直接以费用形式或者按费用比例确定，如钻进工程中的其他材料费。

(4) 其他直接费标准。

其他直接费标准指完成钻井工程中某一分项工程量所必须直接消耗的但不能归入上述三种费用标准的相关费用，如钻进工程中的通信费、日常运输费等。

(5) 企业管理费标准。

企业管理费标准指完成钻井工程中某一分项工程量所要分摊的管理性和辅助性费用，是施工企业管理费，包括项目组（部）、分（子）公司和公司总部三级管理费。

(6) 工程风险费标准。

工程风险费标准指完成钻井工程中某一分项工程量所要分摊的工程风险性费用。工程风险性费用指意外情况下发生的自然灾害、井下复杂和事故，造成大幅度时间和材料增加而发生的费用。

(7) 利润标准。

利润标准指施工企业进行钻井工程施工而应得的行业平均名义利润。

(8) 相关价格。

相关价格指钻井工程中某一分项工程施工所必须消耗材料、运输等的相关价格。如油料、套管、水泥、钻头、钻井液、水、电、运输等价格，是编制综合单价及工程预算必需的重要依据。一般可根据上一年的全年平均价格、年底价格或有关协议，确定出各类主要消耗材料的预期价格，作为某个时期内相对固定的参考价格。

7.1.2 税费

7.1.2.1 税费概念

税费指国家和当地政府有关部门制定的税费标准。我国陆上油田一般指应计入钻井工程造价的增值税或营业税、城乡维护建设税和教育费附加。

(1) 增值税。

应纳税额=销项税额−进项税额

销项税额=销售额×增值税率=销售收入（含税销售额）÷（1+增值税率）×增值税率

进项税额=外购原材料、燃料及动力费÷（1+增值税率）×增值税率

目前适用增值税率为17%。

(2) 营业税。

应纳税额＝营业额×适用税率

目前建筑业适用税率为 3%。

(3) 城乡维护建设税。

应纳税额＝增值税（营业税）应纳税额×适用税率

目前市区适用税率为 7%，县城、建制镇适用税率为 5%，农村适用税率为 1%。

(4) 教育费附加。

应纳教育费附加额＝增值税（营业税）应纳税额×适用税率

目前国家适用费率 3%；有些地区还要征收地方教育费附加，费率 1%，共计 4%。

7.1.2.2 折算税率

对于大多数油田钻井工程，建设单位和施工单位属于关联交易方，需要交纳增值税、城乡维护建设税和教育费附加 3 项税费。由于增值税是个变数，3 项税费有所变化，计算钻井工程造价中的税费时，3 项税费折算税率取 1.00%。

对于少数油田钻井工程，需要交纳营业税、城乡维护建设税和教育费附加 3 项税费。由于营业税及附加等 3 项税费是价内税，以营业额为计税基数，即招投标时以工程合同额为基数，而计算工程造价时是以工程费为基数，需要进行税费折算，表 7-1 给出了各种税率和折算税率示例。折算税率计算公式为：

折算税率＝营业税率×（1+城乡维护建设税率+教育费附加费率）÷［1−营业税率×（1+城乡维护建设税率+教育费附加费率）］。

在钻井工程造价中税费计算公式：税费＝工程费×折算税率

表 7-1 钻井工程适用税率和折算税率

行业	纳税人所在地	单位	营业税率	城乡维护建设税率	教育费附加费率	3 项税率合计	折算税率
建筑业	市区	%	3.00	7.00	3.00	3.30	3.41
	县城、建制镇	%	3.00	5.00	3.00	3.24	3.35
	农村	%	3.00	1.00	3.00	3.12	3.22
	市区	%	3.00	7.00	4.00	3.33	3.44
	县城、建制镇	%	3.00	5.00	4.00	3.27	3.38
	农村	%	3.00	1.00	4.00	3.15	3.25

7.1.3 综合单价编制方法

钻井工程涉及内容复杂，其综合单价需要根据具体情况进行编制和确定，总体上可以分为 3 种方法。

第一种是直接套用或参考使用企业定额。直接套用或参考使用企业定额需要注意以下 3 个方面的问题。

(1) 注意综合单价包含费用内容是否完全。综合单价是完成一个规定计量单位的分部分项工程量清单项目所需要的人工费、设备费、材料费、其他直接费、企业管理费、工程风险费、利润的总和，而企业定额往往是直接费性质的费用，常常不包括企业管理费、工程风险费、利润等内容。

（2）注意企业定额是否与工程量清单项目相对应。比如井位测量项目企业定额是按口井计价的，而工程量清单项目是按井次计价的，并且通常一口井需要测量两次井位，若直接套用企业定额，就会产生偏差。

（3）注意企业定额的适用范围。目前大部分企业定额是根据所在油田的历史工况条件编制的，目前工作情况可能发生较大变化，相应的人工、材料价格和消耗可能有所不同，需要进行相应调整。

第二种是直接套用或参考相关行业或地区定额。在山区钻井或部分探井钻前工程中，要实施进井路、井位、线路、水源的勘定和测量、工程地质勘察和设计等工作，此部分工程可分别套用相关行业或地区定额和计价标准。勘察部分可参照国家工程水文地质勘察收费标准；测量部分可参照国家测绘局颁发的设计收费标准；工程设计部分可参照国家建设部颁发的工程设计收费标准。

第三种是自行编制综合单价。主要采用两种方法编制综合单价。一种是成本加成法，即综合单价=工程成本+利润；另一种是费用项目法，即综合单价=直接费+间接费+利润，直接费=人工费+设备费+材料费+其他直接费，间接费=企业管理费+工程风险费。

下面详细说明各种工程综合单价编制方法。

7.2 原始资料采集方法

原始资料采集共分为施工队伍、价格、投资等3大类。

7.2.1 施工队伍统计

根据近3年本油田实际完成井的井号，确定出参加施工的所有施工队伍，每支施工队伍填写工作量信息表和3年综合信息表，表明施工队伍3年总体施工情况和水平，体现本油田现有生产力水平。初步确定30个施工队伍类型，如表7-2所示，将根据本油田实际情况略加调整。附录H收录了各施工队伍的工作量信息表和综合信息表（表H-1至表H-60）。

表7-2 施工队伍类型

序号	队伍名称	序号	队伍名称
一	钻前工程	12	欠平衡服务队
1	井位测量队	13	顶驱服务队
2	钻前工程队	三	固井工程
3	水电安装队	14	固井队
4	机械化作业队	15	套管检测队
5	测绘队	16	水泥混拌队
6	供暖队	17	下套管服务队
7	综合队	四	录井工程
二	钻进工程	18	录井队
8	钻井队	五	测井工程
9	管具服务队	19	测井队
10	钻井液服务队	20	取心队
11	定向井服务队	21	资料评价队

续表

序号	队伍名称	序号	队伍名称
六	完井工程	27	钢丝作业队
22	作业队	28	压裂酸化队
23	射孔队	七	其他项目
24	地层测试队	29	建设项目部
25	地面计量队	30	钻井设计
26	试井队		

工作量信息表主要反映施工队伍工作时间、工作方式、支出和收入情况，按年度小计和3年合计，按开工日期或上井日期先后排序。支出为实际花费的费用，收入为该井核定的收入。

综合信息表反映一个年度内施工队伍人员、设备、主要材料消耗、成本和收入情况。钻井作业队伍人数按年底在册实际发工资的人数统计，人工费包括技能工资、岗位工资、各种津贴、保险等与人员有关的全部费用，按全年钻井作业队伍实际发生费用统计。钻井作业设备型号按钻井作业队伍年底在册实际设备统计。资产原值包括每个钻井队伍实施生产作业时所拥有的全部钻井设备的资产原值，如钻井队所拥有的钻机配套设备包括井架及底座、提升系统、动力与传动系统、循环处理系统、油气水设施、监测系统、井控系统、井场用房、辅助工具与设施、生活设施等10大部分，不能将井控系统、固控系统、野营房单列出来。若井控系统资产未在钻井队伍所拥有设备资产上，而是单独列出，需要平均分摊到各钻井队伍的设备资产原值中。设备摊销放在设备折旧栏下。成本＝人工费+设备折旧+设备修理费+材料费+其他直接费+制造费，收入为该队伍全年全部核定收入。

7.2.2 价格统计

根据上一年的全年平均价格、年底价格或有关协议，确定出各类主要材料和运输价格。参见附录I中表I-1至表I-12。

7.2.3 投资统计

统计标准井所代表的所有井投资，参见附录J表J-1，并汇总成表J-2。

7.3 基础标准编制方法

7.3.1 定员标准编制方法

定员标准采用近3年本油田实际钻井作业队伍人数和人工费水平，剔除异常因素后，结合相关规定，统计分析确定。定员人数标准采用同类钻井队伍实际人数统计平均后取整数确定，但是不能超过集团公司劳动定员规定的人数上限。人工费标准采用同类钻井队伍实际人工费统计平均确定。

7.3.1.1 近3年数据统计

根据施工队伍统计表中人数和人工费，分类统计在本油田施工的各类队伍人数和人工费，示例参见表7-3。需要说明的问题及剔除异常因素在统计表下备注说明。

表 7-3 钻井作业队伍人数和人工费统计

序号	队伍名称	2011年 人数（人）	2011年 队年人工费（元）	2012年 人数（人）	2012年 队年人工费（元）	2013年 人数（人）	2013年 队年人工费（元）
8	钻井队						
8.1	ZJ30钻机						
8.1.1	30650钻井队						
8.1.2	32471钻井队						
8.2	ZJ50钻机						
8.3	ZJ70钻机						
18	录井队						
18.1	地质录井队						
18.2	气测录井队						
18.3	综合录井队						
22	作业队						
22.1	XJ350修井机						
22.2	XJ450修井机						

7.3.1.2 定员标准测算

7.3.1.2.1 人数计算

定员人数标准采用同类钻井队伍实际人数统计平均后取整数确定，但是不能超过集团公司劳动定员规定的人数上限。

同类队伍3年平均人数 $Q_{平均} = (Q_1+Q_2+Q_3) \div (N_1+N_2+N_3)$

式中，Q_1、Q_2、Q_3 为2011年、2012年、2013年同类队伍人数合计值；N_1、N_2、N_3 为2011年、2012年、2013年同类队伍总数。

定员人数标准按同类队伍3年平均人数四舍五入取整数后，结合相关规定确定。

7.3.1.2.2 人工费计算

人工费标准采用同类钻井作业队伍实际人工费统计平均值，并结合相关规定确定。

同类队伍3年平均人工费 $R_{平均} = (R_1+R_2+R_3) \div (N_1+N_2+N_3)$

式中，R_1、R_2、R_3 为 2011 年、2012 年、2013 年同类队伍人工费合计值；N_1、N_2、N_3 为 2011 年、2012 年、2013 年同类队伍总数。

人均人工费 $R_{人均} = R_{平均} \div Q_{平均}$

定员标准中人均人工费采用定员队年人工费除以定员人数。

表 7-4 示例为钻井作业队伍定员标准测算情况。

表 7-4 钻井作业队伍定员标准测算

序号	队伍类型	2011 年 人数（人）	2011 年 队年人工费（元）	2012 年 人数（人）	2012 年 队年人工费（元）	2013 年 人数（人）	2013 年 队年人工费（元）	3 年平均 人数（人）	3 年平均 队年人工费（元）	3 年平均 人均人工费（元）	定员标准 人数（人）	定员标准 队年人工费（元）	定员标准 人均人工费（元）
8	钻井队												
8.1	ZJ30 钻机												
8.2	ZJ50 钻机												
8.3	ZJ70 钻机												
18	录井队												
18.1	地质录井队												
18.2	气测录井队												
18.3	综合录井队												
22	作业队												
22.1	XJ350 修井机												
22.2	XJ450 修井机												

7.3.2 设备标准编制方法

设备标准采用近 3 年本油田实际钻井作业设备型号和资产原值水平，剔除异常因素后，统计分析确定。设备型号标准采用同类钻井队伍的实际设备型号汇总确定，资产原值标准采用同类钻井设备实际资产原值统计平均确定，设备折旧、修理费和摊销标准按实际消耗水平结合相关规定确定。

7.3.2.1 近 3 年数据统计

根据施工队伍统计表中设备型号、资产原值、折旧和修理费，分类统计在本油田施工的各类队伍的设备型号、资产原值、折旧和修理费，示例参见表 7-5。需要说明的问题及剔除异常因素在统计表下备注说明。

表 7-5 钻井作业设备型号和资产原值统计

序号	队伍名称	2011年				2012年				2013年			
		设备型号	资产原值（元）	折旧（元）	修理费（元）	设备型号	资产原值（元）	折旧（元）	修理费（元）	设备型号	资产原值（元）	折旧（元）	修理费（元）
8	钻井队												
8.1	ZJ30 钻机												
8.1.1	30650 钻井队												
8.1.2	32471 钻井队												
8.2	ZJ50 钻机												
8.3	ZJ70 钻机												
18	录井队												
18.1	地质录井队												
18.2	气测录井队												
18.3	综合录井队												
22	作业队												
22.1	XJ350 修井机												
22.2	XJ450 修井机												

7.3.2.2 设备标准测算

7.3.2.2.1 设备型号确定

设备型号标准采用同类钻井队伍的实际设备型号汇总确定。

7.3.2.2.2 资产原值计算

资产原值标准采用同类钻井作业队伍的实际设备资产原值统计平均确定。

同类队伍 3 年平均资产原值 $V_{平均} = (V_1+V_2+V_3) \div (N_1+N_2+N_3)$

式中，V_1、V_2、V_3 为 2011 年、2012 年、2013 年同类队伍设备资产原值合计值；N_1、N_2、N_3 为 2011 年、2012 年、2013 年同类队伍总数。

设备折旧、修理费和摊销标准按 2011—2013 年实际消耗水平，结合相关规定，以资产原值为基数，采用专家经验法确定。需要说明的是，设备折旧和设备修理费标准相配套使用，设备摊销标准单独使用，即一套设备或者采用设备折旧和设备修理费确定费用消耗水平，或者采用设备摊销标准确定费用消耗水平。

表 7-6 示例为钻井作业队伍设备标准测算情况。

表 7-6 钻井作业设备标准测算

序号	队伍类型	2011年 设备型号	2011年 资产原值(元)	2011年 折旧(元)	2011年 修理费(元)	2012年 设备型号	2012年 资产原值(元)	2012年 折旧(元)	2012年 修理费(元)	2013年 设备型号	2013年 资产原值(元)	2013年 折旧(元)	2013年 修理费(元)	3年平均 设备型号	3年平均 资产原值(元)	3年平均 折旧(元)	3年平均 修理费(元)	设备标准 设备型号	设备标准 资产原值(元)	设备标准 折旧(元)	设备标准 修理费(元)	设备标准 摊销(元)
8	钻井队																					
8.1	ZJ30钻机																					
8.2	ZJ50钻机																					
8.3	ZJ70钻机																					
18	录井队																					
18.1	地质录井队																					
18.2	气测录井队																					
18.3	综合录井队																					
22	作业队																					
22.1	XJ350修井机																					
22.2	XJ450修井机																					

7.3.3 技术标准编制方法

7.3.3.1 年有效工作时间

年有效工作时间指在现有生产力水平条件下，钻井队伍在一个年度内实际能够实施有效生产作业的时间。采用近 3 年钻井队伍实际完成生产作业时间，扣除异常因素后，加权平均确定。年有效工作时间等于或略高于近3年加权平均值。年有效工作时间用于钻井队伍需要按工作时间来核算作业费用水平。

7.3.3.1.1 近3年数据统计

根据施工队伍综合信息表中年度工作时间，分类统计在本油田施工的各类队伍动迁时间和作业时间，示例参见表7-7。需要说明的问题及剔除异常因素在统计表下备注说明。

表7-7 钻井队伍年工作时间统计

序号	队伍名称	2011年 动迁时间(d)	2011年 作业时间(d)	2012年 动迁时间(d)	2012年 作业时间(d)	2013年 动迁时间(d)	2013年 作业时间(d)
8	钻井队						
8.1	ZJ30钻机						
8.1.1	30650钻井队						
8.1.2	32471钻井队						
8.2	ZJ50钻机						
8.3	ZJ70钻机						
18	录井队						
18.1	地质录井队						
18.2	气测录井队						
18.3	综合录井队						
22	作业队						
22.1	XJ350修井机						
22.2	XJ450修井机						

注：

钻井队伍作业时间总体分为动迁时间和作业时间两个部分，如钻井队作业时间对应的是搬迁周期和钻井周期。

7.3.3.1.2 年有效工作时间标准测算

动迁时间标准采用同类钻井队伍实际动迁时间统计平均确定，保留两位小数。

同类队伍 3 年平均动迁时间 $T_{平均} = (T_1+T_2+T_3) \div (N_1+N_2+N_3)$

式中，T_1、T_2、T_3 为 2011 年、2012 年、2013 年同类队伍动迁时间合计值；N_1、N_2、N_3 为 2011 年、2012 年、2013 年同类队伍总数。

作业时间标准采用同类钻井作业队伍实际作业时间统计平均确定，计算方法同动迁时间标准，工作时间为动迁时间加上作业时间。

表 7-8 示例为钻井作业队伍有效工作时间标准测算情况。

表 7-8 钻井队伍年度有效工作时间标准测算

序号	队伍类型	2011年 动迁时间(d)	2011年 作业时间(d)	2012年 动迁时间(d)	2012年 作业时间(d)	2013年 动迁时间(d)	2013年 作业时间(d)	3年平均 动迁时间(d)	3年平均 作业时间(d)	3年平均 工作时间(d)	年有效工作时间 动迁时间(d)	年有效工作时间 作业时间(d)	年有效工作时间 工作时间(d)
8	钻井队												
8.1	ZJ30 钻机												
8.2	ZJ50 钻机												
8.3	ZJ70 钻机												
18	录井队												
18.1	地质录井队												
18.2	气测录井队												
18.3	综合录井队												
22	作业队												
22.1	XJ350 修井机												
22.2	XJ450 修井机												

7.3.3.2 年有效工作量

年有效工作量指在现有生产力水平条件下，钻井队伍在一个年度内实际能够实施有效生产作业的工作量。采用近 3 年钻井队伍实际完成生产作业工作量，扣除异常因素后，加权平均确定。年有效工作量等于或略高于近 3 年加权平均值。年有效工作量用于钻井队伍需要按工作量来核算作业费用水平。

根据施工队伍统计表中年工作量，分类统计在本油田施工的各类队伍年工作量，年有效工作量标准采用同类钻井队伍实际年有效工作量统计平均后取整数确定。

同类队伍 3 年平均工作量 $M_{平均} = (M_1+M_2+M_3) \div (N_1+N_2+N_3)$

式中，M_1、M_2、M_3 为 2011 年、2012 年、2013 年单个队伍工作量合计值；N_1、N_2、N_3 为 2011 年、2012 年、2013 年同类队伍总数。

示例参见表 7-9 和表 7-10，需要说明的问题及剔除异常因素在统计表下备注说明。

表 7-9　钻井队伍年度有效工作量标准测算

序号	队伍名称	计量单位	2011 年	2012 年	2013 年	3 年平均	年有效工作量
1	井位测量队						
1.1	全站仪	次					
1.2	GPS	次					
...							
16	水泥混拌队	t					
17	下套管服务队	根					

注：

表 7-10　测井队年度有效工作量标准测算

序号	队伍类型	年份	计量单位	双侧向	自然电位	井径	连续测斜	微电极	自然伽马	0.45m 梯度	微球聚焦	补偿中子	补偿密度
19	测井队												
19.1	国产数控队	年有效工作量	深度米										
			测量米										
		3 年平均	深度米										
			测量米										
19.1.1	C＊＊＊队	2011 年	深度米										
			测量米										
		2012 年	深度米										
			测量米										
		2013 年	深度米										
			测量米										
19.1.2	C＊＊＊队	2011 年	深度米										
			测量米										
		2012 年	深度米										
			测量米										
		2013 年	深度米										
			测量米										
19.2	5700 数控队	年有效工作量	深度米										
			测量米										
		3 年平均	深度米										
			测量米										

注：

7.3.3.3 钻机级别标准

钻机级别标准根据相关技术规定确定,参见表7-11。

表7-11 钻机级别和钻机类型对照

序号	钻机级别	钻深能力（m）	钻机类型
1	ZJ10	1000	ZJ10L
2	ZJ15	1500	ZJ15L、ZJ15D、XJ550S、ZJ15、ZJ15Z、ZJ15X、ZJ15DB-1、BY-40
3	ZJ20	2000	ZJ20L、ZJ20D、ZJ20DB、ZJ20CZ、ZJ20Z、ZJ20DF、ZJ20DB、ZJ20J
4	ZJ30	3000	ZJ30L、ZJ30DZ、ZJ30DB、ZJ30Z、ZJ30B、ZJ30JD、2DH-100、ZJ30K
5	ZJ40	4000	ZJ32、ZJ40D、ZJ40DB、ZJ40J、ZJ40L、ZJ40T、ZJ40LT、ZJ40DBS、ZJ40DZ、DQ-130
6	ZJ50	5000	ZJ45、ZJ50D、ZJ50DB、ZJ50L、ZJ50DBS、ZJ50DZ、F250
7	ZJ70	7000	ZJ70L、ZJ70D、ZJ70DB、ZJ70LD、ZJ70DZ、ZJ70DBS、F320、ZJ60D、ZJ60DS
8	ZJ90	9000	ZJ90DZ、C-3-Ⅱ、E-2100、F-400、C-2-1
9	ZJ120	12000	ZJ120/9000DB-1

7.3.3.4 车辆平均行驶速度

车辆平均行驶速度标准根据相关资料,经专家分析确定,参见表7-12。

表7-12 车辆平均行驶速度

序号	车辆类型	计量单位	数量	备注
1				
2				
3				
4				

7.3.3.5 井场及生活区面积

井场及生活区面积采用典型井实际数据统计,参见表7-13。

表7-13 井场及生活区面积统计

序号	井号	钻机类型	井场面积（m²）	生活区面积（m²）	总面积（m²）
1					
2					
3					

计算典型井井场及生活区面积平均值,并且参照相关行业标准确定,参见表7-14。

表 7-14 井场及生活区面积标准

序号	钻机类型	井场面积（m²）	生活区面积（m²）	总面积（m²）
1				
2				
3				

7.3.3.6 井场构筑物体积

井场构筑物体积采用典型井实际数据统计，参见表 7-15。

表 7-15 井场构筑物体积统计

序号	井号	钻机类型	构筑物名称	数量（个）	总面积（m²）	总体积（m³）
1						
2						
3						

计算典型井井场构筑物体积平均值，并且参照相关行业标准确定，参见表 7-16。

表 7-16 井场构筑物体积标准

序号	钻机类型	构筑物名称	数量（个）	总面积（m²）	总体积（m³）
1					
2					
3					

7.3.3.7 企业管理费费率标准

企业管理费费率采用近 3 年钻探企业实际发生制造费除以近 3 年钻井作业队伍人工费，并且经综合分析后确定，参见表 7-17。

表 7-17 钻井队伍企业管理费费率标准测算

序号	队伍类型	2011 年 人工费（万元）	2011 年 制造费（万元）	2012 年 人工费（万元）	2012 年 制造费（万元）	2013 年 人工费（万元）	2013 年 制造费（万元）	3 年平均 人工费（万元）	3 年平均 制造费（万元）	3 年平均 制造费费率（%）	企业管理费费率标准（%）
一	钻前工程										
1	井位测量队										
2	钻前工程队										
3	水电安装队										
4	机械化作业队										
5	测绘队										
6	供暖队										
7	综合队										
二	钻进工程										
8	钻井队										
9	管具服务队										

续表

序号	队伍类型	2011年 人工费(万元)	2011年 制造费(万元)	2012年 人工费(万元)	2012年 制造费(万元)	2013年 人工费(万元)	2013年 制造费(万元)	3年平均 人工费(万元)	3年平均 制造费(万元)	3年平均 制造费费率(%)	企业管理费费率标准(%)
10	钻井液服务队										
11	定向井服务队										
12	欠平衡服务队										
13	顶驱服务队										
三	固井工程										
14	固井队										
15	套管检测队										
16	水泥混拌队										
17	下套管服务队										
四	录井工程										
18	录井队										
五	测井工程										
19	测井队										
20	取心队										
21	资料评价队										
六	完井工程										
22	作业队										
23	射孔队										
24	地层测试队										
25	地面计量队										
26	试井队										
27	钢丝作业队										
28	压裂酸化队										

7.3.3.8 工程风险费费率标准

根据钻井工程造价管理经验，初步确定各专业工程风险费费率，参见表7-18和表7-19。参考近3年钻探企业实际发生工程风险情况，经综合分析后确定。

表7-18 钻进工程风险费费率标准

序号	钻机级别	工程风险费费率（%）
1	ZJ10	0.50
2	ZJ15	0.50
3	ZJ20	0.50
4	ZJ30	1.00
5	ZJ40	1.00
6	ZJ50	1.50

续表

序号	钻机级别	工程风险费费率（%）
7	ZJ70	2.00
8	ZJ90	2.50
9	ZJ120	3.00

表 7-19 钻井各专业工程风险费费率标准

序号	项目名称	工程风险费费率（%）
1	钻前工程	0.50
2	钻井液服务	1.00
3	定向井服务	1.00
4	欠平衡服务	1.00
5	下套管服务	1.00
6	录井工程	1.50
7	测井工程	1.50
8	完井工程	1.50

7.3.3.9 利润率标准

钻井工程施工行业利润率的变化范围应该在0%~12%之间，综合考虑目前各种情况，初步确定利润率标准为3%，待集团公司研究后统一确定。

7.3.3.10 折算税费标准

根据钻井工程造价管理经验，结合目前油田实际情况，初步确定：关联交易取折算税费标准为1.00%，外部交易取折算税费标准为3.41%。可以参考近3年钻探企业实际发生税费情况，经综合分析后确定。

7.3.3.11 车辆运输价格

车辆运输价格直接套用本油田现有相关服务价格。

7.4 钻前工程综合单价编制方法

7.4.1 井位勘测

7.4.1.1 井位测量

井位测量综合单价采用成本加成法编制。统计2011—2013年井位测量队全部成本，加权平均确定年度成本后，考虑适当利润，再除以年有效工作量，计算出综合单价（表7-20），即

综合单价 = ∑（3年成本）÷3×（1+利润率）÷年有效工作量

表 7-20 井位测量综合单价

序号	队伍类型	2011年成本（元）	2012年成本（元）	2013年成本（元）	利润率（%）	年有效工作量标准（次）	综合单价（元/次）
1							
2							

工程内容：（1）现场测量井位；（2）设立井位标志。

7.4.1.2 道路井场勘测

道路井场勘测综合单价直接套用相关行业或省级估价表等计价标准综合分析确定，综合单价模式参见表7-21。

表7-21 道路井场勘测综合单价

序号	钻机级别	计量单位	测绘道路长度L					
			0km<L≤1km	1km<L≤2km	2km<L≤3km	3km<L≤4km	4km<L≤5km
1	ZJ10	元/次					
2	ZJ15	元/次					
3	ZJ20	元/次					
4	ZJ30	元/次					
5	ZJ40	元/次					
6	ZJ50	元/次					
7	ZJ70	元/次					
8	ZJ90	元/次					
9	ZJ120	元/次					

工程内容：(1) 沿途勘察路况；(2) 测量道路长度；(3) 勘察井场环境；(4) 编写勘测报告；(5) 施工设计。

7.4.2 道路修建

进井场道路修建等级公路，直接采用当地政府发布的土建工程估价表。修建简易进井场道路综合单价采用费用项目法编制。道路修建包括道路建设、道路维修、桥涵修建。参考典型井实际消耗数据和油田相关规定，按新建或维修1km道路长度和1座桥涵确定消耗标准和费用标准，计算得出综合单价。综合单价计算方法如下：

综合单价 = 直接费+间接费+利润

直接费 = 人工费+设备费+材料费+其他直接费

人工费 = ∑人工价格（元/工日）×人工消耗（工日）

设备费 = ∑设备价格（元/台时）×设备消耗（台时）

材料费 = ∑材料价格（元/m³）×材料消耗（m³）

其他直接费 = （人工费+设备费+材料费）×费率（%）

间接费 = 企业管理费+工程风险费

企业管理费 = 人工费×费率（%）

工程风险费 = 直接费×费率（%）

利润 = （直接费+间接费）×费率（%）

表7-22给出了道路建设综合单价测算模式。道路维修和桥涵修建的综合单价编制方法同道路建设的综合单价编制方法。

表7-22 道路建设综合单价　　　　　　　　　　　　　　计量单位：km

	油田区块					兴隆台			欢喜岭			滩海		
序号	名称	规格型号	单位	数量	价格（元）	金额（元）	数量	价格（元）	金额（元）	数量	价格（元）	金额（元）
	综合单价					359075.13						
1	直接费					312171.38						

续表

油田区块				兴隆台			欢喜岭			滩海		
序号	名称	规格型号	单位	数量	价格（元）	金额（元）	数量	价格（元）	金额（元）	数量	价格（元）	金额（元）
1.1	人工费		工日	16.00	43.35	693.60						
1.2	设备费					162212.48						
1.2.1	推土机	T-170	台时	128.00	107.14	13713.92						
1.2.2	平板拖车	25t	台时	16.00	140.79	2252.64						
1.2.3	油罐车	8t	台时	32.00	61.25	1960.00						
1.2.4	值班车		台时	64.00	35.00	2240.00						
1.2.5	挖掘机		台时	48.00	184.56	8858.88						
1.2.6	卡车	25t	台时	1008.00	132.13	133187.04						
1.3	材料					134400.00						
1.3.1	碎石		m^3	3360.00	40.00	134400.00						
1.4	其他直接费					14865.30						
2	间接费					23412.85						
2.1	企业管理费					14047.71						
2.2	工程风险费					9365.14						
3	利润					23490.90						

工程内容：（1）挖填土石方；（2）铺垫；（3）碾压；（4）平整；（5）构筑护坡。

7.4.3 井场修建

井场修建综合单价采用费用项目法编制。参考典型井实际消耗数据和油田相关规定，按钻机级别确定消耗标准和费用标准，计算得出综合单价。表7-23给出了井场平整综合单价测算模式，综合单价计算方法如下：

综合单价＝直接费+间接费+利润

直接费＝人工费+设备费+材料费+其他直接费

人工费＝∑人工价格（元/工日）×人工消耗（工日）

设备费＝∑设备价格（元/台时）×设备消耗（台时）

材料费＝∑材料价格（元/m^3）×材料消耗（m^3）

其他直接费＝（人工费+设备费+材料费）×费率（％）

间接费＝企业管理费+工程风险费

企业管理费＝人工费×费率（％）

工程风险费＝直接费×费率（％）

利润＝（直接费+间接费）×费率（％）

生活区平整、池类构筑、现浇基础构筑、桩基基础构筑、井场围堰构筑、隔离带构筑采用相同的方法编制综合单价。

表7-23 井场平整综合单价

计量单位：次

序号	名称	规格型号	单位	钻机级别 ZJ10、ZJ15 数量	价格(元)	金额(元)	ZJ20 数量	价格(元)	金额(元)	ZJ30 数量	价格(元)	金额(元)	ZJ40 数量	价格(元)	金额(元)	ZJ50 数量	价格(元)	金额(元)	ZJ70 数量	价格(元)	金额(元)
	综合单价																	47915.66			
1	直接费																	40709.99			
1.1	人工费		工日													8.00	96.91	969.10			
1.2	设备费																	38555.16			
1.2.1	推土机	T-170	台时													340.00	75.67	13620.60			
1.2.2	推土机	b-170MI	台时													340.00	107.52	19353.60			
1.2.3	平板拖车	30t	台时													32.00	156.52	2504.32			
1.2.4	铲车		台时													12.00	51.24	819.84			
1.2.5	油罐车	8t	台时													68.00	24.50	980.00			
1.2.6	值班车		台时													98.00	15.96	1276.80			
1.4	其他直接费																	1185.73			
2	间接费																	2849.70			
2.1	企业管理费																	2035.50			
2.2	工程风险费																	814.20			
3	利润																	4355.97			

工程内容：（1）铺垫；（2）平整；（3）压实；（4）转移余土。

— 89 —

7.4.4 钻机搬迁

钻机搬迁包括钻机拆卸安装、水电拆卸安装、钻井设备运输、钻机整体运移。这里给出钻机搬迁中的钻机拆卸安装和钻井设备运输的综合单价编制方法。水电拆卸安装、钻机整体运移可以采用相同的方法编制综合单价。

7.4.4.1 钻机拆卸安装

钻机拆卸安装综合单价采用费用项目法编制。参考典型井实际消耗数据和油田相关规定，按钻机级别确定消耗标准和费用标准，计算得出综合单价。表7-24给出了钻机拆卸安装综合单价测算模式，综合单价计算方法如下：

综合单价＝直接费+间接费+利润

直接费＝人工费+设备费+材料费+其他直接费

人工费＝∑人工价格（元/工日）×人工消耗（工日）

设备费＝∑设备价格（元/台时或t·km）×设备消耗（台时或t·km）

材料费＝∑材料价格（元/t或m或个）×材料消耗（t或m或个）

其他直接费＝（人工费+设备费+材料费）×费率（%）

间接费＝企业管理费+工程风险费

企业管理费＝人工费×费率（%）

工程风险费＝直接费×费率（%）

利润＝（直接费+间接费）×费率（%）

7.4.4.2 钻井设备运输

钻井设备运输综合单价采用费用项目法编制。参考典型井实际消耗数据和油田相关规定，按钻机级别和运输距离台阶确定消耗标准和费用标准，计算得出综合单价。表7-25给出了ZJ10钻机的钻井设备运输综合单价测算模式，综合单价计算方法如下：

综合单价＝直接费+间接费+利润

直接费＝人工费+设备费+材料费+其他直接费

人工费＝∑人工价格（元/工日）×人工消耗（工日）

设备费＝∑设备价格（元/台时或t·km）×设备消耗（台时或t·km）

其他直接费＝（人工费+设备费）×费率（%）

间接费＝企业管理费+工程风险费

企业管理费＝人工费×费率（%）

工程风险费＝直接费×费率（%）

利润＝（直接费+间接费）×费率（%）

其他级别钻机的钻井设备运输采用相同的方法编制综合单价。

7.4.5 其他作业

其他作业包括水井供水、泵站供水、井场供暖、地貌恢复。参考典型井实际消耗数据和油田相关规定计算得出综合单价，其中水井供水、泵站供水参照道路建设综合单价编制方法，井场供暖参照钻进工程中技术服务综合单价编制方法，地貌恢复参照井场平整综合单价编制方法。

表 7-24　钻机拆卸安装综合单价

计量单位：次

钻机级别				ZJ10			ZJ20			ZJ30			ZJ40			ZJ50			ZJ70		
序号	名称	规格型号	单位	数量	价格（元）	金额（元）	数量	价格（元）	金额（元）	数量	价格（元）	金额（元）	数量	价格（元）	金额（元）	数量	价格（元）	金额（元）	数量	价格（元）	金额（元）
	综合单价																				
1	直接费																				
1.1	人工费		工日																		
1.2	设备费																				
1.2.1	吊车	25t	台时																		
1.2.2	吊车	50t	台时																		
1.2.3	平板拖车	30t	台时																		
1.2.4	卡车		t·km																		
1.2.5	油罐车	8t	t·km																		
1.2.6	值班车		台时																		
1.3	材料费																				
1.4	其他直接费																				
2	间接费																				
2.1	企业管理费																				
2.2	工程风险费																				
3	利润																				

工程内容：（1）钻井设备拆卸；（2）钻井设备安装。

表 7-25 ZJ10 钻机设备运输综合单价

计量单位：次

序号	名称	规格型号	单位	运输距离 L									
				0km<L≤100km		100km<L≤200km		200km<L≤300km		300km<L≤400km		400km<L≤500km	
				数量	价格（元）	数量	价格（元）	数量	价格（元）	数量	价格（元）	数量	价格（元）
	综合单价												
1	直接费												
1.1	人工费		工日										
1.2	设备费												
1.2.1	卡车		台时										
1.2.2			t·km										
1.4	其他直接费												
2	间接费												
2.1	企业管理费												
2.2	工程风险费												
3	利润												

工程内容：钻井设备装配车、绑车、运输、卸车。

7.5 钻进工程综合单价编制方法

7.5.1 钻进作业

钻进作业综合单价采用费用项目法编制。参考典型井实际消耗数据和油田相关规定，按钻机级别确定消耗标准和费用标准，计算得出综合单价。综合单价计算方法如下：

综合单价＝直接费+间接费+利润

直接费＝人工费+设备费+材料费+其他直接费

人工费（元/d）＝队年人工费（元）÷队年有效作业时间（d）

设备费（元/d）＝折旧+修理费

折旧（元/d）＝队年折旧（元）÷队年有效作业时间（d）

修理费（元/d）＝队年修理费（元）÷队年有效作业时间（d）

材料费（元/d）＝柴油费+机油费+生活水费+其他材料费

柴油费（元/d）＝消耗标准（t/d）×价格（元/t）

机油费（元/d）＝消耗标准（t/d）×价格（元/t）

生活水费（元/d）＝消耗标准（m^3/d）×价格（元/m^3）

其他材料费（元/d）＝同类钻机3年平均材料费（元）÷队年有效作业时间（d）

其他直接费（元/d）＝通讯费+值班车费+其他费

通讯费（元/d）＝同类井队3年平均通讯费（元）÷队年有效作业时间（d）

值班车费（元/d）＝服务价格（元/d）

其他费（元/d）＝同类井队3年平均杂费（元）÷队年有效作业时间（d）

间接费＝企业管理费+工程风险费

企业管理费＝人工费×费率（%）

工程风险费＝直接费×费率（%）

利润＝（直接费+间接费）×费率（%）

表7-26给出了钻进作业综合单价测算模式。

7.5.2 主要材料价格编制方法

根据上一年的全年平均价格、年底价格或有关协议，确定出各类主要消耗材料价格。

主要材料通常由施工单位或建设单位提供。对于施工单位提供的材料，其综合单价＝成本价+利润；对于建设单位提供的材料，其综合单价直接采用成本价。成本价为材料进货价格加上仓储保管费。

7.5.2.1 钻头综合单价

钻头综合单价编制参见表7-27。

$$综合单价＝成本价×（1+利润率）$$

建设单位利润率为0%，施工单位利润率按相关规定执行。

表 7-26 钻进作业综合单价

计量单位：d

钻机级别			ZJ10			ZJ20			ZJ30			ZJ40			ZJ50			ZJ70		
	规格型号	单位	数量	价格（元）	金额（元）	数量	价格（元）	金额（元）	数量	价格（元）	金额（元）	数量	价格（元）	金额（元）	数量	价格（元）	金额（元）	数量	价格（元）	金额（元）
序号	名称																			
	综合单价																			
1	直接费																			
1.1	人工费																			
1.2	设备费																			
1.2.1	钻机折旧																			
1.2.2	钻机修理费																			
1.3	材料费																			
1.3.1	柴油费																			
1.3.2	机油费																			
1.3.3	生活水费																			
1.3.4	其他材料费																			
1.4	其他直接费																			
1.4.1	通信费																			
1.4.2	值班车																			
1.4.3	其他费																			
2	间接费																			
2.1	企业管理费																			
2.2	工程风险费																			
3	利润																			

工程内容：（1）钻进、接单根、划眼、扩眼、起下钻、循环钻井液；（2）处理钻井液、测斜、检查保养设备；（3）配合裸眼测井；（4）下套管；（5）配合固井作业；（6）配合测固井质量。

表 7-27 钻头综合单价

序号	尺寸（mm）	类型	型号	计量单位	成本价	利润率（%）	综合单价
1	660.4	三牙轮钻头	P2	元/只			
2	444.5	三牙轮钻头	ST517GK	元/只			
3		三牙轮钻头	HA437	元/只			
4		三牙轮钻头	HAT127	元/只			
5	311.1	三牙轮钻头	HJ517G	元/只			
6		三牙轮钻头	HJ437G	元/只			
7		PDC 钻头	GP536D	元/只			
8		三牙轮钻头	HJT537GL	元/只			
9		三牙轮钻头	MX-DS44GDX	元/只			
10	215.9	三牙轮钻头	LMT617GL	元/只			
11		三牙轮钻头	MXL-DS55DX	元/只			
12		三牙轮钻头	LMT637GL	元/只			
13	117.5	单牙轮钻头	GYD437GL	元/只			

7.5.2.2 钻井液材料综合单价

钻井液材料综合单价编制参见表 7-28。

综合单价=成本价×（1+利润率）

建设单位利润率为 0%，施工单位利润率按相关规定执行。

表 7-28 钻井液材料综合单价

序号	名称	代号	类型	计量单位	成本价	利润率（%）	综合单价
1	膨润土		原材料	元/t			
2	纯碱	Na_2CO_3		元/t			
3	烧碱	NaOH		元/t			
4	重晶石	$BaSO_4$	加重材料	元/t			
5	强力包被剂	HWB-101		元/t			
6	硅氟高温降黏剂	SF-260	降黏剂	元/t			
7	硅氟 150			元/t			
8	防塌降滤失剂	FT-881	降滤失剂	元/t			
9	无荧光防塌降失水剂	KH-931	降滤失剂	元/t			
10	HA 树脂		降滤失剂	元/t			
11	抗盐降滤失剂剂	KFT	降滤失剂	元/t			
12	低软化点沥青		页岩抑制剂	元/kg			
13	液体润滑剂		润滑剂	元/kg			
14	油性石墨		润滑剂	元/kg			
15	超细碳酸钙	$CaCO_3$		元/t			
16	生产用水			元/m^3			

7.5.2.3 油料和水电综合单价

油料和水电综合单价编制参见表 7-29。

$$综合单价 = 成本价 \times (1 + 利润率)$$

建设单位利润率为 0%，施工单位利润率按相关规定执行。

表 7-29 油料和水电综合单价

序号	名称	代号	类型	计量单位	成本价	利润率（%）	综合单价
1	柴油	0#					
2	机油						
3	生产用水						
4	生活用水						
5	电						

7.5.3 技术服务

技术服务包括管具服务、钻井液服务、定向井服务、欠平衡服务、钻杆测试服务、顶驱服务。管具服务计量单位为"m"，其他服务计量单位为"d"。技术服务综合单价可以套用钻探公司相关服务价格，也可以采用成本加成法和费用项目法，原则上采用费用项目法。

7.5.3.1 管具服务

7.5.3.1.1 采用成本加成法编制

统计 2011—2013 年技术服务队伍全部成本，加权平均确定年度成本后，考虑适当利润，再除以年有效工作量，计算出综合单价，即

$$综合单价 = \Sigma（3 年成本）\div 3 \times (1 + 利润率) \div 年有效工作量$$

表 7-30 给出了技术服务综合单价测算模式。

表 7-30 技术服务综合单价

序号	队伍类型	2011 年成本（元）	2012 年成本（元）	2013 年成本（元）	利润率（%）	年有效工作量标准（m）	综合单价（元/m）
1	管具服务					m	

7.5.3.1.2 采用费用项目法编制

首先，采用 ZJ10、ZJ20、ZJ30 等各级别钻机进行钻具标准配置，并计算出钻具原值，即

$$钻具原值 = \Sigma（数量 \times 价格）$$

表 7-31 给出了 ZJ50 钻机钻具配备标准示例。

表 7-31 ZJ50 钻机钻具配备标准示例

序号	名称	规格	单位	数量	价格（元）	钻具原值（元）
	合计					
1	钻杆	127mm	m	4500.00		
2	加重钻杆	127mm×30ft，S135，18°，RⅡ。	根	30.00		
3	钻铤	228.6mm×30ft（带应力槽，吊卡槽）	根	3.00		

续表

序号	名称	规格	单位	数量	价格（元）	钻具原值（元）
4	钻铤	203.2mm×30ft（带应力槽，吊卡槽）	根	6.00		
5	钻铤	177.8mm×30ft（带应力槽，吊卡槽）	根	9.00		
6	钻铤	158.8mm×30ft（带应力槽，吊卡槽）	根	18.00		
7	钻铤	120.7mm×30ft（带应力槽，吊卡槽）	根	15.00		
8	方钻杆	133.4mm×12.2m（四方）	根	1.00		
9	螺旋扶正器	444.5mm731×730	根	1.00		
10	螺旋扶正器	444.5mm730×730	根	1.00		
11	螺旋扶正器	311.1mm631×630	根	3.00		
12	螺旋扶正器	311.1mm630×630	根	1.00		
13	螺旋扶正器	215.9mm4A1×4A0	根	4.00		
14	螺旋扶正器	215.9mm4A0×430	根	2.00		
15	配合接头	730×730	只	2.00		
16	配合接头	730×630	只	2.00		
17	配合接头	730×620	只	2.00		
18	配合接头	731×630	只	2.00		
19	配合接头	630×630	只	2.00		
20	配合接头	630×620	只	2.00		
21	配合接头	630×410	只	2.00		
22	配合接头	631×631 双反	只	2.00		
23	配合接头	631×421 双反	只	2.00		
24	配合接头	631×410	只	3.00		
25	配合接头	621×410	只	3.00		
26	配合接头	520×411	只	4.00		
27	配合接头	410×411	只	4.00		
28	配合接头	410×4A1	只	3.00		
29	配合接头	4A0×430	只	3.00		
30	配合接头	410×430	只	3.00		
31	配合接头	4A0×411	只	3.00		
32	配合接头	410×411（长810mm）	只	5.00		
33	配合接头	410×311	只	3.00		
34	配合接头	410×311（长810mm）	只	3.00		
35	配合接头	310×330	只	3.00		
36	配合接头	731×410	只	2.00		
37	配合接头	621×630	只	2.00		
38	配合接头	630×521	只	2.00		
39	配合接头	630×411	只	2.00		
40	配合接头	521×410	只	2.00		
41	配合接头	421×410	只	2.00		
42	配合接头	421×4A0	只	2.00		

其次，经综合分析后，给出每个级别钻机钻具的折旧进尺标准，即相当于有效工作量，再测算出维修费率标准，计算出综合单价，即

综合单价=钻具原值×（1+维修费率）÷折旧进尺

表7-32给出了各级别钻机钻具综合单价测算模式。

表7-32 钻具综合单价测算模式

序号	钻机级别	钻具原值（元）	维修费率（%）	折旧进尺（m）	综合单价（元/m）
1	ZJ10		45.00	80000	
2	ZJ15		45.00	80000	
3	ZJ20		45.00	80000	
4	ZJ30		45.00	70000	
5	ZJ40		45.00	70000	
6	ZJ50		45.00	65000	
7	ZJ70		45.00	60000	
8	ZJ90		45.00	60000	

7.5.3.2 其他技术服务

钻井液、定向井、欠平衡、测试、顶驱等技术服务均是日费综合单价，可以采用成本加成法和费用项目法，原则上采用费用项目法。

7.5.3.2.1 采用成本加成法编制

统计2011—2013年技术服务队伍全部成本，加权平均确定年度成本后，考虑适当利润，再除以年有效作业时间，计算出综合单价，即

综合单价=∑（3年成本）÷3×（1+利润率）÷年有效作业时间

表7-33给出了技术服务综合单价测算模式。

表7-33 技术服务综合单价

序号	队伍类型	2011年成本（元）	2012年成本（元）	2013年成本（元）	利润率（%）	年有效作业时间标准（d）	综合单价（元/d）
1	钻井液服务						
2	定向井服务						
3	欠平衡服务						
4	测试服务						
5	顶驱服务						

7.5.3.2.2 采用费用项目法编制

采用钻进作业综合单价相同的方法编制技术服务综合单价，即

综合单价=直接费+间接费+利润

直接费=人工费+设备费+材料费+其他直接费

人工费（元/d）=队年人工费（元）÷队年有效作业时间（d）

设备费（元/d）=队年设备摊销（元）÷队年有效作业时间（d）

材料费（元/d）=3年平均材料费÷队年有效作业时间（d）

其他直接费（元/d）=同类服务队3年平均其他接费（元）÷队年有效作业时间（d）

间接费＝企业管理费+工程风险费
企业管理费＝人工费×费率（%）
工程风险费＝直接费×费率（%）
利润＝（直接费+间接费）×费率（%）

表 7-34 给出了定向井服务综合单价测算模式。

表 7-34 定向井服务综合单价

序号	名称	规格型号	单位	队伍类型			LWD 定向队			MWD 定向队		
				数量	价格（元）	金额（元）	数量	价格（元）	金额（元）		
	综合单价											
1	直接费											
1.1	人工费											
1.2	设备费											
1.2.1												
1.2.2												
1.3	材料费											
1.3.1												
1.3.2												
1.3.3												
1.4	其他直接费											
1.4.1	通讯费											
1.4.2	其他费											
2	间接费											
2.1	企业管理费											
2.2	工程风险费											
3	利润											

钻井液服务、欠平衡服务、钻杆测试服务、顶驱服务综合单价测算方法同定向井服务综合单价一样，仅是具体项目数量变化。

7.5.4 其他作业

参考典型井实际消耗数据和油田相关规定，按钻机级别确定消耗标准和费用标准，计算得出综合单价。也可以套用相关价格直接确定。

7.6 固井工程综合单价编制方法

7.6.1 固井作业

固井作业综合单价采用费用项目法编制。

7.6.1.1 年有效工作量

7.6.1.1.1 近 3 年数据统计

表 7-35 为 2011—2013 年固井设备年实际工作量统计表。需要说明的问题及剔除异常因素在统计表下备注说明。

表 7-35 固井设备年实际工作量统计

序号	井号	上井日期	工作时间(d)	套管尺寸(mm)	井深(m)	固井规模(t)	设备型号	设备人员(人)	备注
1									
2									
3									
2011年小计									
4									
2012年小计									
5									
2013年小计									

注：

7.6.1.1.2 年有效工作量标准测算

年有效工作量标准采用同类固井设备实际年有效工作量统计平均后取整数确定。

同类固井设备 3 年平均工作量 $M_{平均} = (M_1+M_2+M_3) \div (N_1+N_2+N_3)$

式中 M_1、M_2、M_3 为 2011 年、2012 年、2013 年同类固井设备工作量合计值，N_1、N_2、N_3 为 2011 年、2012 年、2013 年同类固井设备总数。

表 7-69 为辽河油田固井设备有效工作量标准测算情况。

表 7-36 固井设备年有效工作量标准测算

序号	设备名称	规格型号	计量单位	2011年	2012年	2013年	3年平均	年有效工作量标准
1	水泥车	CPT-986/THC5070	次					
2	水泥车	SNC35-16Ⅱ/T-815	次					
3	管汇车	GG-350/EQ140	次					
4	供水车	EQ-140-1	次					
5	压风车	YW9/7-6135	次					
6	背罐车	SSJS140ZBG	次					
7	工具车	EQ1141GI	次					

7.6.1.2 综合单价测算

综合单价＝直接费+间接费+利润

直接费＝人工费+设备费+材料费+其他直接费

人工费（元/次）＝队年人工费（元）÷队年有效工作量（次）

设备费（元/次）＝（折旧（元）+修理费（元））÷设备年有效工作量（次）

材料费（元/次）＝队年材料费（元）÷队年有效工作量（次）

其他直接费（元/次）＝队年其他直接费（元）÷队年有效工作量（次）

间接费＝企业管理费+工程风险费

企业管理费＝人工费×费率（％）

工程风险费＝直接费×费率（％）

利润=（直接费+间接费）×费率（%）

按本油田常用套管尺寸 508.0mm、339.7mm、244.5mm、177.8mm、139.7mm、127.0mm，分注水泥作业量台阶确定消耗标准和费用标准，计算得出综合单价。表 7-37 给出了 244.5mm 套管固井作业综合单价计算模式，其他尺寸套管固井作业以此类推。

表 7-37　244.5mm 套管固井作业综合单价　　　　　计量单位：元/井次

序号	项目		固井规模 Q（t）				
	设备	规格	Q≤15	15<Q≤30	30<Q≤45	45<Q≤60	60<Q≤75
	综合单价						
1	直接费						
1.1	人工费						
1.2	设备费						
1.2.1	水泥车						
1.2.2	水泥车						
1.2.3	管汇车						
1.2.4	供水车						
1.2.5	压风车						
1.2.6	背罐车						
1.2.7	工具车						
1.3	材料费						
1.4	其他直接费						
2	间接费						
2.1	企业管理费						
2.2	工程风险费						
3	利润						

7.6.2　主要材料价格编制方法

根据上一年的全年平均价格、年底价格或有关协议，确定出各类主要消耗材料价格。

主要材料通常由施工单位或建设单位提供。对于施工单位提供的材料，其综合单价=成本价+利润；对于建设单位提供的材料，其综合单价直接采用成本价。成本价为材料进货价格加上仓储保管费。

7.6.2.1　套管综合单价

套管综合单价编制参见表 7-38。

综合单价=成本价÷1000×单位重量×（1+附加系数（%））×（1+利润率）

建设单位利润率为 0%，施工单位利润率按相关规定执行。

表 7-38　套管综合单价

序号	外径（mm）	壁厚（mm）	钢级	扣型	产地	单位重量（kg/m）	成本价（元/t）	附加系数（%）	利润率（%）	综合单价（元/m）
1										
2										

续表

序号	外径（mm）	壁厚（mm）	钢级	扣型	产地	单位重量（kg/m）	成本价（元/t）	附加系数（%）	利润率（%）	综合单价（元/m）
3										
4										
5										

7.6.2.2 套管附件和井下工具综合单价

套管附件和井下工具综合单价编制参见表7-39。

$$综合单价 = 成本价 \times (1+利润率)$$

建设单位利润率为0%，施工单位利润率按相关规定执行。

表7-39 套管附件和井下工具综合单价

序号	名称	规格型号	计量单位	成本价	利润率（%）	综合单价
1						
2						
3						

7.6.2.3 水泥和水泥外加剂综合单价

水泥和水泥外加剂综合单价编制参见表7-40。

$$综合单价 = 成本价 \times (1+利润率)$$

建设单位利润率为0%，施工单位利润率按相关规定执行。

表7-40 水泥和水泥外加剂综合单价

序号	名称	规格型号	计量单位	成本价	利润率（%）	综合单价
1						
2						
3						

7.6.3 技术服务

技术服务包括套管检测、水泥试验、水泥混拌、下套管服务。技术服务综合单价采用成本加成法编制。

统计2011—2013年技术服务队伍全部成本，加权平均确定年度成本后，考虑适当利润，再除以年有效工作量，计算出综合单价，即

$$综合单价 = \sum (3年成本) \div 3 \times (1+利润率) \div 年有效工作量$$

表7-41给出了技术服务综合单价测算模式。

表7-41 技术服务综合单价

序号	队伍类型	2011年成本（元）	2012年成本（元）	2013年成本（元）	利润率（%）	计量单位	年有效工作量	综合单价（元）
1	套管检测					根		
2	水泥试验					次		
3	水泥混拌					t		
4	下套管服务					根		

7.6.4 其他作业

其他作业包括打水泥塞和试压，按两种作业消耗标准，采用固井作业综合单价相同的方法编制。

表 7-42 给出了打水泥塞综合单价测算模式。

表 7-42 打水泥塞作业综合单价　　　　　　　　计量单位：元/井次

序号	项目		注水泥规模 Q (t)		
	设备	规格	$Q \leq 15$	$15 < Q \leq 30$	$30 < Q \leq 45$
	综合单价				
1	直接费				
1.1	人工费				
1.2	设备费				
1.2.1	水泥车				
1.2.2	管汇车				
1.2.3	供水车				
1.3	材料费				
1.4	其他直接费				
2	间接费				
2.1	企业管理费				
2.2	工程风险费				
3	利润				

7.7 录井工程综合单价编制方法

7.7.1 录井作业

录井作业综合单价采用费用项目法编制，同钻进作业综合单价编制方法一样。参考典型井实际消耗数据和油田相关规定，按录井队类型确定消耗标准和费用标准，计算得出综合单价。综合单价计算方法如下：

综合单价 = 直接费+间接费+利润

直接费 = 人工费+设备费+材料费+其他直接费

人工费（元/d）= 队年人工费（元）÷队年有效作业时间（d）

设备费（元/d）= 摊销（元）÷队年有效作业时间（d）

材料费（元/d）= 3 年平均材料费（元）÷队年有效作业时间（d）

其他直接费（元/d）= 3 年平均杂费（元）÷队年有效作业时间（d）

间接费 = 企业管理费+工程风险费

企业管理费 = 人工费×费率（%）

工程风险费 = 直接费×费率（%）

利润 = （直接费+间接费）×费率（%）

表 7-43 给出了录井作业综合单价测算模式。

表 7-43　录井作业综合单价　　　　　　　　　　　计量单位：d

序号	名称	规格型号	单位	钻机级别 数量	地质录井 价格（元）	金额（元）	气测录井 数量	价格（元）	金额（元）	综合录井 数量	价格（元）	金额（元）
	综合单价											
1	直接费											
1.1	人工费											
1.2	设备费											
1.3	材料费											
1.4	其他直接费											
2	间接费											
2.1	企业管理费											
2.2	工程风险费											
3	利润											

工程内容：(1) 录井准备；(2) 现场施工；(3) 分析化验；(4) 资料整理。

7.7.2　资料处理解释

资料处理解释综合单价采用费用项目法编制。参考典型井实际消耗数据和油田相关规定，按录井队类型确定消耗标准和费用标准，计算得出综合单价。综合单价计算方法如下：

综合单价＝直接费＋间接费＋利润

直接费＝人工费＋设备费＋材料费＋其他直接费

人工费＝∑人工价格（元/工日）×人工消耗（工日）

设备费＝∑设备价格（元/台时）×设备消耗（台时）

材料费＝∑材料价格（元/个或张）×材料消耗（个或张）

其他直接费＝（人工费＋设备费＋材料费）×费率（%）

间接费＝企业管理费＋工程风险费

企业管理费＝人工费×费率（%）

工程风险费＝直接费×费率（%）

利润＝（直接费＋间接费）×费率（%）

表 7-44 给出了资料处理解释综合单价测算模式。

表 7-44　资料处理解释综合单价　　　　　　　　　　　计量单位：次

序号	名称	规格型号	单位	钻机级别 数量	地质录井 价格（元）	金额（元）	气测录井 数量	价格（元）	金额（元）	综合录井 数量	价格（元）	金额（元）
	综合单价											
1	直接费											
1.1	人工费											
1.2	设备费											
1.3	材料费											

续表

序号	钻机级别			地质录井			气测录井			综合录井		
	名称	规格型号	单位	数量	价格（元）	金额（元）	数量	价格（元）	金额（元）	数量	价格（元）	金额（元）
1.4	其他直接费											
2	间接费											
2.1	企业管理费											
2.2	工程风险费											
3	利润											

工程内容：(1) 资料综合处理；(2) 完井地质总结。

7.7.3 技术服务

技术服务综合单价根据油田现有生产组织方式确定。若采用费用项目法编制，参考资料处理解释综合单价编制方法；若采用成本加成法编制，参考井位测量综合单价编制方法。

7.7.4 其他作业

其他作业综合单价根据油田现有生产组织方式确定。若采用费用项目法编制，参考资料处理解释综合单价编制方法；若采用成本加成法编制，参考井位测量综合单价编制方法。

7.8 测井工程综合单价编制方法

7.8.1 测井作业

测井作业包括裸眼测井、固井质量测井，按照测井系列采用费用项目法编制综合单价。

综合单价＝直接费＋间接费＋利润

直接费＝人工费＋设备费＋材料费＋其他直接费

人工费（元/计价米）＝队年人工费（元）÷队年有效工作量（计价米）

设备费＝车辆费＋地面及辅助设备费＋井下仪器费

车辆费＝折旧（元/计价米）＋修理费（元/计价米）

折旧（元/计价米）＝折旧（元）÷队年有效工作量（计价米）

修理费（元/计价米）＝修理费（元）÷队年有效工作量（计价米）

地面及辅助设备费＝折旧（元/计价米）＋修理费（元/计价米）

折旧（元/计价米）＝折旧（元）÷队年有效工作量（计价米）

修理费（元/计价米）＝修理费（元）÷队年有效工作量（计价米）

井下仪器费＝折旧（元/计价米）＋修理费（元/计价米）

折旧（元/计价米）＝折旧（元）÷仪器年有效工作量（计价米）

修理费（元/计价米）＝修理费（元）÷仪器年有效工作量（计价米）

材料费＝通用材料费（元/计价米）＋柴油费（元/计价米）

通用材料费（元/计价米）＝∑3年材料费（元）÷3÷队年有效工作量（计价米）

柴油费(元/计价米)＝∑3年柴油消耗量(t)÷3×柴油价格(元/t)÷队年有效工作量(计价米)

其他直接费＝（人工费＋设备费＋材料费）×费率（%）

间接费＝企业管理费＋工程风险费

企业管理费＝人工费×费率（%）

工程风险费＝直接费×费率（%）

利润＝（直接费＋间接费）×费率（%）

表7-45给出了测井作业综合单价测算模式。

表 7-45 测井作业综合单价

计量单位：元/计价米

序号	项目名称	自然伽马	双侧向	微球形聚焦	数字声波	井斜方位	双井径	多极子阵列声波	补偿密度	补偿中子	阵列感应	自然伽马能谱	声成像	电成像	井温流体
								金额							
	综合单价	8.39	15.80	13.07	11.16	13.84	12.18	13.95	22.16	19.20	26.69	18.27	52.49	75.27	23.70
1	直接费	6.75	12.71	10.52	8.98	11.14	9.80	11.22	17.83	15.45	21.47	14.70	42.23	60.55	19.07
1.1	人工费	0.48	0.48	0.48	0.48	0.48	1.48	2.48	3.48	4.48	5.48	6.48	7.48	8.48	9.48
1.2	设备费	4.57	9.90	7.94	6.57	8.49	6.30	6.57	11.47	8.34	12.72	5.67	29.26	44.62	6.57
1.2.1	车辆费	0.23	0.23	0.23	0.23	0.23	0.23	0.23	0.23	0.23	0.23	0.23	0.23	0.23	0.23
1.2.1.1	折旧	0.15	0.15	0.15	0.15	0.15	0.15	0.15	0.15	0.15	0.15	0.15	0.15	0.15	0.15
1.2.1.2	修理费	0.08	0.08	0.08	0.08	0.08	0.08	0.08	0.08	0.08	0.08	0.08	0.08	0.08	0.08
1.2.2	地面及辅助设备费	2.40	2.40	2.40	2.40	2.40	2.40	2.40	2.40	2.40	2.40	2.40	2.40	2.40	2.40
1.2.2.1	折旧	1.88	1.88	1.88	1.88	1.88	1.88	1.88	1.88	1.88	1.88	1.88	1.88	1.88	1.88
1.2.2.2	修理费	0.52	0.52	0.52	0.52	0.52	0.52	0.52	0.52	0.52	0.52	0.52	0.52	0.52	0.52
1.2.3	井下仪器费	1.95	7.27	5.32	3.94	5.87	3.68	3.94	8.84	5.72	10.10	3.05	26.63	41.99	3.95
1.2.3.1	折旧	1.56	5.82	4.25	3.16	4.70	2.94	3.16	7.07	4.57	8.08	2.44	21.31	33.59	3.16
1.2.3.2	修理费	0.39	1.45	1.06	0.79	1.17	0.74	0.79	1.77	1.14	2.02	0.61	5.33	8.40	0.79
1.3	材料费	0.97	0.97	0.97	0.97	0.97	0.97	0.97	0.97	0.97	0.97	0.97	0.97	0.97	0.97
1.3.1	通用材料费	0.81	0.81	0.81	0.81	0.81	0.81	0.81	0.81	0.81	0.81	0.81	0.81	0.81	0.81
1.3.2	油料费	0.16	0.16	0.16	0.16	0.16	0.16	0.16	0.16	0.16	0.16	0.16	0.16	0.16	0.16
1.4	其他直接费	0.72	1.36	1.13	0.96	1.19	1.05	1.20	1.91	1.66	2.30	1.57	4.52	6.49	2.04
2	间接费	0.88	1.65	1.37	1.17	1.45	1.27	1.46	2.32	2.01	2.79	1.91	5.49	7.87	2.48
2.1	企业管理费	0.67	1.27	1.05	0.90	1.11	0.98	1.12	1.78	1.54	2.15	1.47	4.22	6.06	1.91
2.2	工程风险费	0.20	0.38	0.32	0.27	0.33	0.29	0.34	0.53	0.46	0.64	0.44	1.27	1.82	0.57
3	利润	0.76	1.44	1.19	1.01	1.26	1.11	1.27	2.01	1.75	2.43	1.66	4.77	6.84	2.15

— 106 —

7.8.2 技术服务

技术服务包括电缆地层测试、井壁取心等，其综合单价编制方法同测井作业，仅是年有效工作量的计量单位和数量调整。

7.8.3 资料处理解释

资料处理解释综合单价采用成本加成法编制。统计2011—2013年资料处理解释队全部成本，加权平均确定年度成本后，考虑适当利润，再除以年有效工作量，计算出综合单价，即

$$综合单价 = \sum（3年成本）÷3×（1+利润率）÷年有效工作量$$

表7-46给出了资料处理解释综合单价测算模式。

表 7-46 资料处理解释综合单价

序号	队伍类型	2011年成本（元）	2012年成本（元）	2013年成本（元）	利润率（%）	年有效工作量标准（处理米）	综合单价（元/处理米）
1							
2							

7.9 完井工程综合单价编制方法

7.9.1 完井作业

7.9.1.1 设备搬迁

7.9.1.1.1 设备拆卸安装

设备拆卸安装综合单价编制方法同钻前工程中7.4.4.1钻机拆卸安装综合单价，仅需要将钻机型号换成修井机型号。参考典型井实际消耗数据和油田相关规定，按修井机级别确定消耗标准和费用标准，计算得出综合单价。表7-47给出了修井机拆卸安装综合单价测算模式，综合单价计算方法如下：

综合单价 = 直接费+间接费+利润

直接费 = 人工费+设备费+材料费+其他直接费

人工费 = ∑人工价格（元/工日）×人工消耗（工日）

设备费 = ∑设备价格（元/台时或t·km）×设备消耗（台时或t·km）

材料费 = ∑材料价格（元/t或m或个）×材料消耗（t或m或个）

其他直接费 = （人工费+设备费）×费率（%）

间接费 = 企业管理费+工程风险费

企业管理费 = 人工费×费率（%）

工程风险费 = 直接费×费率（%）

利润 = （直接费+间接费）×费率（%）

表 7-47 修井机拆卸安装综合单价

计量单位：次

序号	名称	规格型号	单位	XJ350 数量	XJ350 价格（元）	XJ350 金额（元）	XJ450 数量	XJ450 价格（元）	XJ450 金额（元）	XJ550 数量	XJ550 价格（元）	XJ550 金额（元）	XJ650 数量	XJ650 价格（元）	XJ650 金额（元）	XJ750 数量	XJ750 价格（元）	XJ750 金额（元）	XJ850 数量	XJ850 价格（元）	XJ850 金额（元）
	钻机级别																				
	综合单价																				
1	直接费																				
1.1	人工费		工日																		
1.2	设备费																				
1.2.1	吊车	25t	台时																		
1.2.2	吊车	50t	台时																		
1.2.3	平板拖车	30t	台时																		
1.2.4	卡车		t·km																		
1.2.5	油罐车	8t	t·km																		
1.2.6	值班车		台时																		
1.3	材料费																				
1.4	其他直接费																				
2	间接费																				
2.1	企业管理费																				
2.2	工程风险费																				
3	利润																				

工程内容：(1) 修井设备拆卸；(2) 修井设备安装。

7.9.1.1.2 设备运输

设备运输综合单价编制方法同钻前工程中7.4.4.2钻井设备运输综合单价，仅需要将钻机型号换成修井机型号。参考典型井实际消耗数据和油田相关规定，按修井机级别和运输距离台阶确定消耗标准和费用标准，计算得出综合单价。表7-48给出了XJ350修井机的设备运输综合单价测算模式，综合单价计算方法如下：

综合单价=直接费+间接费+利润

直接费=人工费+设备费+材料费+其他直接费

人工费=∑人工价格（元/工日）×人工消耗（工日）

设备费=∑设备价格（元/台时或t·km）×设备消耗（台时或t·km）

其他直接费=（人工费+设备费）×费率（%）

间接费=企业管理费+工程风险费

企业管理费=人工费×费率（%）

工程风险费=直接费×费率（%）

利润=（直接费+间接费）×费率（%）

其他级别修井机的设备运输采用相同的方法编制综合单价。

7.9.1.2 完井作业

完井作业综合单价编制方法同钻进工程中7.5.1钻进作业综合单价，仅需要将钻机型号换成修井机型号。参考典型井实际消耗数据和油田相关规定，按修井机级别确定消耗标准和费用标准，计算得出综合单价（表7-49）。综合单价计算方法如下：

综合单价=直接费+间接费+利润

直接费=人工费+设备费+材料费+其他直接费

人工费（元/d）=队年人工费（元）÷队年有效作业时间（d）

设备费（元/d）=折旧+修理费

折旧（元/d）=队年折旧（元）÷队年有效作业时间（d）

修理费（元/d）=队年修理费（元）÷队年有效作业时间（d）

材料费（元/d）=柴油费+机油费+生活水费+其他材料费

柴油费（元/d）=消耗标准（t/d）×价格（元/t）

机油费（元/d）=消耗标准（t/d）×价格（元/t）

生活水费（元/d）=消耗标准（m^3/d）×价格（元/m^3）

其他材料费（元/d）=同类作业机3年平均材料费（元）÷队年有效作业时间（d）

其他直接费（元/d）=通讯费+值班车费+其他费

通讯费（元/d）=同类作业队3年平均通讯费（元）÷队年有效作业时间（d）

值班车费（元/d）=服务价格（元/d）

其他费（元/d）=同类作业队3年平均杂费（元）÷队年有效作业时间（d）

间接费=企业管理费+工程风险费

企业管理费=人工费×费率（%）

工程风险费=直接费×费率（%）

利润=（直接费+间接费）×费率（%）

表 7-48 XJ350 修井机设备运输综合单价

计量单位：次

序号	运输距离 L 名称	规格型号	单位	0km<L≤100km 数量	0km<L≤100km 价格（元）	0km<L≤100km 金额（元）	100km<L≤200km 数量	100km<L≤200km 价格（元）	100km<L≤200km 金额（元）	200km<L≤300km 数量	200km<L≤300km 价格（元）	200km<L≤300km 金额（元）	300km<L≤400km 数量	300km<L≤400km 价格（元）	300km<L≤400km 金额（元）	400km<L≤500km 数量	400km<L≤500km 价格（元）	400km<L≤500km 金额（元）
	综合单价																	
1	直接费																	
1.1	人工费		工日															
1.2	设备费																	
1.2.1	卡车		台时															
1.2.2			t·km															
1.4	其他直接费																	
2	间接费																	
2.1	企业管理费																	
2.2	工程风险费																	
3	利润																	

工程内容：修井设备装配车、绑车、运输、卸车。

— 110 —

表 7-49 完井作业综合单价

计量单位：d

序号	钻机级别 名称	规格型号	单位	XJ350 数量	XJ350 价格（元）	XJ350 金额（元）	XJ450 数量	XJ450 价格（元）	XJ450 金额（元）	XJ550 数量	XJ550 价格（元）	XJ550 金额（元）	XJ650 数量	XJ650 价格（元）	XJ650 金额（元）	XJ750 数量	XJ750 价格（元）	XJ750 金额（元）	XJ850 数量	XJ850 价格（元）	XJ850 金额（元）
1	综合单价																				
	直接费																				
1.1	人工费																				
1.2	设备费																				
1.2.1	折旧																				
1.2.2	修理费																				
1.3	材料费																				
1.3.1	柴油费																				
1.3.2	机油费																				
1.3.3	生活水费																				
1.3.4	其他材料费																				
1.4	其他直接费																				
1.4.1	通讯费																				
1.4.2	值班车																				
1.4.3	其他费																				
2	间接费																				
2.1	企业管理费																				
2.2	工程风险费																				
3	利润																				

7.9.2 主要材料价格编制方法

根据上一年的全年平均价格、年底价格或有关协议,确定出各类主要消耗材料价格。

主要材料通常由施工单位或建设单位提供。对于施工单位提供的材料,其综合单价=成本价+利润;对于建设单位提供的材料,其综合单价直接采用成本价。成本价为材料进货价格加上仓储保管费。

7.9.2.1 采油树综合单价

采油树综合单价编制参见表7-50。

$$综合单价=成本价\times(1+利润率)$$

建设单位利润率为0%,施工单位利润率按相关规定执行。

表 7-50 采油树综合单价

序号	名称	规格型号	计量单位	成本价	利润率(%)	综合单价
1						
2						
3						

7.9.2.2 油管综合单价

油管综合单价编制参见表7-51。

$$综合单价=成本价\div 1000\times 单位重量\times(1+附加系数(\%))\times(1+利润率)$$

建设单位利润率为0%,施工单位利润率按相关规定执行。

表 7-51 油管综合单价

序号	外径(mm)	壁厚(mm)	钢级	扣型	产地	单位重量(kg/m)	成本价(元/t)	附加系数(%)	利润率(%)	综合单价(元/m)
1										
2										
3										
4										
5										

7.9.2.3 完井液综合单价

完井液综合单价编制参见表7-52。

$$综合单价=成本价\times(1+利润率)$$

建设单位利润率为0%,施工单位利润率按相关规定执行。

表 7-52 完井液综合单价

序号	名称	代号	类型	计量单位	成本价	利润率(%)	综合单价
1	洗井液						
2	射孔液						
3	压井液						
4	保护液						
5							

7.9.2.4 完井井下工具综合单价

完井井下工具综合单价编制参见表7-53。

$$综合单价=成本价×（1+利润率）$$

建设单位利润率为0%，施工单位利润率按相关规定执行。

表7-53 完井井下工具综合单价

序号	名称	规格型号	计量单位	成本价	利润率（%）	综合单价
1						
2						
3						

7.9.2.5 压裂酸化材料综合单价

压裂酸化材料综合单价编制参见表7-54。

$$综合单价=成本价×（1+利润率）$$

建设单位利润率为0%，施工单位利润率按相关规定执行。

表7-54 压裂酸化材料综合单价

序号	名称	规格型号	计量单位	成本价	利润率（%）	综合单价
1						
2						
3						

7.9.3 技术服务

7.9.3.1 磁定位测井

直接采用测井工程中作业价格。

7.9.3.2 射孔作业

射孔作业综合单价采用费用项目法编制。参考典型井实际消耗数据和油田相关规定，按射孔方式、射孔枪和射孔弹类型、射孔深度确定消耗标准和费用标准，计算得出综合单价。表7-55给出油管传输73枪和73弹的射孔作业综合单价测算模式，综合单价计算方法如下：

综合单价=直接费+间接费+利润

直接费=人工费+设备费+材料费+其他直接费

人工费=∑人工价格（元/工时）×人工消耗（工时）

设备费=∑设备价格（元/台时或t·km）×设备消耗（台时或t·km）

材料费=∑材料价格（元/t或m或个）×材料消耗（t或m或个）

其他直接费=（人工费+设备费）×费率（%）

间接费=企业管理费+工程风险费

企业管理费=人工费×费率（%）

工程风险费=直接费×费率（%）

利润=（直接费+间接费）×费率（%）

其他类型射孔方式、射孔枪和射孔弹采用相同的方法编制综合单价。

表7-55 油管传输73枪73弹射孔作业综合单价

计量单位：射孔米

射孔深度 H			0m<H≤1000m		1000m<H≤2000m		2000m<H≤3000m		3000m<H≤4000m		4000m<H≤5000m	
	规格型号	单位	数量	价格（元）	数量	价格（元）	数量	价格（元）	数量	价格（元）	数量	价格（元）
序号	名称			金额（元）		金额（元）		金额（元）		金额（元）		金额（元）
	综合单价											
1	直接费											
1.1	人工费											
1.2	设备费											
1.2.1												
1.2.2												
1.3	材料费											
1.4	其他直接费											
2	间接费											
2.1	企业管理费											
2.2	工程风险费											
3	利润											

— 114 —

7.9.3.3 地面计量

地面计量可以采用成本加成法和费用项目法,原则上采用费用项目法。

7.9.3.3.1 采用成本加成法编制

统计 2011—2013 年地面计量队伍全部成本,加权平均确定年度成本后,考虑适当利润,再除以年有效作业时间,计算出综合单价,即

$$综合单价 = \sum (3 年成本) \div 3 \times (1+利润率) \div 年有效作业时间$$

表 7-56 给出了地面计量综合单价测算模式。

表 7-56 地面计量综合单价

序号	队伍类型	2011 年成本（元）	2012 年成本（元）	2013 年成本（元）	利润率（%）	年有效作业时间标准（d）	综合单价（元/d）
1	地面计量					元/d	

7.9.3.3.2 采用费用项目法编制

综合单价 = 直接费+间接费+利润

直接费 = 人工费+设备费+材料费+其他直接费

人工费（元/d）= 队年人工费（元）÷队年有效作业时间（d）

设备费（元/d）= 摊销（元）÷队年有效作业时间（d）

材料费（元/d）= 3 年平均材料费（元）÷队年有效作业时间（d）

其他直接费（元/d）= 同类服务队 3 年平均其他接费（元）÷队年有效作业时间（d）

间接费 = 企业管理费+工程风险费

企业管理费 = 人工费×费率（%）

工程风险费 = 直接费×费率（%）

利润 = （直接费+间接费）×费率（%）

表 7-57 给出了地面计量综合单价测算模式。

表 7-57 地面计量综合单价

队伍类型				常规计量队			高温高压计量队		
序号	名称	规格型号	单位	数量	价格（元）	金额（元）	数量	价格（元）	金额（元）
	综合单价								
1	直接费								
1.1	人工费								
1.2	设备费								
1.2.1									
1.2.2									
1.3	材料费								
1.3.1									

续表

队伍类型				常规计量队			高温高压计量队		
序号	名称	规格型号	单位	数量	价格（元）	金额（元）	数量	价格（元）	金额（元）
1.3.2									
1.3.3									
1.4	其他直接费								
1.4.1	通讯费								
1.4.2	其他费								
2	间接费								
2.1	企业管理费								
2.2	工程风险费								
3	利润								

　　钢丝作业综合单价采用地面计量综合单价相同的方法编制。

7.9.3.4 地层测试

　　地层测试综合单价采用费用项目法编制。参考典型井实际消耗数据和油田相关规定，按测试方法、测试深度确定消耗标准和费用标准，计算得出综合单价。表7-58给出了MFE地层测试作业综合单价测算模式，综合单价计算方法如下：

　　　　综合单价＝直接费+间接费+利润

　　　　直接费＝人工费+设备费+材料费+其他直接费

　　　　人工费＝∑人工价格（元/工时）×人工消耗（工时）

　　　　设备费＝∑设备价格（元/台时或 t·km）×设备消耗（台时或 t·km）

　　　　材料费＝∑材料价格（元/t 或 m 或个）×材料消耗（t 或 m 或个）

　　　　其他直接费＝（人工费+设备费）×费率（%）

　　　　间接费＝企业管理费+工程风险费

　　　　企业管理费＝人工费×费率（%）

　　　　工程风险费＝直接费×费率（%）

　　　　利润＝（直接费+间接费）×费率（%）

　　其他测试方法采用相同的方法编制综合单价。

　　试井综合单价采用地层测试综合单价相同的方法编制。

7.9.3.5 压裂酸化

　　压裂酸化综合单价采用同固井作业综合单价相同的方法编制，需要将固井作业的固井规模调整为压裂酸化规模。

7.9.4 其他作业

　　其他作业综合单价编制方法同钻进工程其他作业综合单价。

表 7-58 MFE 地层测试综合单价

计量单位：次

序号	名称	规格型号	单位	0m<H≤1000m		1000m<H≤2000m		2000m<H≤3000m		3000m<H≤4000m		4000m<H≤5000m	
				数量	价格（元） 金额（元）	数量	价格（元） 金额（元）	数量	价格（元） 金额（元）	数量	价格（元） 金额（元）	数量	价格（元） 金额（元）
	综合单价												
1	直接费												
1.1	人工费												
1.2	设备费												
1.2.1													
1.2.2													
1.3	材料费												
1.4	其他直接费												
2	间接费												
2.1	企业管理费												
2.2	工程风险费												
3	利润												

— 117 —

7.10 工程建设其他项目综合单价编制方法

对于工程建设其他项目综合单价，土地租用、环保管理、工程保险、贷款利息等有相关规定标准的执行规定标准；钻井工程管理、钻井设计、工程研究试验、安全保卫等没有标准的，按近3年统计平均值确定。钻井工程管理综合单价采用成本法编制，举例如下。

统计 2011—2013 年建设项目部全部成本，按地面、地下投资比例分解投资额，确定钻井投资应当分摊的管理费用，再除以3年钻井总数，计算出综合单价，即

$$综合单价 = \sum（3年分摊管理费）\div 3年钻井总数$$

表 7-59 给出了钻井工程管理综合单价测算模式。

表 7-59 钻井工程管理综合单价

序号	项目	2011年费用（元）	2012年费用（元）	2013年费用（元）	3年钻井数量（口）	综合单价（元/口井）
1	钻井工程管理					

若钻井监督有日费标准，按相关标准执行。

8 钻井工程计价指标编制方法

8.1 钻井工程概算指标编制

8.1.1 概算指标构成

概算指标由指标编号、基础数据和工程量清单计价三部分组成。基础数据包括建设单位、油气田、区块、目的层、井别、井型、井深、垂直井深、造斜点、水平位移、建井周期、钻井周期、完井周期、钻机类型、作业机类型、井身结构、单井工程造价、单位进尺造价、井眼轨迹等19项内容。工程量清单计价包括钻前工程、钻进工程、固井工程、录井工程、测井工程、完井工程、工程建设其他费等7项内容。

钻井工程概算指标模式参见附录B。

8.1.2 概算指标编制方法

8.1.2.1 指标编号编制

指标编号由"辽河指标"的第一个拼音大写字母加顺序号组成，如"LHZB-1"等。

8.1.2.2 基础数据编制

建设单位、油气田、区块、目的层、井别、井型、井深、垂直井深、造斜点、水平位移、钻井周期、完井周期、钻机类型、作业机类型、井身结构等15项基础数据直接套用《标准井工程参数设计》中相对应的项目内容，并且按照相关参数画出井眼轨迹图。

建井周期=钻机搬迁周期+钻井周期+作业机搬迁周期+完井周期

单井工程造价=钻前工程费+钻进工程费+固井工程费+录井工程费+测井工程费+完井工程费+工程建设其他费

单位进尺造价=单井工程造价÷井深

8.1.2.3 工程量清单计价编制

工程量清单计价按下述方法测算得出：

钻前工程费=∑（井位勘测费+道路修建费+井场修建费+钻机搬迁费+其他作业费+税费）

钻进工程费=∑（钻进作业费+主要材料费+大宗材料运输费+技术服务费+其他作业费+税费）

固井工程费=∑（固井作业费+主要材料费+大宗材料运输费+技术服务费+其他作业费+税费）

录井工程费=∑（录井作业费+技术服务费+其他作业费+税费）

测井工程费=∑（裸眼测井费+固井质量测井费+技术服务费+资料处理解释费+其他作业费+税费）

完井工程费=∑（完井作业费+主要材料费+大宗材料运输费+技术服务费+其他作业费+税费）

工程建设其他费=∑（钻井工程管理费+钻井设计费+土地租用费+环保管理费+工程研究试验费+工程保险费+安全保卫费+贷款利息+税费）

分部分项工程费=∑（综合单价×设计工程量）

8.2 钻井工程估算指标编制方法

8.2.1 估算指标构成

估算指标由指标编号、建设单位、油气田、区块、井别、井型、井身结构、井深、建井周期、预备费率、工程造价、单位造价等12项内容构成。

辽河油田分公司钻井工程估算指标模式参见表8-1。

表 8-1　辽河油田分公司钻井工程估算指标

指标编号	建设单位	油田	区块	井别	井型	井身结构	井深（m）	建井周期（d）	预备费率	工程造价（万元）	单位造价（元/m）
LHGS-1	XXCC	XXLLTT	马20	开发井	定向井	二开	2847	124	5%	860	3021
LHGS-2			马古1、马古6、马古12	开发井	定向井	四开	4870	280	5%	2791	5732
LHGS-3		OOLLTT		开发井	定向井	四开					
LHGS-4				开发井	水平井	二开					
LHGS-5		SSTYZZ		开发井	定向井	二开					
LHGS-6				开发井	定向井	三开					
LHGS-7		BBTT		开发井	定向井	三开					
LHGS-8				开发井	水平井	三开					
LHGS-9	SSCC	JJAAPP		开发井	水平井	三开					
LHGS-10				开发井	定向井	二开					
LHGS-11		DDMMTT		开发井	定向井	二开					
LHGS-12		CCYYTT		开发井	直井	二开					
LHGS-13				开发井	定向井	二开					
LHGS-14	CCCC	ZZQQ		开发井	定向井	二开					
LHGS-15				开发井	定向井	二开					
LHGS-16		NNJJ		开发井	定向井	二开					
LHGS-17		QQLLTT		开发井	定向井	二开					
LHGS-18	GGCC			开发井	定向井	二开					
LHGS-19		GGSS		开发井	定向井	二开					
LHGS-20				开发井	水平井	二开					
LHGS-21				开发井	定向井	三开					

续表

指标编号	建设单位	油田	区块	井别	井型	井身结构	井深（m）	建井周期（d）	预备费率	工程造价（万元）	单位造价（元/m）
LHGS-22	HHCC			开发井	定向井	二开					
LHGS-23				开发井	定向井	二开					
LHGS-24		HHXXLL		开发井	定向井	二开					
LHGS-25				开发井	水平井	二开					
LHGS-26				开发井	定向井	二开					
LHGS-27				开发井	定向井	二开					
LHGS-28				开发井	水平井	三开					
LHGS-29	JJCC	HHXXLL		开发井	定向井	二开					
LHGS-30				开发井	定向井	二开					
LHGS-31				开发井	定向井	三开					
LHGS-32		HHJJDD		开发井	定向井	三开					
LHGS-33		NNMM		开发井	定向井	二开					
LHGS-34	LLXX			开发井	直井	二开					
LHGS-35				开发井	定向井	二开					
LHGS-36		RRXXTT		开发井	定向井	三开					
LHGS-37		XXLLTT		开发井	定向井	二开					

续表

指标编号	建设单位	油田	区块	井别	井型	井身结构	井深（m）	建井周期（d）	预备费率	工程造价（万元）	单位造价（元/m）
LHGS-38	LLDD	LLJJPP		开发井	水平井	四开					
LHGS-39		XXWW		开发井	定向井	二开					
LHGS-40				开发井	水平井	三开					
LHGS-41	SUCC	SSGG		开发井	定向井	二开					
LHGS-42				开发井	水平井	二开					
LHGS-43				开发井	水平井	三开					
LHGS-44	TTYY	SSGG		开发井	定向井	二开					
LHGS-45				开发井	水平井	二开					
LHGS-46				开发井	定向井	三开					
LHGS-47	JJMM	HHWWHH		开发井	水平井	二开					
LHGS-48	QQHH	BBJJLL		开发井	定向井	三开					
LHGS-49	QQHH	BBJJLL		评价井	定向井	三开					
LHGS-50		BBTT		评价井	定向井	四开					
LHGS-51	SSCC			评价井	定向井	三开					
LHGS-52		DDMMTT		评价井	水平井	三开					
LHGS-53				评价井	定向井	二开					

— 122 —

续表

指标编号	建设单位	油田	区块	井别	井型	井身结构	井深（m）	建井周期（d）	预备费率	工程造价（万元）	单位造价（元/m）
LHGS-55	LLDD	LLJJ		评价井	定向井	二开					
LHGS-56		XXLLTT		评价井	定向井	四开					
LHGS-57	XXCC	XXLLTT		评价井	定向井	四开					
LHGS-58				评价井	定向井	四开					
LHGS-59		DDMMTT		探井	定向井	二开					
LHGS-60				探井	定向井	二开					
LHGS-61				探井	定向井	三开					
LHGS-62				探井	定向井	三开					
LHGS-63				探井	直井	二开					
LHGS-64		DDBBAX		探井	定向井	三开					
LHGS-65				探井	定向井	二开					
LHGS-66	KKTTBB	LLXXAX		探井	直井	二开					
LHGS-67		LLDDAX		探井	直井	二开					
LHGS-68				探井	定向井	二开					
LHGS-69		XXBBAX		探井	定向井	三开					
LHGS-70				探井	定向井	三开					
LHGS-71				探井	直井	四开					
LHGS-72				探井	直井	三开					
LHGS-73		ZZYYLQ		探井	定向井	二开					
LHGS-74	XQXMB	KKLLPD		探井	直井	三开					
LHGS-75	HK	TTHHZB		探井	定向井	四开	4490	67	10%	1279	2849

8.2.2 估算指标编制方法

8.2.2.1 指标编号编制

指标编号由"辽河估算"的第一个拼音大写字母加顺序号组成，如"LHGS-1"等。

8.2.2.2 基础数据编制

建设单位、油气田、区块、井别、井型、井身结构、井深、建井周期等基础数据直接套用概算指标中相对应的项目内容。

8.2.2.3 工程造价编制

预备费率包括基本预备费和涨价预备费，根据标准井代表油田总体生产水平程度、历史资料分析、预期价格上涨幅度等情况确定。通常可以考虑开发井3%～5%左右、评价井5%～7%左右、探井7%～10%左右。

工程造价（万元）= 概算指标单井工程造价（元）×（1+预备费率（%））÷10000

单位造价（元/m）= 概算指标单位进尺造价（元/m）×（1+预备费率（%））

8.3 钻井工程参考指标编制方法

8.3.1 参考指标构成

参考指标由指标编号、井别、油田公司参考指标、建设单位参考指标、油气田参考指标等5项内容构成。

辽河油田分公司钻井工程参考指标模式参见表8-2。

表8-2 辽河油田分公司钻井工程参考指标　　　　计量单位：元/m

序号	指标编号 单位	LHCK-1 开发井	LHCK-2 评价井	LHCK-3 探井	LHCK-4 综合
1	辽河油田分公司	2654	3561	4582	2897
2	兴隆台采油厂	1988	2235	2351	2078
2.1	兴隆台油田	1832	2163	2375	2175
2.2	双台子油田	2386		2593	2489
3	沈阳采油厂	5432	5893	7681	6302
3.1	边台油田	6789		9802	7356
3.2	静安堡油田	4321	5893		4922

8.3.2 油气田参考指标编制方法

指标编号由"辽河参考"的第一个拼音大写字母加顺序号组成，如"LHCK-1"等。

井别包括开发井、评价井、探井和综合，综合是将开发井、评价井、探井三种井别综合在一起。

8.3.2.1 开发井参考指标编制方法

油气田开发井参考指标（元/m）= ∑（区块开发井估算指标（元/m）×区块开发井工程量（m））÷∑区块开发井工程量（m）

8.3.2.2 评价井参考指标编制方法

油气田评价井参考指标（元/m）= ∑（区块评价井估算指标（元/m）×区块评价井工程量（m））÷∑区块评价井工程量（m）

8.3.2.3 探井参考指标编制方法

油气田探井参考指标（元/m）=∑（区块探井估算指标（元/m）×区块探井工程量（m））÷∑区块探井工程量（m）

8.3.2.4 综合参考指标编制方法

油气田综合参考指标（元/m）=∑（区块开发井估算指标（元/m）×区块开发井工程量（m）+区块评价井估算指标（元/m）×区块评价井工程量（m）+区块探井估算指标（元/m）×区块探井工程量（m））÷∑（区块开发井工程量（m）+区块评价井工程量（m）+区块探井工程量（m））

8.3.3 建设单位参考指标编制方法

建设单位指油田分公司下属的采油厂、勘探项目部、新区项目部等二级单位。

8.3.3.1 开发井参考指标编制方法

建设单位开发井参考指标（元/m）=∑（油气田开发井参考指标（元/m）×油气田开发井工程量（m））÷∑油气田开发井工程量（m）

8.3.3.2 评价井参考指标编制方法

建设单位评价井参考指标（元/m）=∑（油气田评价井参考指标（元/m）×油气田评价井工程量（m））÷∑油气田评价井工程量（m）

8.3.3.3 探井参考指标编制方法

建设单位探井参考指标（元/m）=∑（油气田探井参考指标（元/m）×油气田探井工程量（m））÷∑油气田探井工程量（m）

8.3.3.4 综合参考指标编制方法

建设单位综合参考指标（元/m）=∑（油气田开发井参考指标（元/m）×油气田开发井工程量（m）+油气田评价井参考指标（元/m）×油气田评价井工程量（m）+油气田探井参考指标（元/m）×油气田探井工程量（m））÷∑（油气田开发井工程量（m）+油气田评价井工程量（m）+油气田探井工程量（m））

8.3.4 油田公司参考指标编制方法

8.3.4.1 开发井参考指标编制方法

油田公司开发井参考指标（元/m）=∑（建设单位开发井参考指标（元/m）×建设单位开发井工程量（m））÷∑建设单位开发井工程量（m）

8.3.4.2 评价井参考指标编制方法

油田公司评价井参考指标（元/m）=∑（建设单位评价井参考指标（元/m）×建设单位评价井工程量（m））÷∑建设单位评价井工程量（m）

8.3.4.3 探井参考指标编制方法

油田公司探井参考指标（元/m）=∑（建设单位探井参考指标（元/m）×建设单位探井工程量（m））÷∑建设单位探井工程量（m）

8.3.4.4 综合参考指标编制方法

油田公司综合参考指标（元/m）=∑（建设单位开发井参考指标（元/m）×建设单位开发井工程量（m）+建设单位评价井参考指标（元/m）×建设单位评价井工程量（m）+建设单位探井参考指标（元/m）×建设单位探井工程量（m））÷∑（建设单位开发井工程量（m）+建设单位评价井工程量（m）+建设单位探井工程量（m））

9 计价标准总体水平测算方法

9.1 钻井工程造价计算方法

总体工程造价计算方法。采用概算指标中单位进尺造价乘以对应的钻井进尺，再合计，计算出标准井对应的所有完成井总造价。计算表格模式见参表9-1。

表9-1 总体工程造价计算

建设单位	油田	标准井井号	单位进尺造价（元/m）	井数（口）	进尺（m）	造价（元）
		合计		945	1871441.19	
XXCC	XXLLTT	LHBZKF-1		11	24667.00	
		LHBZKF-2		19	92869.00	
		LHBZKF-3		6	28001.00	
		LHBZKF-4		20	100344.63	
	OOLLTT	LHBZKF-5		7	20953.00	
	SSTTZZ	LHBZKF-6		6	16019.00	
SSCC	BBTT	LHBZKF-7		6	15511.05	
		LHBZKF-8		10	25901.22	
	JJAAPP	LHBZKF-9		5	17936.00	
		LHBZKF-10		9	40021.87	
		LHBZKF-11		9	35966.53	
	DDMMTT	LHBZKF-12		7	21676.00	
CCCC	CCYYTT	LHBZKF-13		7	17096.00	
	ZZQQ	LHBZKF-14		10	17290.00	
		LHBZKF-15		37	67676.00	
	NNJJ	LHBZKF-16		5	8440.00	
	QQLLTT	LHBZKF-17		13	22189.00	
GGCC	GGSS	LHBZKF-18		30	53500.00	
		LHBZKF-19		7	15621.00	
		LHBZKF-20		3	7377.00	
		LHBZKF-21		7	17510.00	
HHCC	HHXXLL	LHBZKF-22		4	3405.00	
		LHBZKF-23		5	7572.00	
		LHBZKF-24		20	55648.00	
		LHBZKF-25		5	5700.00	
		LHBZKF-26		5	11211.00	
		LHBZKF-27		23	22526.00	
		LHBZKF-28		4	4731.00	

续表

建设单位	油田	标准井井号	单位进尺造价（元/m）	井数（口）	进尺（m）	造价（元）
JJCC	HHXXLL	LHBZKF-29		61	66915.00	
		LHBZKF-30		16	25155.00	
		LHBZKF-31		5	13316.00	
LLXX	HHJJDD	LHBZKF-32		6	16916.00	
	NNMM	LHBZKF-33		28	66253.61	
		LHBZKF-34		12	27894.00	
	RRXXTT	LHBZKF-35		4	6266.00	
		LHBZKF-36		4	12077.00	
	XXLLTT	LHBZKF-37		9	16582.79	
LLDD	LLJJPP	LHBZKF-38		4	22643.00	
	XXWW	LHBZKF-39		6	10582.00	
		LHBZKF-40		3	6043.00	
SUCC	SSGG	LHBZKF-41		167	151968.00	
		LHBZKF-42		47	77847.00	
		LHBZKF-43		75	100230.34	
TTYY	SSGG	LHBZKF-44		19	20498.00	
		LHBZKF-45		5	7103.00	
		LHBZKF-46		57	76902.75	
JJMM	HHWWHH	LHBZKF-47		20	39481.00	
		LHBZKF-48		9	15950.00	
QQHH	BBJJLL	LHBZKF-49		4	14375.00	
QQHH	BBJJLL	LHBZPJ-1		2	7362.00	
SSCC	BBTT	LHBZPJ-2		4	9694.00	
		LHBZPJ-3		3	8436.00	
	DDMMTT	LHBZPJ-4		2	7469.00	
		LHBZPJ-5		2	7264.00	
LLDD	LLJJ	LHBZPJ-6		2	4536.00	
	XXLLTT	LHBZPJ-7		3	14541.00	
XXCC	XXLLTT	LHBZPJ-8		4	18562.00	
		LHBZPJ-9		4	19526.00	
KKTTBB	DDMMTT	LHBZKT-1		2	4979.00	
		LHBZKT-2		2	7287.06	
		LHBZKT-3		4	15467.00	
		LHBZKT-4		4	17041.00	
		LHBZKT-5		6	24643.00	

续表

建设单位	油田	标准井井号	单位进尺造价（元/m）	井数（口）	进尺（m）	造价（元）
KKTTBB	DDBBAX	LHBZKT-6		3	10910.00	
		LHBZKT-7		3	12100.00	
		LHBZKT-8		5	15997.00	
	LLXXAX	LHBZKT-9		2	4136.00	
	LLDDAX	LHBZKT-10		3	7538.00	
		LHBZKT-11		3	8886.00	
		LHBZKT-12		3	11569.00	
	XXBBAX	LHBZKT-13		3	11141.00	
		LHBZKT-14		3	11621.00	
		LHBZKT-15		2	7161.00	
	ZZYYLQ	LHBZKT-16		3	9817.34	
XXQQBB	KKLLPD	LHBZKT-17		4	8620.00	
HHYYKKTT	TTHHZB	LHBZKT-18		3	12781.00	

9.2 钻井工程投资对比方法

统计出标准井对应的所有完成井投资，增减额（元）=造价（元）-投资（元），幅度（%）=增减额（元）÷投资（元），测算出与钻井工程投资对比的总体水平。计算表格模式见表9-2。

表9-2 钻井工程投资总体水平对比

建设单位	油田	标准井井号	单位进尺造价（元/m）	井数（口）	进尺（m）	造价（元）	投资（元）	增减额（元）	幅度（%）
合计				945	1871441.19				
XXCC	XXLLTT	LHBZKF-1		11	24667.00				
		LHBZKF-2		19	92869.00				
		LHBZKF-3		6	28001.00				
		LHBZKF-4		20	100344.63				
	OOLLTT	LHBZKF-5		7	20953.00				
	SSTTZZ	LHBZKF-6		6	16019.00				
SSCC	BBTT	LHBZKF-7		6	15511.05				
		LHBZKF-8		10	25901.22				
	JJAAPP	LHBZKF-9		5	17936.00				
		LHBZKF-10		9	40021.87				
		LHBZKF-11		9	35966.53				
	DDMMTT	LHBZKF-12		7	21676.00				

续表

建设单位	油田	标准井井号	单位进尺造价（元/m）	井数（口）	进尺（m）	造价（元）	投资（元）	增减额（元）	幅度（%）
CCCC	CCYYTT	LHBZKF-13		7	17096.00				
	ZZQQ	LHBZKF-14		10	17290.00				
		LHBZKF-15		37	67676.00				
	NNJJ	LHBZKF-16		5	8440.00				
	QQLLTT	LHBZKF-17		13	22189.00				
GGCC	GGSS	LHBZKF-18		30	53500.00				
		LHBZKF-19		7	15621.00				
		LHBZKF-20		3	7377.00				
		LHBZKF-21		7	17510.00				
HHCC	HHXXLL	LHBZKF-22		4	3405.00				
		LHBZKF-23		5	7572.00				
		LHBZKF-24		20	55648.00				
		LHBZKF-25		5	5700.00				
		LHBZKF-26		5	11211.00				
		LHBZKF-27		23	22526.00				
		LHBZKF-28		4	4731.00				
JJCC	HHXXLL	LHBZKF-29		61	66915.00				
		LHBZKF-30		16	25155.00				
		LHBZKF-31		5	13316.00				
LLXX	HHJJDD	LHBZKF-32		6	16916.00				
	NNMM	LHBZKF-33		28	66253.61				
		LHBZKF-34		12	27894.00				
	RRXXTT	LHBZKF-35		4	6266.00				
		LHBZKF-36		4	12077.00				
LLDD	XXLLTT	LHBZKF-37		9	16582.79				
	LLJJPP	LHBZKF-38		4	22643.00				
	XXWW	LHBZKF-39		6	10582.00				
		LHBZKF-40		3	6043.00				
SUCC	SSGG	LHBZKF-41		167	151968.00				
		LHBZKF-42		47	77847.00				
		LHBZKF-43		75	100230.34				
TTYY	SSGG	LHBZKF-44		19	20498.00				
		LHBZKF-45		5	7103.00				
		LHBZKF-46		57	76902.75				

续表

建设单位	油田	标准井井号	单位进尺造价（元/m）	井数（口）	进尺（m）	造价（元）	投资（元）	增减额（元）	幅度（%）
JJMM	HHWWHH	LHBZKF-47		20	39481.00				
		LHBZKF-48		9	15950.00				
QQHH	BBJJLL	LHBZKF-49		4	14375.00				
QQHH	BBJJLL	LHBZPJ-1		2	7362.00				
SSCC	BBTT	LHBZPJ-2		4	9694.00				
		LHBZPJ-3		3	8436.00				
	DDMMTT	LHBZPJ-4		2	7469.00				
		LHBZPJ-5		2	7264.00				
LLDD	LLJJ	LHBZPJ-6		2	4536.00				
	XXLLTT	LHBZPJ-7		3	14541.00				
XXCC	XXLLTT	LHBZPJ-8		4	18562.00				
		LHBZPJ-9		4	19526.00				
KKTTBB	DDMMTT	LHBZKT-1		2	4979.00				
		LHBZKT-2		2	7287.06				
		LHBZKT-3		4	15467.00				
		LHBZKT-4		4	17041.00				
		LHBZKT-5		6	24643.00				
	DDBBAX	LHBZKT-6		3	10910.00				
		LHBZKT-7		3	12100.00				
		LHBZKT-8		5	15997.00				
	LLXXAX	LHBZKT-9		2	4136.00				
	LLDDAX	LHBZKT-10		3	7538.00				
	XXBBAX	LHBZKT-11		3	8886.00				
		LHBZKT-12		3	11569.00				
		LHBZKT-13		3	11141.00				
		LHBZKT-14		3	11621.00				
		LHBZKT-15		2	7161.00				
	ZZYYLQ	LHBZKT-16		3	9817.34				
XXQQBB	KKLLPD	LHBZKT-17		4	8620.00				
HHYYKKTT	TTHHZB	LHBZKT-18		3	12781.00				

9.3 钻井工程成本对比方法

统计出标准井对应的所有完成井施工成本，对应的将标准井造价中扣除甲方承担费用，增减额（元）＝造价（元）－成本（元），幅度（%）＝增减额（元）÷成本（元），测算出与钻井工程成本对比的总体水平。计算表格模式见表9-3。

表 9-3 钻井工程成本总体水平对比

建设单位	油田	标准井井号	单位进尺造价（元/m）	井数（口）	进尺（m）	造价（元）	成本（元）	增减额（元）	幅度（%）
	合计			945	1871441.19				
XXCC	XXLLTT	LHBZKF-1		11	24667.00				
		LHBZKF-2		19	92869.00				
		LHBZKF-3		6	28001.00				
		LHBZKF-4		20	100344.63				
	OOLLTT	LHBZKF-5		7	20953.00				
	SSTTZZ	LHBZKF-6		6	16019.00				
SSCC	BBTT	LHBZKF-7		6	15511.05				
		LHBZKF-8		10	25901.22				
	JJAAPP	LHBZKF-9		5	17936.00				
		LHBZKF-10		9	40021.87				
		LHBZKF-11		9	35966.53				
	DDMMTT	LHBZKF-12		7	21676.00				
CCCC	CCYYTT	LHBZKF-13		7	17096.00				
	ZZQQ	LHBZKF-14		10	17290.00				
		LHBZKF-15		37	67676.00				
	NNJJ	LHBZKF-16		5	8440.00				
	QQLLTT	LHBZKF-17		13	22189.00				
GGCC	GGSS	LHBZKF-18		30	53500.00				
		LHBZKF-19		7	15621.00				
		LHBZKF-20		3	7377.00				
		LHBZKF-21		7	17510.00				
HHCC	HHXXLL	LHBZKF-22		4	3405.00				
		LHBZKF-23		5	7572.00				
		LHBZKF-24		20	55648.00				
		LHBZKF-25		5	5700.00				
		LHBZKF-26		5	11211.00				
		LHBZKF-27		23	22526.00				
		LHBZKF-28		4	4731.00				
JJCC	HHXXLL	LHBZKF-29		61	66915.00				
		LHBZKF-30		16	25155.00				
		LHBZKF-31		5	13316.00				

续表

建设单位	油田	标准井井号	单位进尺造价（元/m）	井数（口）	进尺（m）	造价（元）	成本（元）	增减额（元）	幅度（%）
LLXX	HHJJDD	LHBZKF-32		6	16916.00				
	NNMM	LHBZKF-33		28	66253.61				
		LHBZKF-34		12	27894.00				
	RRXXTT	LHBZKF-35		4	6266.00				
		LHBZKF-36		4	12077.00				
	XXLLTT	LHBZKF-37		9	16582.79				
LLDD	LLJJPP	LHBZKF-38		4	22643.00				
	XXWW	LHBZKF-39		6	10582.00				
		LHBZKF-40		3	6043.00				
SUCC	SSGG	LHBZKF-41		167	151968.00				
		LHBZKF-42		47	77847.00				
		LHBZKF-43		75	100230.34				
TTYY	SSGG	LHBZKF-44		19	20498.00				
		LHBZKF-45		5	7103.00				
		LHBZKF-46		57	76902.75				
JJMM	HHWWHH	LHBZKF-47		20	39481.00				
		LHBZKF-48		9	15950.00				
QQHH	BBJJLL	LHBZKF-49		4	14375.00				
QQHH	BBJJLL	LHBZPJ-1		2	7362.00				
SSCC	BBTT	LHBZPJ-2		4	9694.00				
		LHBZPJ-3		3	8436.00				
	DDMMTT	LHBZPJ-4		2	7469.00				
		LHBZPJ-5		2	7264.00				
LLDD	LLJJ	LHBZPJ-6		2	4536.00				
	XXLLTT	LHBZPJ-7		3	14541.00				
XXCC	XXLLTT	LHBZPJ-8		4	18562.00				
		LHBZPJ-9		4	19526.00				
KKTTBB	DDMMTT	LHBZKT-1		2	4979.00				
		LHBZKT-2		2	7287.06				
		LHBZKT-3		4	15467.00				
		LHBZKT-4		4	17041.00				
		LHBZKT-5		6	24643.00				
	DDBBAX	LHBZKT-6		3	10910.00				
		LHBZKT-7		3	12100.00				
		LHBZKT-8		5	15997.00				

续表

建设单位	油田	标准井井号	单位进尺造价（元/m）	井数（口）	进尺（m）	造价（元）	成本（元）	增减额（元）	幅度（%）
KKTTBB	LLXXAX	LHBZKT-9		2	4136.00				
	LLDDAX	LHBZKT-10		3	7538.00				
	XXBBAX	LHBZKT-11		3	8886.00				
		LHBZKT-12		3	11569.00				
		LHBZKT-13		3	11141.00				
		LHBZKT-14		3	11621.00				
		LHBZKT-15		2	7161.00				
	ZZYYLQ	LHBZKT-16		3	9817.34				
XXQQBB	KKLLPD	LHBZKT-17		4	8620.00				
HHYYKKTT	TTHHZB	LHBZKT-18		3	12781.00				

9.4 钻井周期水平对比方法

9.4.1 单井钻井周期水平测算方法

采用工时标准测算出单井钻井周期，计算表格模式参见表9-4。钻进施工周期（d）=工时标准（h/m）×进尺（m）÷24；完井施工周期（d）=工时标准（h/m）×井深（m）÷24；一开井段周期（d）=钻进施工周期（d）+完井施工周期（d），二开井段周期（d）=钻进施工周期（d）+完井施工周期（d）；单井钻井周期（d）=一开井段周期（d）+二开井段周期（d）。

表9-4 单井钻井周期测算

序号	项目	工时标准（h/m）	井深（m）	进尺（m）	周期（d）
1	一开井段				2.17
1.1	钻进施工	0.0690	306.00	306.00	0.88
1.2	完井施工	0.1012	306.00		1.29
2	二开井段				14.28
2.1	钻进施工	0.1395	1659.00	1353.00	9.64
2.2	完井施工	0.0671	1659.00		4.64
	合计				16.45

9.4.2 标准井钻井周期水平对比方法

将每一口标准井所对应的所有单井实际钻井周期与按工时标准测算的钻井周期进行对比，增减额（d）=测算周期（d）-实际周期（d），幅度（%）=增减额（d）÷实际周期（d），测算出标准井钻井周期总体水平。计算表格模式见参表9-5。对于未下套管、填井重钻等异常情况在备注中进行说明。

表 9-5 标准井 LHBZKF-1 钻井周期水平测算

序号	井号	井深（m）	实际周期（d）	测算周期（d）	增减额（d）	幅度（%）	备注
1							
2							
3							
4							
5							
6							
7							
8							
9							
10							
11							
	合计						

9.4.3 钻井周期总体水平对比方法

将所有标准井对应的 945 口完成井钻井周期水平进行对比。计算表格模式参见表 9-6。

表 9-6 钻井周期总体水平对比

建设单位	油田	标准井井号	井数（口）	实际周期（d）	测算周期（d）	增减额（d）	幅度（%）	备注
	合计		945					
XXCC	XXLLTT	LHBZKF-1	11					
		LHBZKF-2	19					
		LHBZKF-3	6					
		LHBZKF-4	20					
	OOLLTT	LHBZKF-5	7					
	SSTTZZ	LHBZKF-6	6					
SSCC	BBTT	LHBZKF-7	6					
		LHBZKF-8	10					
	JJAAPP	LHBZKF-9	5					
		LHBZKF-10	9					
		LHBZKF-11	9					
	DDMMTT	LHBZKF-12	7					
CCCC	CCYYTT	LHBZKF-13	7					
	ZZQQ	LHBZKF-14	10					
		LHBZKF-15	37					
	NNJJ	LHBZKF-16	5					
	QQLLTT	LHBZKF-17	13					

续表

建设单位	油田	标准井井号	井数（口）	实际周期（d）	测算周期（d）	增减额（d）	幅度（%）	备注
GGCC	GGSS	LHBZKF-18	30					
		LHBZKF-19	7					
		LHBZKF-20	3					
		LHBZKF-21	7					
HHCC	HHXXLL	LHBZKF-22	4					
		LHBZKF-23	5					
		LHBZKF-24	20					
		LHBZKF-25	5					
		LHBZKF-26	5					
		LHBZKF-27	23					
		LHBZKF-28	4					
JJCC	HHXXLL	LHBZKF-29	61					
		LHBZKF-30	16					
		LHBZKF-31	5					
LLXX	HHJJDD	LHBZKF-32	6					
	NNMM	LHBZKF-33	28					
		LHBZKF-34	12					
	RRXXTT	LHBZKF-35	4					
		LHBZKF-36	4					
	XXLLTT	LHBZKF-37	9					
LLDD	LLJJPP	LHBZKF-38	4					
	XXWW	LHBZKF-39	6					
		LHBZKF-40	3					
SUCC	SSGG	LHBZKF-41	167					
		LHBZKF-42	47					
		LHBZKF-43	75					
TTYY	SSGG	LHBZKF-44	19					
		LHBZKF-45	5					
		LHBZKF-46	57					
JJMM	HHWWHH	LHBZKF-47	20					
		LHBZKF-48	9					
QQHH	BBJJLL	LHBZKF-49	4					
QQHH	BBJJLL	LHBZPJ-1	2					

续表

建设单位	油田	标准井井号	井数（口）	实际周期（d）	测算周期（d）	增减额（d）	幅度（%）	备注
SSCC	BBTT	LHBZPJ-2	4					
		LHBZPJ-3	3					
	DDMMTT	LHBZPJ-4	2					
		LHBZPJ-5	2					
LLDD	LLJJ	LHBZPJ-6	2					
	XXLLTT	LHBZPJ-7	3					
XXCC	XXLLTT	LHBZPJ-8	4					
		LHBZPJ-9	4					
KKTTBB	DDMMTT	LHBZKT-1	2					
		LHBZKT-2	2					
		LHBZKT-3	4					
		LHBZKT-4	4					
		LHBZKT-5	6					
	DDBBAX	LHBZKT-6	3					
		LHBZKT-7	3					
		LHBZKT-8	5					
	LLXXAX	LHBZKT-9	2					
	LLDDAX	LHBZKT-10	3					
	XXBBAX	LHBZKT-11	3					
		LHBZKT-12	3					
		LHBZKT-13	3					
		LHBZKT-14	3					
		LHBZKT-15	2					
	ZZYYLQ	LHBZKT-16	3					
XXQQBB	KKLLPD	LHBZKT-17	4					
HHYYKKTT	TTHHZB	LHBZKT-18	3					

下篇

管理制度建设

本篇包括中国石油钻井工程造价管理办法编制、中国石油钻井工程造价管理流程设计、钻井工程费用预算编制方法、钻井工程投资规划编制方法、钻井工程投资优化分析方法、钻井工程造价管理信息系统建设等6个方面内容。

10 中国石油钻井工程造价管理办法编制

根据上篇和中篇研究成果,初步编制出一套集团公司钻井工程造价管理办法。在此基础上,结合本油田情况,进行调整,即可完成本油田钻井工程造价管理办法。

10.1 总则

第一条 为加强中国石油天然气集团公司(以下简称集团公司)钻井工程造价管理,规范钻井工程计价行为,合理确定和有效控制钻井工程造价,提高投资效益,实现持续有效较快协调发展,根据国家有关法律法规和集团公司有关规定,制订本办法。

第二条 本办法适用于集团公司及其全资子公司、直属企事业单位(以下统称所属企业)的钻井工程造价管理。集团公司及所属企业控(参)股子公司的钻井工程造价管理,参照本办法执行。

第三条 本办法所称钻井工程造价指石油天然气勘探项目或油气田开发建设项目中的钻井工程投资,即完成一个石油天然气勘探开发建设项目中的钻井工程预期开支或实际开支的全部费用的总和。表示石油天然气勘探开发建设项目中的钻井工程所消耗资金的数量标准。本办法所称钻井工程造价管理是以钻井工程为研究对象,以钻井工程的造价确定与造价控制为主要内容,运用科学技术原理、经济与法律管理手段,解决钻井工程建设活动中的技术与经济、经营与管理等实际问题,从而提高集团公司总体经济效益。

第四条 实行全过程钻井工程造价管理,包括钻井工程投资规划与计划编制和调整、勘探开发项目中钻井工程造价管理、单井钻井工程造价管理三个层面。

第五条 钻井工程造价管理任务是加强工程造价的全过程动态管理,强化工程造价的约束机制,规范价格行为,维护有关各方面的经济利益,促进技术与经济有机的相结合,实现微观效益和宏观效益的统一。

第六条 钻井工程造价管理发展方向是标准化和信息化,实现钻井工程造价项目标准化、计价标准标准化、计价方法标准化、标准井工程造价管理标准化、全过程工程造价管理信息化。

第七条 钻井工程造价管理目标是按照经济规律的要求,根据社会主义市场经济的发展形势,利用科学管理方法和先进的管理手段,合理地确定钻井工程造价和有效地控制钻井工程造价,提高建设单位投资效益和施工企业经营效果,实现集团公司总体效益最大化。

10.2 管理机构及职责

第八条 集团公司交易管理委员会是钻井工程造价管理的领导机构,其职责是:
(1)协调集团公司各部门管理制度之间的矛盾和冲突;
(2)审定批准集团公司钻井工程造价管理规章制度;
(3)审定批准集团公司发布的各种钻井工程计价依据;

（4）裁定所属企业钻井工程关联交易中的争议；

（5）监督全过程钻井工程造价管理的实施。

第九条 集团公司规划计划部是钻井工程造价管理的归口部门，其职责是：

（1）组织制订集团公司钻井工程造价管理规章制度；

（2）组织制定集团公司钻井工程计价依据和计价标准；

（3）组织实施全过程钻井工程造价管理；

（4）组织开展集团公司钻井工程造价管理基础理论、方针政策、焦点问题等研究工作；

（5）下达集团公司有关建设项目前期论证、估算和概算审查等任务。

第十条 中国石油工程造价管理中心廊坊分部是集团公司钻井工程造价管理的具体业务管理部门，是集团公司总部工程造价管理的技术支持机构，其职责是：

（1）贯彻执行国家有关工程定额和造价管理的方针、政策和规定，负责与国家及相关行业定额造价管理部门的业务联系；

（2）负责集团公司钻井工程计价依据、计价规则的编制和日常管理工作，负责现行计价依据、计价规则的解释和动态管理，为规划计划部门编制规划、计划提供投资参考指标，为集团公司内部提供公正合理的关联交易价格；

（3）负责为集团公司重点工程投资控制提供技术支持，受总部规划计划部门委托，参加集团公司有关建设项目前期论证和概算审查工作；

（4）负责指导集团公司所属企业钻井工程造价管理业务；

（5）负责集团公司钻井工程造价专业人员培训、资格管理和工程造价咨询企业资质管理；

（6）负责钻井工程造价信息开发和政策研究工作。

第十一条 集团公司所属企业设置钻井工程造价管理部门或科室，所属企业的二级单位设置钻井工程造价管理专（兼）职岗位，负责本企业和本单位的钻井工程造价管理工作。

10.3 计价标准管理

第十二条 钻井工程计价标准指根据一定的技术标准和施工组织条件，完成石油天然气钻井工程量所消耗的人工、设备、材料和费用的标准额度，是一种经济技术标准。钻井工程计价标准包括基础标准、消耗标准、费用标准、预算标准、概算标准、概算指标、估算指标、参考指标和造价指数等9种。

第十三条 计价标准中需要涵盖全部钻井工程造价，包括建设投资和建设期利息。建设投资包括工程费、工程建设其他费和预备费；工程费包括钻前工程费、钻进工程费、固井工程费、录井工程费、测井工程费、完井工程费；工程建设其他费包括钻井工程管理费、钻井设计费、土地租用费、环保管理费、工程研究试验费、工程保险费、安全保卫费等；预备费包括基本预备费和涨价预备费。

第十四条 钻井工程计价标准实行集团公司和所属企业两级动态管理。根据集团公司年度勘探开发业务发展需要、年度投资计划编制、钻井工程主要材料价格变化情况，集团公司工程造价管理部门制定年度统一计价标准和编制方法，包括基础标准、消耗标准、费用标准和造价指数，并以集团公司文件形式在当年1月份发布。所属企业工程造价管理部门根据集团公司统一计价标准和编制方法，结合本企业当年勘探开发钻井工程计划，编制一套预算标准或概算标准,并以所属企业文件形式在当年 1~2 月份发布,用于当年预结算和招投标工作。根据所属企业当年勘探开发钻井工程变化情况和主要材料价格变化情况,在 7 月份发布补充和调整预算标准或概算标准,用于下半年所属企业预结算工作,并为编制指标类计价标准提供依据。同时集团公司工程造价管理部门组织编制出涵盖所属企业的年度指标类计价标准,包括概算指标、估算指标和参考指标,用于集团公司年度投资计划和规划、勘探开发方案的编制和审查。

第十五条 钻井工程计价标准发布采用统一模式,并按年度发布。集团公司发布的有钻井工程统一计价标准和计价指标,比如《中国石油天然气集团公司钻井工程统一计价标准(2012)》、《中国石油天然气集团公司钻井工程计价指标(2012)》。油田公司发布的有钻井工程计价标准和补充计价标准,包括钻前工程、钻进工程、固井工程、录井工程、测井工程、完井工程和工程建设其他项目等 7 个部分,比如《＊＊＊油田钻井工程计价标准(2012)》、《＊＊＊油田钻井工程补充计价标准(2012)》。钻探企业亦可发布本企业的计价标准。

10.4　中长期规划中钻井工程造价管理

第十六条 编制集团公司中长期业务发展规划(包括滚动规划)时,采用集团公司发布的钻井工程造价指数、参考指标等计价标准和相应的投资计算方法。

第十七条 规划中需要考虑物价上涨因素或需要补充相关参考指标时,由集团公司工程造价管理部门组织相关单位,按统一规定的测算方法编制钻井工程造价指数和补充参考指标等计价标准。

10.5　可行性研究中钻井工程造价管理

第十八条 编制石油天然气勘探项目可行性研究报告或开发项目可行性研究报告时,采用集团公司发布的钻井工程造价指数、估算指标等计价标准和相应的投资计算方法。

第十九条 可行性研究报告中需要考虑物价上涨因素或需要补充相关估算指标时,由集团公司工程造价管理部门组织相关单位,按统一规定的测算方法编制钻井工程造价指数和补充估算指标等计价标准。

第二十条 可行性研究报告中需要根据勘探项目或开发项目的总体要求,采用技术与经济相结合的方式,对勘探开发方案中的井别、井型、井数进行多方案比选,优化钻井工程投资。

10.6　初步设计中钻井工程造价管理

第二十一条 编制石油天然气勘探项目初步设计或开发项目初步设计时,采用集团公司发布的钻井工程造价指数、概算指标等计价标准和相应的投资计算方法。

第二十二条 初步设计中需要考虑物价上涨因素或需要补充相关概算指标时,由集团公司工程造价管理部门组织相关单位,按统一规定的测算方法编制钻井工程造价指数和补充概算指标等计价标准。

第二十三条 初步设计中需要根据勘探项目或开发项目的总体要求，采用技术与经济相结合的方式，对勘探开发方案中的井别、井型、井数进行多方案比选，优化钻井工程投资。

10.7 年度投资计划编制中钻井工程造价管理

第二十四条 编制石油天然气勘探钻井工程年度投资计划时，采用勘探项目初步设计中探井和评价井投资计算结果。

第二十五条 编制石油天然气开发钻井工程年度投资计划时，新区产能建设项目采用初步设计中开发井投资计算结果；老区调整井采用集团公司发布的钻井工程投资概算指标和相应的投资计算方法确定。

第二十六条 编制年度投资计划需要补充相关概算指标时，由集团公司工程造价管理部门组织相关单位，按统一规定的测算方法编制钻井工程补充概算指标。

第二十七条 编制年度投资计划时，可根据勘探项目或开发项目的总体要求，采用技术与经济相结合的方式，对井别、井型、井数进行比选排队，优化年度钻井工程投资计划。

10.8 钻井工程预算管理

第二十八条 根据单井钻井地质设计和工程设计，由钻井工程造价管理岗位人员按照《石油天然气钻井工程工程量清单计价规范》编制单井钻井工程预算。

第二十九条 编制单井钻井工程预算时，采用油田公司发布的年度预算标准或概算标准。

第三十条 建立钻井工程预算预警报告制度。概算指标作为编制单井钻井工程预算时的预警指标。当工程预算单位进尺造价大于区块标准井概算指标时，建设单位工程造价管理部门要出具单井投资异常情况说明，供决策参考。

当钻井工程预算大于预警指标，且超过值不大于5%时，由建设单位工程造价管理部门向本单位工程技术与监督或勘探开发管理等业务主管部门提交相关资料，由建设单位业务主管部门提出处置意见。

当钻井工程预算大于预警指标，且5%＜超过值≤10%时，由建设单位工程造价管理部门向本单位工程技术与监督或勘探开发管理等业务主管部门提交相关资料；业务主管部门会同相关科室提出建议意见，并上报油田公司业务主管部门；由油田公司业务主管部门会同相关处室提出建议，并送油田公司业务主管领导决定处置意见。

当钻井工程预算大于预警指标，且超过值大于10%时，由建设单位工程造价管理部门向本单位工程技术与监督或勘探开发管理等业务主管部门提交相关资料；业务主管部门会同相关科室提出建议意见，并上报油田公司工业务主管部门；由油田公司业务主管部门会同相关处室提出建议，并送油田公司主要领导决定处置意见。

10.9 招标投标和合同价管理

第三十一条 建设单位工程造价管理部门负责钻井工程招标标底编制。编制钻井工程标底时，按照《石油天然气钻井工程工程量清单计价规范》，采用油田公司发布的年度预算标准或概算标准。钻井工程标底作为投标报价的上限。

第三十二条　施工单位投标报价时，可以参考油田公司发布的年度预算标准或概算标准，也可以根据本单位相关计价标准或定额编制报价。最终合同价不得超过招标标底。

第三十三条　关联交易议标时，可以采用多种分级合同价的激励性措施。每年年初对本油区范围的关联交易钻井队伍进行分级评审，如按人力资源30%、设备配套30%、施工业绩40%的权重，评选出甲级、乙级、丙级钻井队伍；原则上甲级队伍比例不超过20%，乙级队伍不超过60%，其余为丙级队伍；施工期间实行动态管理。对于乙级队伍，合同价执行油田公司发布的标准化价格；对于甲级队伍，合同价在标准化价格基础上上浮一定比例，如5%；对于丙级队伍，合同价在标准化价格基础上下调一定比例，如5%。

10.10　钻井工程结算管理

第三十四条　油田公司与钻探公司应当在钻井工程协议中对涉及钻井工程价款结算的下列事项进行约定：

（1）钻井工程预付款的数额、支付时限及抵扣方式；

（2）钻井工程进度款的支付方式、数额及时限；

（3）钻井工程施工中遇到法规变化、物价波动及钻井工程变更时，钻井工程价款的调整依据、调整方法及支付方式；

（4）钻井工程竣工结算价款的支付方式、数额及时限；

（5）与履行钻井协议、支付价款相关的担保事项。

第三十五条　钻井工程预付款结算应符合下列规定：

（1）钻井工程的预付款按钻井协议约定拨付，预付比例不高于钻井协议总价款的30%，对部分跨年度的钻井工程项目，应按里程碑工作节点逐期预付。

（2）在具备施工条件前提下，钻探公司在开工前7天向油田公司提交预付款支付申请材料，包括预付款申请单和预付款保函，预付款保函中的担保金额需与预付款金额相同，并在油田公司全部扣回预付款前保持该保函一直有效。油田公司在收到预付款支付申请材料后向钻探公司支付预付款，并对预付款的使用情况进行监督，确保预付款用于该钻井工程。

（3）预付的钻井工程款必须在钻井协议中约定抵扣方式，并在钻井工程进度款中按协议约定的扣回方式将预付款分期扣回，直至全部扣完。

（4）凡是没有签订钻井协议或是不具备施工条件的钻井工程，油田公司不得预付工程款，不得以预付款为名转移资金。

第三十六条　钻井工程进度款结算应符合下列规定：

（1）钻井工程进度款结算方式。

钻井工程按进度里程碑工作节点结算，在钻井作业中一开、二开、三开等多开作业完成后各进行一次进度款结算。

对于工期较短的钻井工程，可不设进度款结算，集中在竣工结算时一次性结清。

（2）钻井工程量计算。

钻探公司应当根据钻井工程进度节点计算已完工程量，编制已完工程报告，提交油田公司。油田公司在收到已完工程报告的7天内组织钻探公司对已完工程量进行复核。若油田公司未在该时间段内组织复核，则视为认可钻探公司提交的工程量；若钻探公司未参加已完工程量复核，则以油田公司核实的钻井工程量作为进度款支付的依据。

（3）钻井工程进度款支付。

①钻探公司在汇总经确认钻井工程量结算书、价款调整报告等进度款计价材料的基础上，编制进度款支付申请，提交油田公司。油田公司在收到进度款支付申请后7天内进行审核。若审核通过，则在审核批准后的7天内支付钻井工程进度款；若审核未通过，则钻探公司需对进度款支付申请进行修改后重新提交审核；若7天内未给出修改意见，则为批准进度款支付申请。

②油田公司超过约定的支付时间不支付钻井工程进度款，钻探公司应及时向油田公司发出要求付款通知，油田公司收到钻探公司通知后仍不能按要求付款，可与钻探公司协商签订延期付款协议，经钻探公司同意后可延期支付。

③油田公司不按钻井协议约定支付钻井工程进度款，双方又未达成延期付款协议，导致施工无法进行，钻探公司可停止施工，油田公司承担违约责任。

第三十七条　钻井工程竣工结算应符合下列规定：

（1）钻井工程竣工结算条件：全部钻井工程完工后，油田公司组织验收，钻探公司参与。若验收合格，则可办理钻井工程竣工结算；若验收不合格，由钻探公司采取补救措施进行修复，并由油田公司组织重新验收，直至合格为止。

（2）钻探公司根据前期已结算价款材料编制竣工结算报告，并附已结算价款材料，提交油田公司。油田公司在收到竣工结算报告后14天内进行审核。若审核通过，则根据竣工结算报告及前期已结算价款资料编制竣工结算确认材料；若审核未通过，则钻探公司根据修改意见重新修改竣工结算报告；若在14天内未审核完毕，则视为认可钻探公司的竣工结算报告，需由油田公司编制竣工结算确认材料，形成竣工结算支付证书。并按相关流程要求办理结算。

10.11　钻井工程决算管理

第三十八条　工程竣工验收后，建设单位必须及时办理竣工决算，并做到竣工文件资料完整、齐全、有效。

第三十九条　按照国家和集团公司有关规定的建设工程费用项目进行钻井工程决算。

第四十条　办理钻井工程决算时，必须划清工程成本和期间费用的界限，划清本期工程成本与下期工程成本的界限，划清不同成本对象之间的成本界限，划清未完工程成本与已完工程成本之间的界限。

10.12　钻井工程造价信息管理

第四十一条　中国石油钻井工程造价管理信息平台包括中国石油钻井工程造价管理信息系统、油田公司钻井工程造价管理信息系统、钻探公司钻井工程造价管理信息系统，所有造价信息系统均在集团公司石油专网上运行，实行分级授权管理。

第四十二条　钻井工程投资估算、概算、预算、结算按统一规定编制，在钻井工程造价管理信息平台上运行。对于招标项目，标底按统一规定编制与审查，不在钻井工程造价管理信息平台运行；项目招标完成后，按项目预算方式导入钻井工程造价管理信息平台。

第四十三条 钻井工程造价管理部门定期在钻井工程造价管理信息平台上发布相关的计价标准和价格信息，作为建设单位编审估算、概算、预算和结算的计价依据。

第四十四条 钻井工程竣工决算完成45日内，相关单位应将供应材料、其他费用、贷款利息等项目完整的资料录入钻井工程造价管理信息平台中。

第四十五条 各单位年终完成决算的工程项目资料，必须在次年1月15日前将完整的资料录入钻井工程造价管理信息平台，并进行统计分析。

10.13 钻井工程造价人员管理

第四十六条 从事钻井工程造价管理人员必须取得石油勘探钻井专业的全国建设工程造价员资格。

第四十七条 造价管理人员根据年度完成造价工作业绩，按国家和行业规定进行造价资质注册，未获造价资质注册的人员，不允许从事工程造价工作。

第四十八条 钻井工程估算、概算、预算和结算文件必须加盖编制及审查（核）人的造价管理资格章和工程造价管理部门公章。

10.14 监督检查

第四十九条 集团公司规划计划部依据现行法律、法规、规章、规范性文件、标准、规范、计价办法的有关规定，监督检查钻井工程造价计价行为，可以委托中国石油工程造价管理中心廊坊分部具体实施。

第五十条 工程造价监督检查采取定期抽查和集中检查、专项检查和综合检查相结合等方式，被检查单位和个人应当给予配合，并按照要求提供相关资料，对检查涉及的有关问题做出说明和解释。

第五十一条 在监督检查中发现造价管理人员违反相关规定的，视情节轻重，进行约谈，责令改正，依规进行处罚处理，并在一定范围内公示。

第五十二条 在监督检查中发现建设单位和施工单位违反相关规定的，视情节轻重，进行约谈，责令改正，依法进行处罚处理，并在一定范围内公示。

10.15 其他

第五十三条 本办法由集团公司规划计划部归口管理，由中国石油工程造价管理中心廊坊分部负责具体解释。

附件：相关工程造价词语定义及解释。

钻井工程造价管理办法具体实施时，需要建立相应的钻井工程造价管理流程。这里给出了部分钻井工程造价管理中的一般工作流程，需要根据实际情况进行相应调整。

11 中国石油钻井工程造价管理流程设计

11.1 中长期规划中钻井工程造价管理流程

在集团公司中长期勘探开发业务发展规划中，钻井工程仅是其中的一个部分。因此，钻井工程造价管理流程要与勘探开发总体规划编制工作流程保持一致，这里仅是将钻井工程部分单列出来。为了便于理解和流程图显示更加简洁，分为集团公司和油田公司两个层面编制流程，实际上二者是联系在一起的。

11.1.1 集团公司编制流程

集团公司中长期规划中钻井工程造价管理流程如下：

（1）集团公司规划计划部下达编制中长期勘探开发规划的通知；

（2）勘探与生产分公司组织各油田公司开展编制工作；

（3）油田公司编制中长期规划方案，其中包括钻井工程规划，详细编制流程见 11.1.2 部分；

（4）勘探与生产分公司汇总各油田公司中长期规划方案，集团公司造价中心（中国石油工程造价管理中心廊坊分部）协助审核钻井工程计价标准和方法，集团公司勘探开发研究院（中国石油勘探开发研究院）协助审核钻井工程总体部署，将各油田公司中长期规划方案进行排队、优化，形成集团公司中长期规划方案草案，上报集团公司规划计划部；

（5）集团公司规划计划部综合平衡，集团公司造价中心和勘探开发研究院协助，形成集团公司中长期规划方案报批稿，上报集团公司交易管理委员会；

（6）集团公司交易管理委员会审定；

（7）集团公司规划计划部下达实施中长期规划通知，组织勘探与生产分公司和油田公司落实。

集团公司中长期规划中钻井工程造价管理流程如图 11-1 所示。

11.1.2 油田公司编制流程

油田公司中长期规划中钻井工程造价管理流程如下：

（1）油田公司规划计划部门按上级要求，下达编制中长期发展规划的通知；

（2）油田公司勘探部门、评价部门、开发部门等业务主管部门组织编制规划方案，油田公司造价部门提供钻井工程计价标准和方法，油田公司勘探开发研究院提供各区块钻井工程总体部署；

（3）油田公司规划计划部门汇总审核优化各业务主管部门编制的本专业规划方案，油田公司造价部门协助审核钻井工程计价标准和方法，油田公司勘探开发研究院协助审核钻井工程总体部署，形成油田公司中长期规划方案，并上报油田公司主管领导和总经理；

（4）油田公司总经理办公会审批；

（5）审批后的油田公司中长期规划方案由油田公司规划计划部门上报勘探与生产分公司。

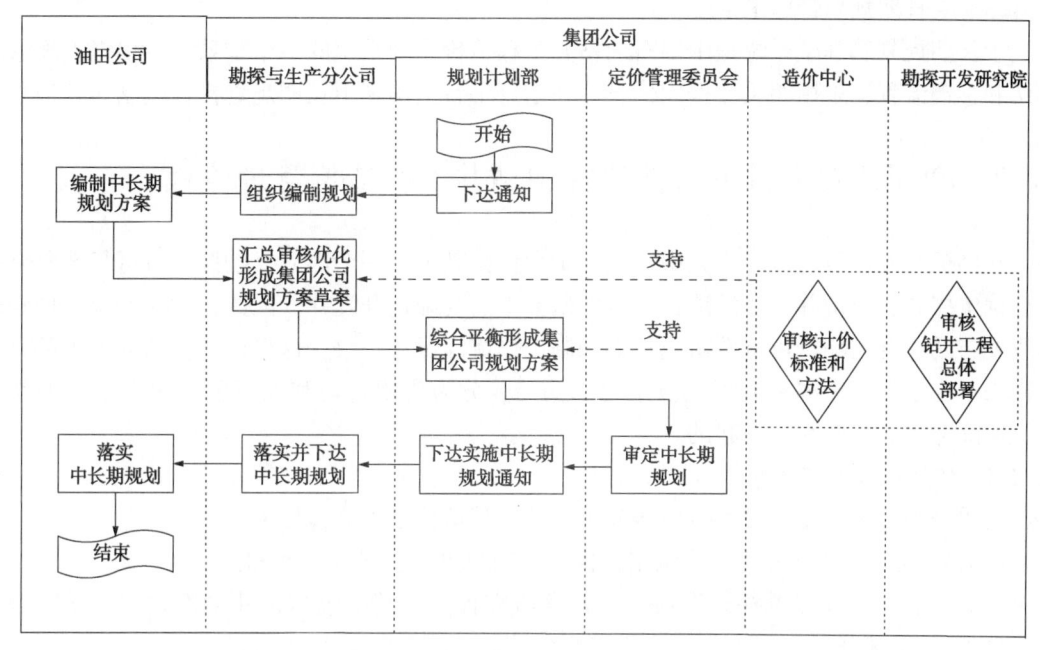

图 11-1　集团公司中长期规划中钻井工程造价管理流程

油田公司中长期规划中钻井工程造价管理流程见图 11-2。

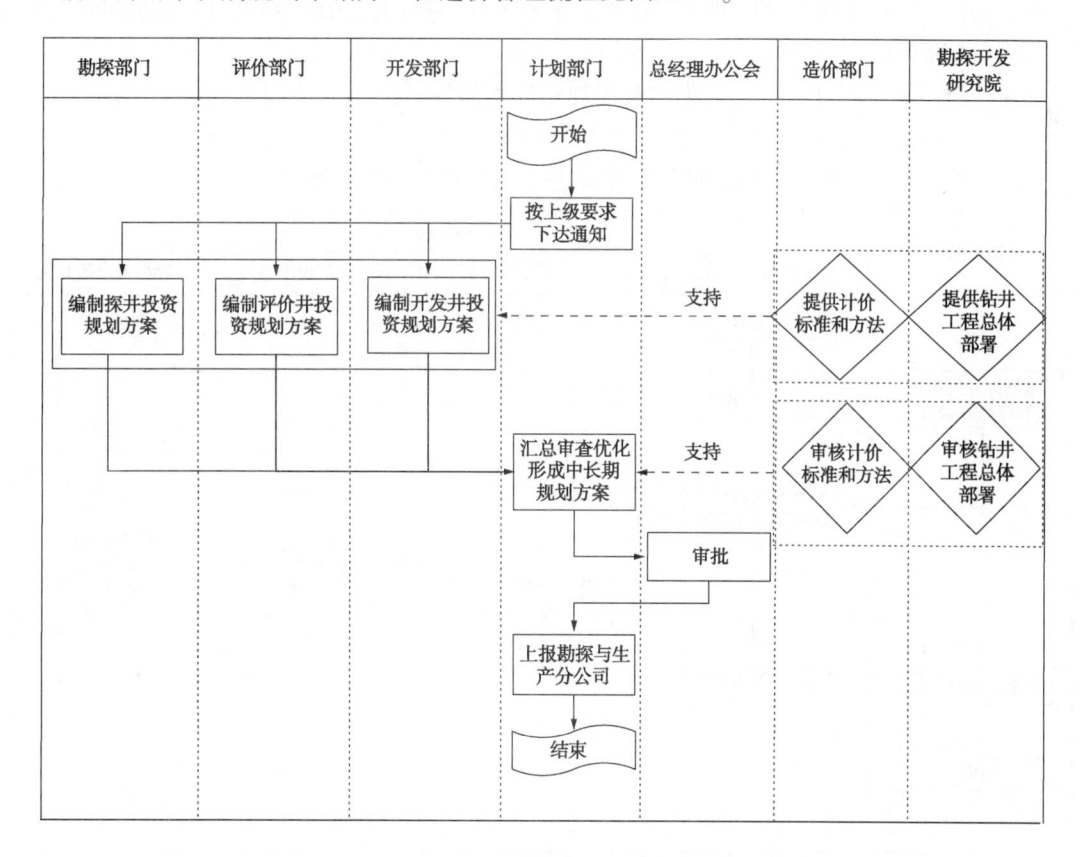

图 11-2　油田公司中长期规划中钻井工程造价管理流程

11.1.3 中长期规划管理子系统

中长期规划管理子系统是中国石油钻井工程造价管理系统的一个子系统,根据上述管理办法和管理流程,采用相关数据库信息,在信息平台上实现中长期规划投资编制与管理。

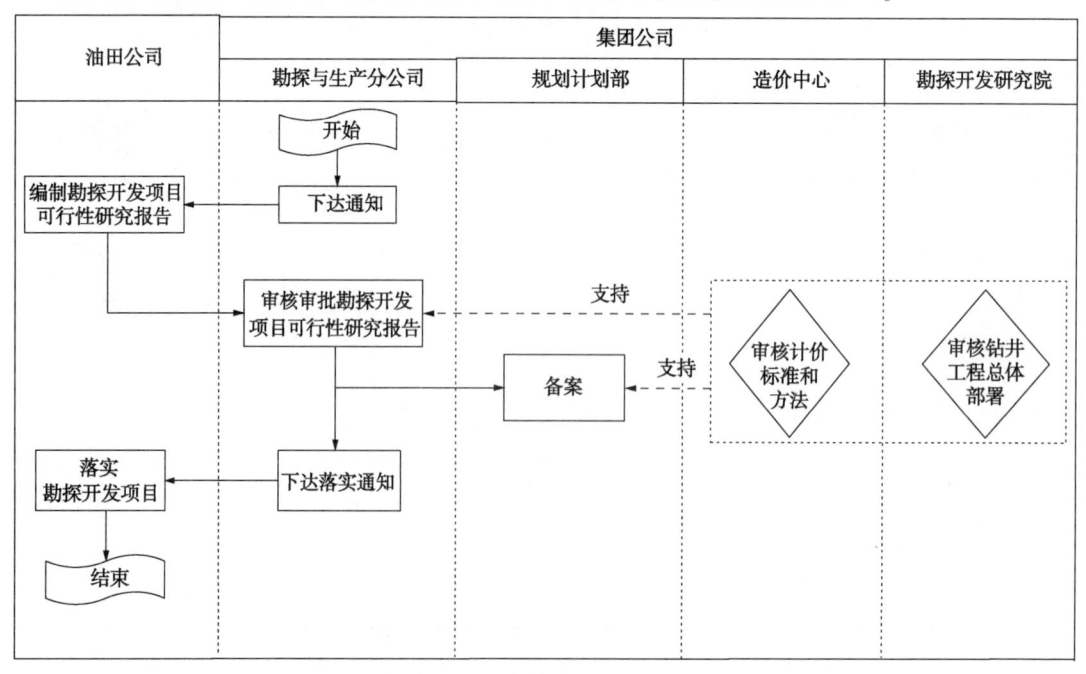

11.2 勘探开发项目可行性研究中钻井工程造价管理流程

在勘探开发项目可行性研究中,钻井工程仅是其中的一个部分,勘探项目可行性研究中需要确定探井、评价井,开发项目可行性研究中需要确定开发井。因此,钻井工程造价管理流程要与勘探开发项目可行性研究报告编制工作流程保持一致,这里仅是将钻井工程部分单列出来。为了便于理解和流程图显示更加简洁,分为集团公司和油田公司两个层面编制流程,实际上二者是联系在一起的。

11.2.1 集团公司编制流程

集团公司勘探开发项目可行性研究中钻井工程造价管理流程如下:

(1) 勘探与生产分公司下达编制勘探开发项目可行性研究的通知;

(2) 油田公司编制勘探开发项目可行性研究报告,其中包括钻井工程方案,详细编制流程见11.2.2部分;

(3) 勘探与生产分公司组织审核审批油田公司编制的勘探开发项目可行性研究报告,集团公司造价中心协助审核钻井工程计价标准和方法,集团公司勘探开发研究院协助审核钻井工程总体部署;

(4) 勘探与生产分公司上报集团公司规划计划部备案;

(5) 油田公司落实勘探开发项目。

集团公司勘探开发项目可行性研究中钻井工程造价管理流程见图11-3。

图11-3 集团公司勘探开发项目可行性研究中钻井工程造价管理流程

11.2.2 油田公司编制流程

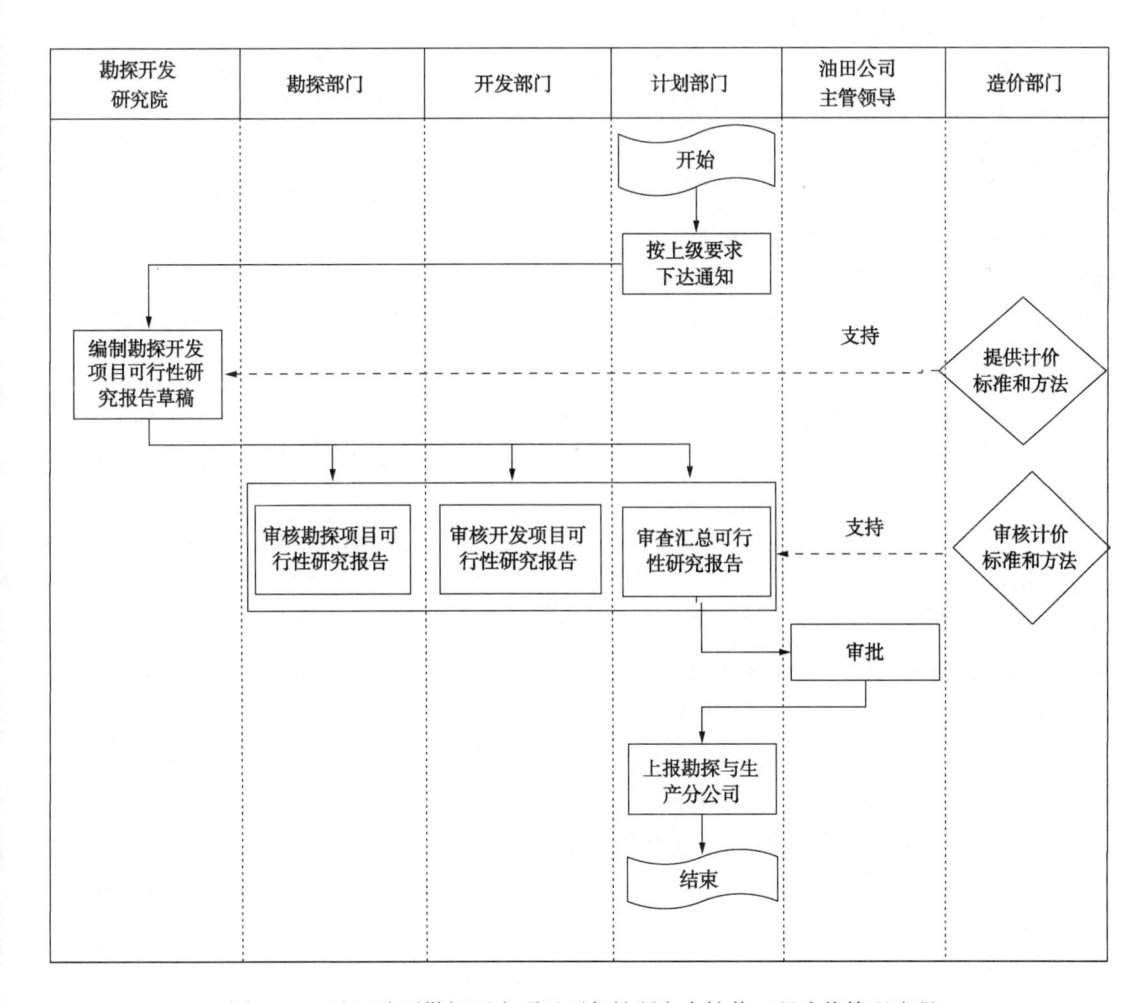

油田公司勘探开发项目可行性研究中钻井工程造价管理流程如下：

（1）油田公司规划计划部门按上级要求，下达编制勘探开发项目可行性研究报告的通知；

（2）油田公司勘探开发研究院开展勘探开发项目可行性研究，油田公司造价部门提供钻井工程计价标准和方法，形成勘探开发项目可行性研究报告草稿；

（3）油田公司规划计划部门组织勘探部门、开发部门等业务主管部门审核，油田公司造价部门审核钻井工程计价标准和方法，形成油田公司勘探开发项目可行性研究报告送审稿，上报油田公司主管领导；

（4）油田公司主管领导审批；

（5）审批后的油田公司勘探开发项目可行性研究报告由油田公司规划计划部门上报勘探与生产分公司。

油田公司勘探开发项目可行性研究中钻井工程造价管理流程见图11-4。

图11-4 油田公司勘探开发项目可行性研究中钻井工程造价管理流程

11.2.3 勘探开发项目可行性研究管理子系统

勘探开发项目可行性研究管理子系统是中国石油钻井工程造价管理系统的一个子系统，根据上述管理办法和管理流程，采用相关数据库信息，在信息平台上实现勘探开发项目可行性研究投资编制与管理。

11.3 年度投资计划中钻井工程造价管理流程

在集团公司年度投资计划中，钻井工程仅是其中的一个部分。因此，钻井工程造价管理流程要与集团公司年度投资计划编制工作流程保持一致，这里仅是将钻井工程部分单列出来。为了便于理解和流程图显示更加简洁，分为集团公司和油田公司两个层面编制流程，实际上二者是联系在一起的。

11.3.1 集团公司编制流程

集团公司年度投资计划中钻井工程造价管理流程如下：
（1）集团公司规划计划部下达编制年度投资计划的通知；
（2）勘探与生产分公司组织各油田公司开展编制年度投资框架建议计划；
（3）油田公司编制年度投资框架建议计划方案，其中包括钻井工程计划，详细编制流程见 11.3.2 部分；
（4）勘探与生产分公司汇总、优化各油田公司年度投资框架建议计划方案，集团公司造价中心协助审核钻井工程计价标准和方法，集团公司勘探开发研究院协助审核钻井工程总体部署，形成集团公司年度投资框架建议计划草案，上报集团公司规划计划部；
（5）集团公司规划计划部综合平衡，集团公司造价中心和勘探开发研究院协助，形成集团公司年度投资框架计划，上报集团公司交易管理委员会；
（6）集团公司交易管理委员会审定年度投资框架计划；
（7）集团公司规划计划部下达年度投资框架计划，组织勘探与生产分公司和油田公司落实；
（8）在年度投资框架计划内，油田公司编制年度投资分批实施计划，并上报勘探与生产分公司；
（9）勘探与生产分公司汇总、优化各油田公司年度投资分批实施计划，集团公司造价中心协助审核钻井工程计价标准和方法，集团公司勘探开发研究院协助审核钻井工程总体部署，形成集团公司年度投资分批实施计划，上报集团公司规划计划部；
（10）集团公司规划计划部综合平衡，集团公司造价中心和勘探开发研究院协助，形成集团公司年度投资分批实施计划，上报集团公司主管领导；
（11）集团公司主管领导审批年度投资分批实施计划；
（12）集团公司规划计划部下达年度投资分批实施计划，组织勘探与生产分公司和油田公司落实。

集团公司年度投资计划中钻井工程造价管理流程见图 11-5。

11.3.2 油田公司编制流程

油田公司编制年度投资框架建议计划和编制年度投资分批实施计划的过程是一致的，因此，将两个过程统一为一个钻井工程造价管理流程：

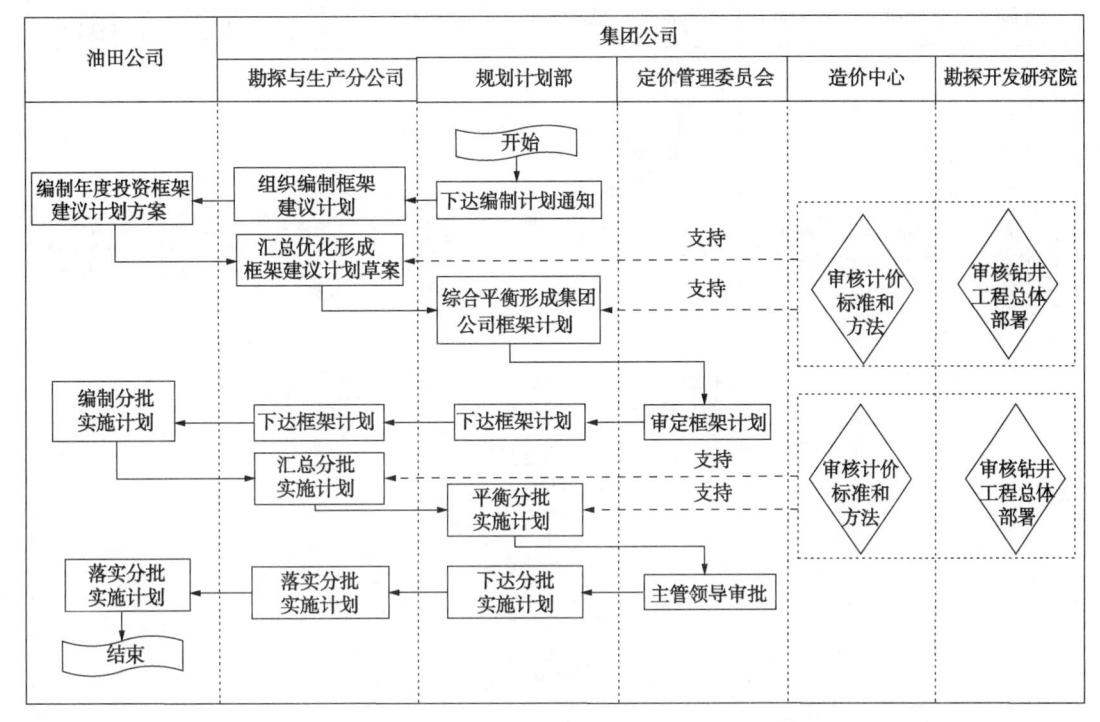

图 11-5　集团公司年度投资计划中钻井工程造价管理流程

（1）油田公司规划计划部门按上级要求，下达编制年度投资计划（年度投资框架建议计划或是年度投资分批实施计划）的通知；

（2）油田公司勘探部门、评价部门、开发部门等业务主管部门组织编制年度投资计划，油田公司造价部门提供钻井工程计价标准和方法，油田公司勘探开发研究院提供各区块钻井工程总体部署，勘探建设单位和开发建设单位提供钻井工程工作量（钻井数量和进尺）；

（3）油田公司规划计划部门汇总审核优化各业务主管部门编制的年度投资计划方案，油田公司造价部门协助审核钻井工程计价标准和方法，油田公司勘探开发研究院协助审核钻井工程总体部署，形成油田公司年度投资计划方案，并上报油田公司主管领导和总经理；

（4）油田公司总经理办公会审批；

（5）审批后的油田公司年度投资计划由油田公司规划计划部门上报勘探与生产分公司。

油田公司年度投资计划中钻井工程造价管理流程见图 11-6。

11.3.3　年度投资计划管理子系统

年度投资计划管理子系统是中国石油钻井工程造价管理系统的一个子系统，根据上述管理办法和管理流程，采用相关数据库信息，在信息平台上实现年度投资计划编制与管理。

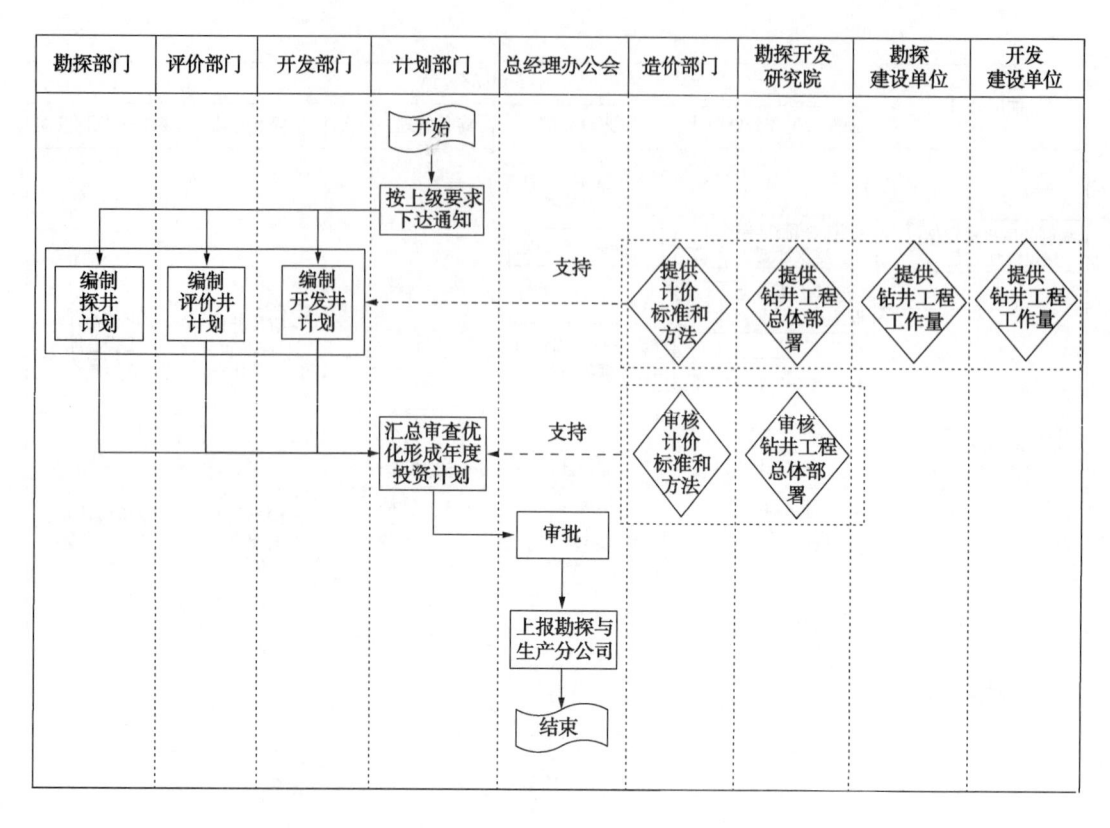

图 11-6　油田公司年度投资计划中钻井工程造价管理流程

11.4　钻井工程预算中钻井工程造价管理流程

11.4.1　油田公司编制流程

钻井工程预算由油田公司所属相关业务部门和单位完成，钻井工程预算中钻井工程造价管理流程如下：

（1）油田公司规划计划部门下达年度投资分批实施计划；

（2）油田公司勘探建设单位或开发建设单位安排钻井工程实施计划，给勘探开发研究院或采油研究院等相关设计单位下达设计委托书；

（3）油田公司设计单位做出钻井地质设计和钻井工程设计；

（4）油田公司造价部门做出钻井工程预算；

（5）油田公司勘探部门、开发部门、计划部门审核；

（6）油田公司主管领导审批。

钻井工程预算中钻井工程造价管理流程见图 11-7。

11.4.2　钻井工程预算管理子系统

钻井工程预算管理子系统是中国石油钻井工程造价管理系统的一个子系统，根据上述管理办法和管理流程，采用相关数据库信息，在信息平台上实现钻井工程预算编制与管理。

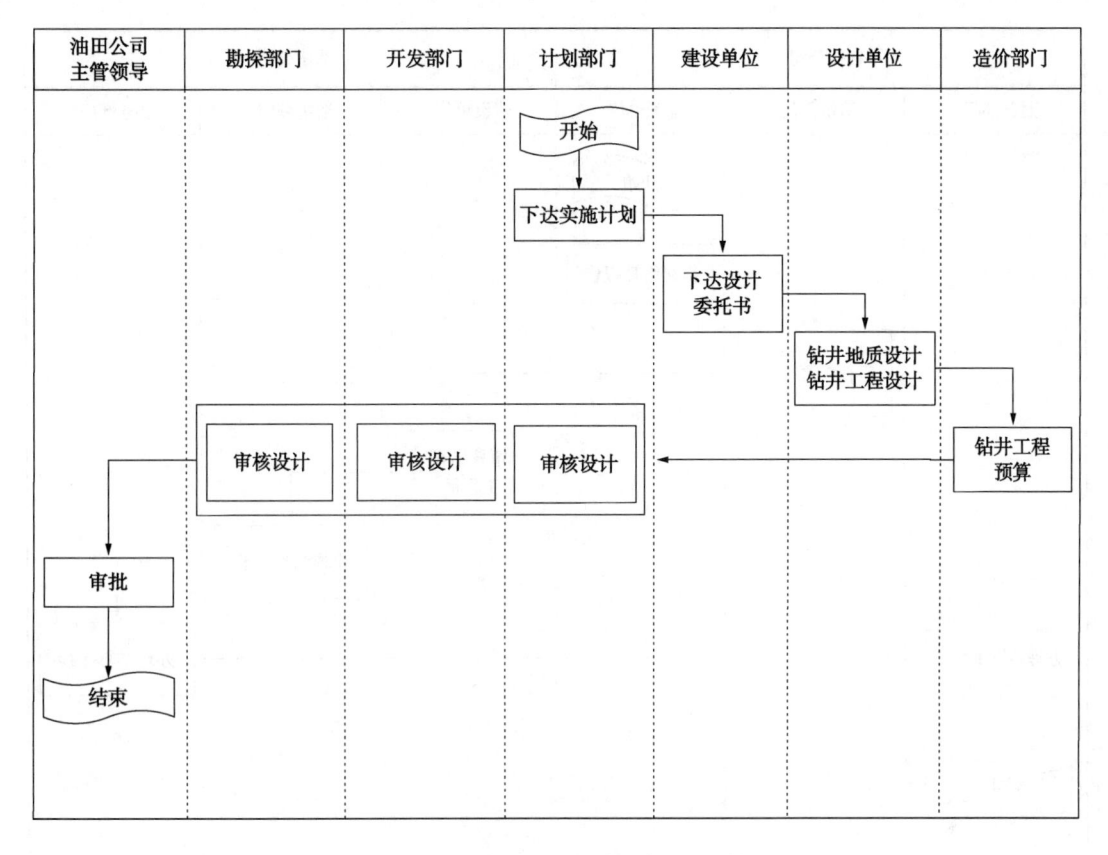

图 11-7　钻井工程预算中钻井工程造价管理流程

11.5 钻井工程结算中钻井工程造价管理流程

11.5.1　油田公司与钻探公司编制流程

钻井工程结算由油田公司所属相关业务部门和单位、钻探公司所属相关业务部门和单位共同完成，钻井工程结算中钻井工程造价管理流程如下：
(1) 钻探公司施工单位提交结算报告；
(2) 钻探公司造价部门审核结算标准；
(3) 油田公司建设单位审核工程量；
(4) 油田公司造价部门审核结算标准；
(5) 油田公司财务部门办理结算手续；
(6) 钻探公司财务部门办理结算手续。
钻井工程结算中钻井工程造价管理流程见图 11-8。

11.5.2　钻井工程结算管理子系统

钻井工程结算管理子系统是中国石油钻井工程造价管理系统的一个子系统，根据上述管理办法和管理流程，采用相关数据库信息，在信息平台上实现钻井工程结算编制与管理。

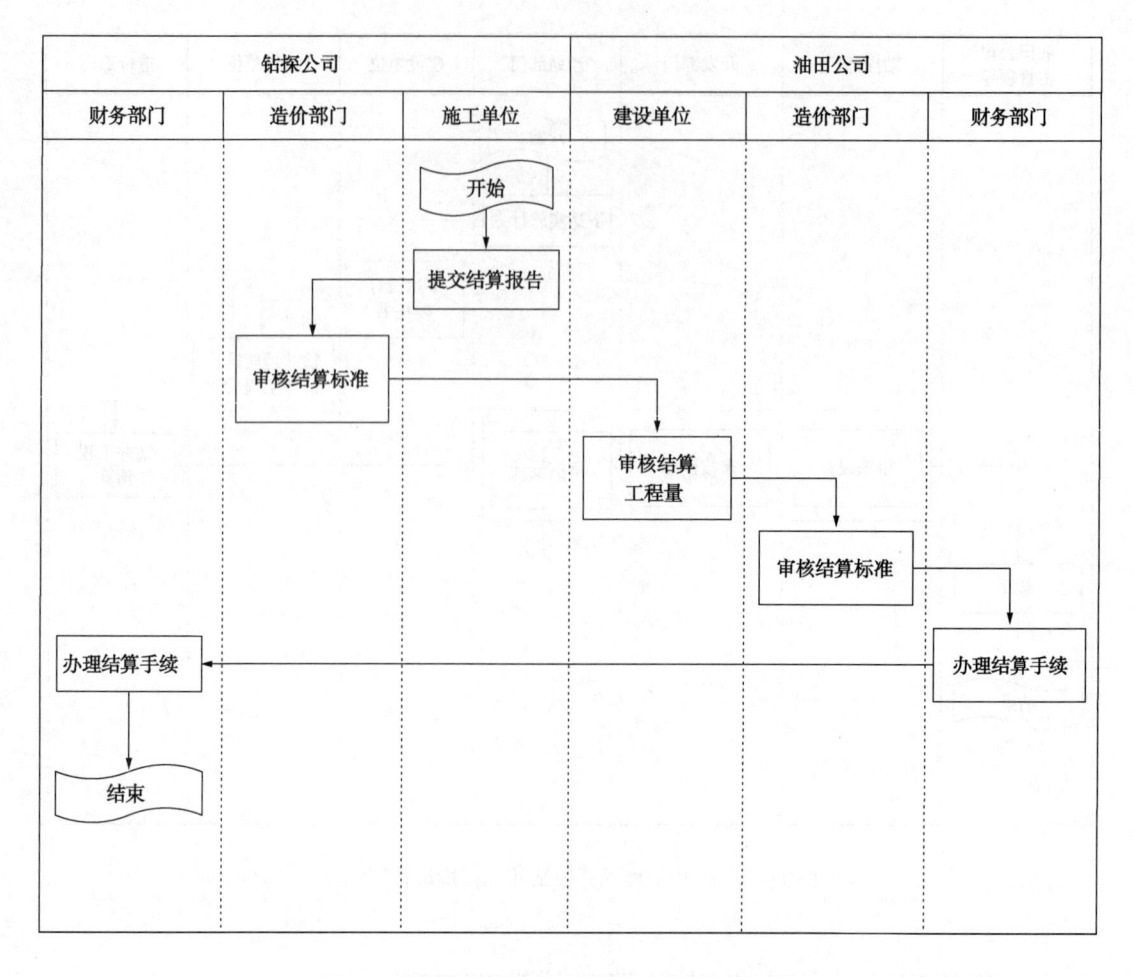

钻探公司			油田公司		
财务部门	造价部门	施工单位	建设单位	造价部门	财务部门

图 11-8 钻井工程结算中钻井工程造价管理流程

12　钻井工程费用预算编制方法

12.1　钻井工程费用预算编制内容

单井钻井工程费用预算书编制内容主要包括封面、签字页、目录、正文和附件等 5 部分。

12.1.1　封面

封面模式见图 12-1。

中国石油

构　造：________________

井　别：________　　井　型：________

____井钻井工程费用预算书

中国石油天然气股份有限公司

×××油田分公司

图 12-1　钻井工程费用预算书封面模式

12.1.2 签字页

签字页的具体内容需要根据各油田管理模式确定,这里给出一种签字页模式,见图 12-2。

```
井    号:_____
编制单位:_____
预 算 额:_____
编 制 人:_____(签字)
                                    日期:_____
编制单位审核人:_____(签字)
                                    日期:_____
                                 (编制单位盖章)


预算审定额:_____
造价中心审核人:_____(签字)
                                    日期:_____
造价中心批准人:_____(签字)
                                    日期:_____
                                 (审核单位盖章)
```

图 12-2 钻井工程费用预算书签字页模式

12.1.3 目录

目录内容包括编制说明、钻井周期设计、分部分项工程费用预算、钻井工程费用预算、技术经济指标分析和附件等 6 项内容及其对应的页码。

12.1.4 附件

附件指与钻井工程造价测算相关的钻头、钻井液材料、套管、套管附件、水泥、水泥外加剂、油管等主要材料消耗以及相关文件、标准等内容。

下面重点说明正文中的编制说明、钻井周期设计、分部分项工程费用预算、钻井工程费用预算、技术经济指标分析等 5 项内容编制方法。

12.2 编制说明

12.2.1 工程概况

根据钻井地质设计和钻井工程设计以及现场勘察情况,说明与本井相关的工程情况。如井位的地理位置、井位坐标、井场位置的基本地形地貌情况，井别、井型、井身结构设计参数，每次开钻后测井、录井、欠平衡钻井、定向钻井等特殊作业要求，计划开工时间等。

12.2.2 设备和人员

说明钻井工程施工拟采用的钻井设备、固井设备、测井设备、录井设备、完井设备、定向服务设备、压裂或酸化设备等主要设备以及施工队伍人员情况或钻井承包商和技术服务承包商情况。如本井拟采用长城钻井公司 ZJ-50L 钻机，本井二开采用数控测井系列，三开采用 5700 测井系列，测井作业拟由中油测井公司负责实施等。

12.2.3 主要材料

说明钻井工程主要材料负责供应单位。如本井套管、油管、采油树、生产套管附件、固井水泥及外加剂为建设单位负责供应并送到井场等。

12.2.4 主要计价标准

说明工程费用预算编制依据的主要计价标准情况。如某油田公司钻井工程计价标准；当地政府颁布的土地价格、材料价格、运输价格、税费标准等，本井取增值税、城乡维护建设税和教育费附加的折算税率 1%。

12.2.5 其他需要说明的问题

说明对本井进行工程费用预算有影响的其他情况或问题。如特殊工程单独采用技术服务承包商报价或询价，本井进行某项新工艺新技术试验等。

12.3 钻井周期设计

根据钻井地质设计、钻井工程设计和相关工时计价标准，计算得出各次开钻和完井施工时间，设计出钻井周期，并且画出工程进度计划曲线。如根据某油田某口开发井钻井地质设计和钻井工程设计，表 12-1 给出钻井周期设计数据，图 12-3 给出钻井工程进度计划曲线。

表 12-1 某油田开发井钻井周期设计

序号	项目	井型	规格（mm）	深度（m）	长度（m）	工时标准（h/m）	周期（d）
	合计						107.42
1	一开井段						12.92
1.1	钻进施工	直井	444.5 钻头	850	850	0.2219	7.86
1.2	完井施工	直井	339.7 套管	850	848	0.1432	5.06
2	二开井段						40.63
2.1	钻进施工	直井	311.1 钻头	2450	1600	0.4410	29.40
2.2	完井施工	直井	244.5 套管	2450	2445	0.1102	11.23
3	三开井段						53.87
3.1	钻进施工	直井	215.9 钻头	3900	1450	0.7140	43.14
3.2	完井施工	直井	168.3 套管	3900	3860	0.0667	10.73

图12-3 某油田开发井钻井工程进度计划曲线

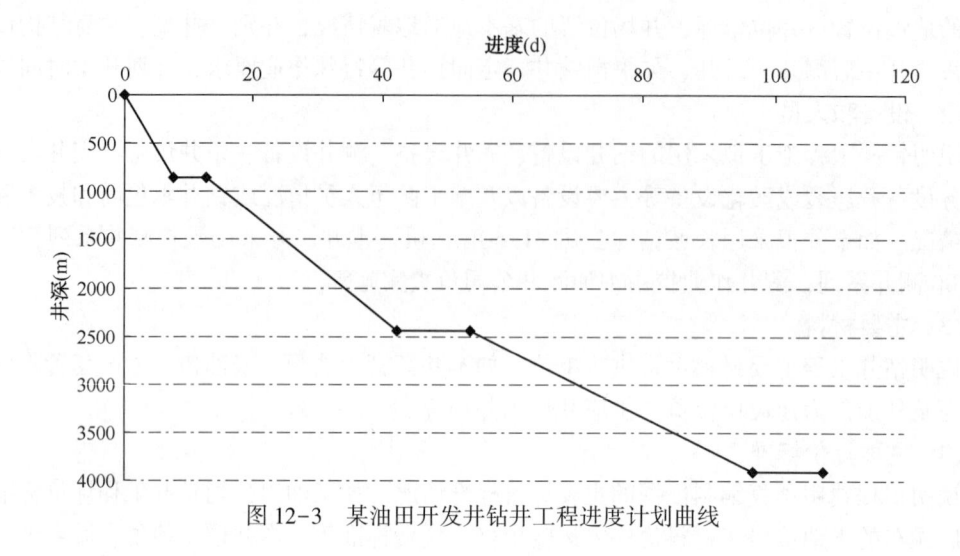

12.4 分部分项工程费用预算

分部分项工程费用预算指根据钻井地质设计、钻井工程设计和相关技术标准，按分部分项工程量清单和相应预算标准中的综合单价或其他计价标准，计算得出钻前工程、钻进工程、固井工程、录井工程、测井工程、完井工程、工程建设其他项目中等各分部分项工程造价，示例见表12-2至表12-8。

表12-2 钻前工程分部分项工程费用预算

序号	项目编码	项目名称	项目特征	计量单位	工程量	综合单价（元）	金额（元）	备注
1	110000	井位勘测费					11500.00	
2	113000	井位测量	全站仪测量	次	2.00	3500.00	7000.00	
3	111000	道路井场勘测	场地面积12000m²，常规勘测	次	1.00	4500.00	4500.00	
4	120000	道路修建费					181309.69	
5	121000	道路修建	在基本农田上修建临时进井路，铺碎石	km	0.80	189137.11	151309.69	
6	122000	道路维修	加宽加固农田机耕道	km	2.00	15000.00	30000.00	
7	130000	井场修建费					89158.50	
8	131000	井场平整	在基本农田上平整井场9000m²	次	1.00	20365.00	20365.00	
9	132000	生活区平整	在基本农田上平整生活区3000m²	次	1.00	3000.00	3000.00	
10	133000	池类构筑					65793.50	
11	133100	沉砂池构筑	长12m×宽6.5m×高2.5m	个	1.00	28927.50	28927.50	
12	133200	废液池构筑	长12m×宽4.5m×高2m	个	2.00	12580.00	25160.00	
13	133300	放喷池构筑	长10m×宽3m×高1m	个	2.00	3200.00	6400.00	
14	133400	垃圾坑构筑	长2m×宽2m×高1m	个	2.00	928.00	1856.00	

续表

序号	项目编码	项目名称	项目特征	计量单位	工程量	综合单价（元）	金额（元）	备注
15	133500	方井构筑	长2m×宽2m×高2m	个	1.00	3450.00	3450.00	
16	140000	钻机搬迁费					116552.00	
17	141000	钻机拆卸安装	ZJ50D钻机，	次	1.00	16850.00	16850.00	
18	142000	水电拆卸安装		次	1.00	10722.00	10722.00	
19	143000	钻井设备运输	ZJ50D钻机，常规运输，搬迁距离3km	次	1.00	88980.00	88980.00	

表12-3 钻进工程分部分项工程费用预算

序号	项目编码	项目名称	项目特征	计量单位	工程量	综合单价（元）	金额（元）	备注
1	210000	钻进作业费					6112198.00	
2	211000	一开井段					735148.00	
3	211100	钻进施工	ZJ50D钻机，444.5mm井眼进尺850m	d	7.86	56900.00	447234.00	
4	211200	完井施工	井深850m，339.7mm套管下深848m	d	5.06	56900.00	287914.00	
5	212000	二开井段					2311847.00	
6	212100	钻进施工	ZJ50D钻机，311.1mm井眼进尺1600m	d	29.40	56900.00	1672860.00	
7	212200	完井施工	井深2450m，244.5mm套管下深2445m	d	11.23	56900.00	638987.00	
8	213000	三开井段					3065203.00	
9	213100	钻进施工	ZJ50D钻机，215.9mm井眼进尺1450m	d	43.14	56900.00	2454666.00	
10	213200	完井施工	井深3900m，168.3mm套管下深3860m	d	10.73	56900.00	610537.00	
11	220000	主要材料费					3047682.25	
12	221000	钻头					916083.00	
13	221100	一开井段	444.5mm，MP1-1，牙轮钻头进尺850m	只	3.00	24537.00	73611.00	
14	221200	二开井段					533506.00	
15	221201		311.1mm，SHT22R-1，牙轮钻头进尺280m	只	2.00	38995.00	77990.00	
16	221202		311.1mm，MP2R-1，牙轮钻头进尺240m	只	2.00	26263.00	52526.00	
17	221203		311.1mm，HJ517G，牙轮钻头进尺570m	只	3.00	59108.00	177324.00	

续表

序号	项目编码	项目名称	项目特征	计量单位	工程量	综合单价（元）	金额（元）	备注
18	221204		311.1mm，BD536，PDC钻头进尺510m	只	0.50	451332.00	225666.00	
19	221300	三开井段	215.9mm，HJ517G，牙轮钻头进尺1450m	只	8.00	38620.75	308966.00	
20	222000	钻井液材料					1375116.25	
21	222100	一开井段					164129.80	
22	222101		膨润土粉	kg	9000.00	0.72	6480.00	
23	222102		重晶石，$BaSO_4$	kg	80.00	0.56	44.80	
24	222103		烧碱，NaOH	kg	525.00	1.80	945.00	
25	222104		两性离子包被剂，FA-367	kg	2000.00	24.12	48240.00	
26	222105		两性离子降黏剂，XY-27	kg	2600.00	24.50	63700.00	
27	222106		两性离子降滤失剂，JT-888	kg	900.00	24.20	21780.00	
28	222107		液体润滑剂，HY-203	kg	2000.00	11.47	22940.00	
29	222200	二开井段					344882.70	
30	222201		膨润土粉	kg	28000.00	0.72	20160.00	
31	222202		重晶石，$BaSO_4$	kg	4200.00	0.56	2352.00	
32	222203		纯碱，Na_2CO_3	kg	846.00	1.45	1226.70	
33	222204		烧碱，NaOH	kg	1250.00	1.80	2250.00	
34	222205		两性离子包被剂，FA-367	kg	4200.00	24.12	101304.00	
35	222206		两性离子降粘剂，XY-27	kg	3430.00	24.50	84035.00	
36	222207		两性离子降滤失剂，JT-888	kg	3725.00	24.20	90145.00	
37	222208		液体润滑剂，HY-203	kg	3000.00	11.47	34410.00	
38	222209		盐，NaCl	kg	12000.00	0.75	9000.00	
39	222300	三开井段					866103.75	
40	222201		膨润土粉	kg	25000.00	0.72	18000.00	
41	222202		重晶石，$BaSO_4$	kg	117000.00	0.56	65520.00	
42	222203		纯碱，Na_2CO_3	kg	5275.00	1.45	7648.75	
43	222204		烧碱，NaOH	kg	3475.00	1.80	6255.00	
44	222205		两性离子包被剂，FA-367	kg	2725.00	24.12	65727.00	
45	222206		两性离子降黏剂，XY-27	kg	9930.00	24.50	243285.00	
46	222207		两性离子降滤失剂，JT-888	kg	9285.00	24.20	224697.00	
47	222208		液体润滑剂，HY-203	kg	4000.00	11.47	45880.00	
48	222209		消泡剂，YHP-008	kg	2000.00	16.91	33820.00	
49	222210		羧甲基纤维素钠盐，CMC	kg	4500.00	2.40	10800.00	
50	222211		磺化酚醛树脂，SMP-Ⅱ	kg	2500.00	11.29	28225.00	
51	222212		油溶性暂堵剂，EP-1	kg	4500.00	14.46	65070.00	

续表

序号	项目编码	项目名称	项目特征	计量单位	工程量	综合单价（元）	金额（元）	备注
52	222213		暂堵剂，ZD-1	kg	4000.00	2.49	9960.00	
53	222214		碱式碳酸锌，$2ZnCO_3 \cdot 3Zn(OH)_2$	kg	3200.00	12.88	41216.00	
54	223000	生产用水					21840.00	
55	223100	一开井段		m^3	910.00	6.50	5915.00	
56	223200	二开井段		m^3	1350.00	6.50	8775.00	
57	223300	三开井段		m^3	1100.00	6.50	7150.00	
58	224000	钻具					734643.00	
59	224100	一开井段	127mm 钻杆	m	850.00	188.37	160114.50	
60	224200	二开井段	127mm 钻杆	m	1600.00	188.37	301392.00	
61	224300	三开井段	127mm 钻杆	m	1450.00	188.37	273136.50	
62	230000	大宗材料运输费					144690.00	
63	231000	钻头运输	往返路程20km	t·km	6690.00	1.00	6690.00	
64	232000	钻井液材料运输	往返路程20km	t·km	26700.00	1.00	26700.00	
65	233000	生产用水运输	往返路程20km	t·km	84000.00	1.00	84000.00	
66	234000	钻具运输	往返路程30km	t·km	27300.00	1.00	27300.00	
67	240000	技术服务费					600000.00	
68	243000	定向井服务	使用 MWD	d	40.00	15000.00	600000.00	
69	250000	其他作业					152000.00	
70	251000	污水处理		m^3	3500.00	20.00	70000.00	
71	252000	废液处理		m^3	8200.00	10.00	82000.00	

表 12-4 固井工程分部分项工程费用预算

序号	项目编码	项目名称	项目特征	计量单位	工程量	综合单价（元）	金额（元）	备注
1	310000	固井作业费					175240.62	
2	311000	一开井段	2000 型水泥车组，往返路程 20km；444.5mm 井眼井深 850m，339.7mm 套管下深 848m，单级常规固井，水泥量 100t	次	1.00	16285.61	16285.61	

续表

序号	项目编码	项目名称	项目特征	计量单位	工程量	综合单价（元）	金额（元）	备注
3	312000	二开井段	2000 型水泥车组，往返路程 20km；311.1mm 井眼井深 2450m，244.5mm 套管下深 2445m，单级常规固井，水泥量 130t	次	1.00	85539.44	85539.44	
4	313000	三开井段	2000 型水泥车组，往返路程 20km；215.9mm 井眼井深 3900m，168.3mm 套管下深 3860m，单级常规固井，水泥量 80t	次	1.00	73415.57	73415.57	
5	320000	主要材料费					5346023.54	甲方提供
6	321000	套管					4821169.74	
7	321100	一开井段	外径 339.7mm，壁厚 10.92mm，单重 90.86kg/m，长圆扣，钢级 J55	m	848.00	758.68	643360.64	
8	321200	二开井段					1658013.50	
9	321210		外径 244.5mm，壁厚 11.99mm，单重 70.01kg/m，长圆扣，钢级 L80	m	205.00	665.10	136345.50	
10	321220		外径 244.5mm，壁厚 11.05mm，单重 64.79kg/m，长圆扣，钢级 L80	m	1480.00	615.51	910954.80	
11	321230		外径 244.5mm，壁厚 11.99mm，单重 70.01kg/m，长圆扣，钢级 TP110	m	760.00	803.57	610713.20	
12	321300	三开井段					2519795.60	
13	321310		外径 168.3mm，壁厚 10.59mm，单重 41.71kg/m，VAM 扣，钢级 SM90	m	900.00	635.79	572211.00	
14	321320		外径 168.3mm，壁厚 10.59mm，单重 41.71kg/m，VAM 扣，钢级 L80	m	820.00	596.45	489089.00	
15	321330		外径 168.3mm，壁厚 12.07mm，单重 47.66kg/m，VAM 扣，钢级 L80	m	2140.00	681.54	1458495.60	
16	322000	套管附件					70280.00	

续表

序号	项目编码	项目名称	项目特征	计量单位	工程量	综合单价（元）	金额（元）	备注
17	322100	一开井段					25200.00	
18	322110		339.7mm 浮箍	个	1.00	8500.00	8500.00	
19	322120		339.7mm 浮鞋	个	1.00	8300.00	8300.00	
20	322130		弹簧扶正器	个	20.00	420.00	8400.00	
21	322200	二开井段					28000.00	
22	322210		244.5mm 浮箍	个	1.00	6600.00	6600.00	
23	322220		244.5mm 浮鞋	个	1.00	6400.00	6400.00	
24	322230		弹簧扶正器	个	60.00	250.00	15000.00	
25	322300	三开井段					17080.00	
26	322310		168.3mm 浮箍	个	1.00	2200.00	2200.00	
27	322320		168.3mm 浮鞋	个	1.00	2000.00	2000.00	
28	322330		弹簧扶正器	个	50.00	200.00	10000.00	
29	322340		钢性扶正器	个	4.00	720.00	2880.00	
30	323000	井下工具					28500.00	
31	323100	一开井段					28500.00	
32	323110		内管法注水泥器	只	1.00	28500.00	28500.00	
33	324000	水泥					181700.00	
34	324100	一开井段	油井水泥	t	100.00	550.00	55000.00	
35	324200	二开井段	油井水泥	t	130.00	550.00	71500.00	
36	324300	三开井段	嘉华 G 级水泥	t	80.00	690.00	55200.00	
37	325000	水泥外加剂					244373.80	
38	325200	二开井段	HT123	kg	150.00	22.76	3413.30	
39	325300	三开井段					240960.50	
40	325310		OMEX-93L	kg	1790.00	27.94	50012.60	
41	325320		OMEX-89L	kg	5530.00	29.82	164904.60	
42	325330		OMEX-61L	kg	430.00	36.99	15905.70	
43	325340		OMEX-19L	kg	240.00	42.24	10137.60	
44	330000	大宗材料运输费					71224.03	
45	331000	套管运输					28444.50	
46	331100	一开井段	重量 77.05t，往返路程 20km	t·km	6511.40	1.00	6511.40	
47	331200	二开井段	重量 163.45t，往返路程 20km	t·km	8910.30	1.00	8910.30	
48	331300	三开井段	重量 173.73t，往返路程 20km	t·km	13022.80	1.00	13022.80	
49	332000	水泥运输					36439.34	
50	332100	一开井段	重量 100t，往返路程 20km	t·km	10638.74	1.00	10638.74	
51	332200	二开井段	重量 130t，往返路程 20km	t·km	16167.83	1.00	16167.83	

续表

序号	项目编码	项目名称	项目特征	计量单位	工程量	综合单价（元）	金额（元）	备注
52	332300	三开井段	重量80t，往返路程20km	t·km	9632.77	1.00	9632.77	
53	333000	水泥外加剂运输					6340.19	
54	333200	二开井段	HT123：150kg，往返路程20km	t·km	1289.72	1.00	1289.72	
55	333300	三开井段	OMEX-93L：1790kg，OMEX-89L：5530kg，OMEX-61L：430kg，OMEX-19L：240kg，往返路程20km	t·km	5050.47	1.00	5050.47	
56	340000	技术服务费					174092.23	
57	341000	套管检测					108725.60	
58	341100	一开井段	339.7mm套管密封性能	m	848.00	15.20	12889.60	
59	341200	二开井段	244.5mm套管密封性能	m	2445.00	15.20	37164.00	
60	341300	三开井段	168.3mm套管密封性能	m	3860.00	15.20	58672.00	
61	342000	水泥试验					11107.53	
62	342100	一开井段		次	1.00	3702.51	3702.51	
63	342200	二开井段		次	1.00	3702.51	3702.51	
64	342300	三开井段		次	1.00	3702.51	3702.51	
65	344000	下套管服务					54259.10	
66	344200	二开井段	244.5mm套管，扭矩监控记录	m	2445.00	8.82	21564.90	
67	344300	三开井段	168.3mm套管，扭矩监控记录	m	3860.00	8.47	32694.20	
68	350000	其他作业费					38080.00	
69	352000	试压	2000型水泥车1台	次	5.00	7616.00	38080.00	

表12-5 录井工程分部分项工程费用预算

序号	项目编码	项目名称	项目特征	计量单位	工程量	综合单价（元）	金额（元）	备注
1	410000	录井作业费					508933.00	
2	411000	资料采集					453060.00	
3	411100	一开井段	地质录井	d	13.00	1998.00	23114.00	
4	411200	二开井段	地质录井	d	41.00	1998.00	72898.00	
5	411300	三开井段	地质录井和气测录井	d	54.00	6912.00	357048.00	
6	412000	资料处理解释		口井	1.00	27793.00	27793.00	
7	420000	技术服务费					3420.00	
8	421000	定量荧光录井	三维定量荧光录井，样品3块	次	1.00	3420.00	3420.00	
9	430000	其他作业费					91854.00	
10	432000	远程数据传输	卫星传输	d	54.00	1701.00	91854.00	

表 12-6 测井工程分部分项工程费用预算

序号	项目编码	项目名称	项目特征	计量单位	工程量	综合单价（元）	金额（元）	备注
1	510000	裸眼测井费					374098.70	
2	511000	一开井段	小数控				22024.60	
3	511100	入井深度					11012.30	
4	511110		自然电位	计价米	850.00	2.21	1878.50	
5	511120		自然伽马	计价米	850.00	2.88	2448.00	
6	511130		普通电阻率	计价米	850.00	2.97	2520.80	
7	511140		井径	计价米	850.00	2.56	2176.00	
8	511150		井斜	计价米	850.00	2.34	1989.00	
9	511200	测量井段					11012.30	
10	511210		自然电位	计价米	850.00	2.21	1878.50	
11	511220		自然伽马	计价米	850.00	2.88	2448.00	
12	511230		普通电阻率	计价米	850.00	2.97	2520.80	
13	511240		井径	计价米	850.00	2.56	2176.00	
14	511250		井斜	计价米	850.00	2.34	1989.00	
15	512000	二开井段	3700				87959.70	
16	512100	入井深度					53210.19	
17	512110		自然电位	计价米	2450.00	4.41	10804.50	
18	512120		自然伽马	计价米	2450.00	5.32	13034.00	
19	512130		普通电阻率	计价米	2450.00	4.26	10433.19	
20	512140		井径	计价米	2450.00	3.67	8991.50	
21	512150		井斜	计价米	2450.00	4.06	9947.00	
22	512200	测量井段					34749.51	
23	512210		自然电位	计价米	1600.00	4.41	7056.00	
24	512220		自然伽马	计价米	1600.00	5.32	8512.00	
25	512230		普通电阻率	计价米	1600.00	4.26	6813.51	
26	512240		井径	计价米	1600.00	3.67	5872.00	
27	512250		井斜	计价米	1600.00	4.06	6496.00	
28	513000	三开井段					264114.40	
29	513100	入井深度	3700				192531.99	
30	513110		自然电位	计价米	3900.00	4.41	17199.00	
31	513120		自然伽马	计价米	3900.00	5.32	20748.00	
32	513130		双感应/微球形聚集	计价米	3900.00	8.32	32448.00	
33	513140		补偿声波	计价米	3900.00	7.29	28419.99	
34	513150		补偿中子	计价米	3900.00	7.23	28197.00	

续表

序号	项目编码	项目名称	项目特征	计量单位	工程量	综合单价（元）	金额（元）	备注
35	513160		补偿密度	计价米	3900.00	9.05	35295.00	
36	513170		井径	计价米	3900.00	3.68	14352.00	
37	513180		井斜	计价米	3900.00	4.07	15873.00	
38	513200	测量井段					71582.41	
39	513210		自然电位	计价米	1450.00	4.41	6394.50	
40	513220		自然伽马	计价米	1450.00	5.32	7714.00	
41	513230		双感应/微球形聚集	计价米	1450.00	8.32	12064.00	
42	513240		补偿声波	计价米	1450.00	7.29	10566.41	
43	513250		补偿中子	计价米	1450.00	7.23	10483.50	
44	513260		补偿密度	计价米	1450.00	9.05	13122.50	
45	513270		井径	计价米	1450.00	3.68	5336.00	
46	513280		井斜	计价米	1450.00	4.07	5901.50	
47	520000	固井质量测井费					242079.40	
48	521000	一开井段	小数控				13683.60	
49	521100	入井深度					6841.80	
50	521110		自然伽马	计价米	840.00	2.88	2419.20	
51	521120		磁定位	计价米	840.00	1.15	966.00	
52	521130		CBL	计价米	840.00	4.12	3456.60	
53	521200	测量井段					6841.80	
54	521210		自然伽马	计价米	840.00	2.88	2419.20	
55	521220		磁定位	计价米	840.00	1.15	966.00	
56	521230		CBL	计价米	840.00	4.12	3456.60	
57	522000	二开井段					37203.60	
58	522100	入井深度	3700				18601.80	
59	522110		自然伽马	计价米	2440.00	2.88	7027.20	
60	522120		磁定位	计价米	2440.00	1.15	2806.00	
61	522130		CBL	计价米	2440.00	3.59	8768.60	
62	522200	测量井段					18601.80	
63	522210		自然伽马	计价米	2440.00	2.88	7027.20	
64	522220		磁定位	计价米	2440.00	1.15	2806.00	
65	522230		CBL	计价米	2440.00	3.59	8768.60	
66	523000	三开井段					191192.20	
67	523100	入井深度	5700				109170.68	
68	523110		自然伽马	计价米	3850.00	6.13	23600.50	
69	523120		磁定位	计价米	3850.00	5.86	22561.00	

续表

序号	项目编码	项目名称	项目特征	计量单位	工程量	综合单价（元）	金额（元）	备注
70	523130		CBL	计价米	3850.00	6.84	26334.00	
71	523140		VDL	计价米	3850.00	9.53	36675.18	
72	523200	测量井段					82021.52	
73	523210		自然伽马	计价米	3850.00	6.13	23600.50	
74	523220		磁定位	计价米	3850.00	5.86	22561.00	
75	523230		CBL	计价米	3850.00	6.84	26334.00	
76	523240		VDL	计价米	1000.00	9.53	9526.02	
77	540000	资料处理解释费					42619.40	
78	541000	裸眼测井					21982.55	
79	541100	一开井段	自然电位、自然伽马、普通电阻率、井径、井斜	处理米	4250.00	0.92	3917.23	
80	541200	二开井段	自然电位、自然伽马、普通电阻率、井径、井斜	处理米	8000.00	0.92	7373.60	
81	541300	三开井段	自然电位、自然伽马、双感应/微球形聚集、补偿声波、补偿中子、补偿密度、井径、井斜	处理米	11600.00	0.92	10691.72	
82	542000	固井质量测井					20636.85	
83	542100	一开井段	自然伽马、磁定位、CBL	处理米	2520.00	0.92	2322.68	
84	542200	二开井段	自然伽马、磁定位、CBL	处理米	7320.00	0.92	6746.84	
85	542300	三开井段	自然伽马、磁定位、CBL、VDL	处理米	12550.00	0.92	11567.33	

表12-7 完井工程分部分项工程费用预算

序号	项目编码	项目名称	项目特征	计量单位	工程量	综合单价（元）	金额（元）	备注
1	610000	完井作业费					183654.00	
2	611000	搬迁	XJ450修井机				33750.00	
3	611100	设备拆卸安装		次	1.00	22650.00	22650.00	
4	611200	设备运输		次	1.00	11100.00	11100.00	
5	612000	一层施工					149904.00	
6	612100	井筒施工	通井3500m，配合测井和射孔	d	4.50	15260.00	68670.00	
7	612200	排液求产	8mm油嘴三种工作制度求产、测压、取样	d	6.01	13520.00	81234.00	
8	620000	主要材料费					266125.00	
9	621000	采油树	KYS25/65DG采油树	套	0.10	43940.00	4394.00	

续表

序号	项目编码	项目名称	项目特征	计量单位	工程量	综合单价（元）	金额（元）	备注
10	622000	油管					206763.00	
11	622100	通井油管	外径 88.9mm，壁厚 9.53mm，单重 19.27kg/m，长圆扣，钢级 N80，3500m	m	350.00	123.00	43050.00	
12	622200A	射孔油管	外径 88.9mm，壁厚 9.53mm，单重 19.27kg/m，长圆扣，钢级 N80，3480m	m	348.00	123.00	42804.00	
13	622300A	下桥塞油管	外径 88.9mm，壁厚 9.53mm，单重 19.27kg/m，长圆扣，钢级 N80，3405m	m	340.50	123.00	41881.50	
14	622200B	射孔油管	外径 88.9mm，壁厚 9.53mm，单重 19.27kg/m，长圆扣，钢级 N80，3325m	m	332.50	123.00	40897.50	
15	622300B	下桥塞油管	外径 88.9mm，壁厚 9.53mm，单重 19.27kg/m，长圆扣，钢级 N80，3100m	m	310.00	123.00	38130.00	
16	623000	洗井液	3‰活性水，密度 1.02g/cm^3	m^3	130.00	8.50	1105.00	
17	624000	射孔液	1%KCL+0.3%A-26+清水，密度 1.02g/cm^3	m^3	110.00	11.60	1276.00	
18	625000	压井液	无固相压井液，密度 1.25~1.30g/cm^3	m^3	65.00	39.80	2587.00	
19	626000	井下工具					50000.00	
20	626100	桥塞	FXY-114A 可捞式桥塞	只	2.00	25000.00	50000.00	
21	630000	大宗材料运输费					27460.00	
22	631000	采油树	KYS25/65DG 采油树 1 套，往返路程 20km	t·km	1000.00	1.00	1000.00	
23	632000	油管	88.9mm 油管长 4200m，重 80.93t，往返路程 20km	t·km	18900.00	1.00	18900.00	
24	633000	洗井液	130m^3，往返路程 20km	t·km	2860.00	1.00	2860.00	
25	634000	射孔液	110m^3，往返路程 20km	t·km	2350.00	1.00	2350.00	
26	635000	压井液	65m^3，往返路程 20km	t·km	1350.00	1.00	1350.00	
27	636000	井下工具	2 只桥塞，往返路程 20km	t·km	1000.00	1.00	1000.00	
28	640000	技术服务费					298967.75	

续表

序号	项目编码	项目名称	项目特征	计量单位	工程量	综合单价（元）	金额（元）	备注
29	641000	磁定位测井					39863.75	
30	641100A	入井深度					19245.87	
31	641110A		自然伽马	计价米	3480.00	2.88	10022.40	
32	641120A		磁定位	计价米	3480.00	2.65	9223.47	
33	641200A	测量井段					1659.13	
34	641210A		自然伽马	计价米	300.00	2.88	864.00	
35	641220A		磁定位	计价米	300.00	2.65	795.13	
36	641100B	入井深度					17389.75	
37	641110B		自然伽马	计价米	3325.00	2.88	9576.00	
38	641120B		磁定位	计价米	3325.00	2.35	7813.75	
39	641200B	测量井段					1569.00	
40	641210B		自然伽马	计价米	300.00	2.88	864.00	
41	641220B		磁定位	计价米	300.00	2.35	705.00	
42	642000	射孔					182742.00	
43	642000A	射孔施工	油管传输射孔3460~3470m，TY114-13-90射孔枪，127-4射孔弹	射孔米	10.00	8306.45	83064.55	
44	642000B	射孔施工	油管传输射孔3300~3312m，TY114-13-90射孔枪，127-4射孔弹	射孔米	12.00	8306.45	99677.45	
45	643000	地面计量	三项分离器1台，计量罐2个，工程车1台，往返路程20km，两次计量施工	d	5.00	10490.00	52450.00	
46	647000	单项服务					23912.00	
47	647100	泵车	1台泵车，试压	次	6.00	1800.00	10800.00	
48	647200	液氮罐车	1台液氮罐车，降液面	次	2.00	756.00	1512.00	
49	647300	液氮泵车	1台液氮泵车，降液面	次	2.00	5800.00	11600.00	
50	650000	其他作业费					54100.00	
51	651000	污水处理		m^3	1380.00	20.00	27600.00	
52	652000	废液处理		m^3	2560.00	10.00	26500.00	

表 12-8 工程建设其他项目分部分项工程费用预算

序号	项目编码	项目名称	项目特征	计量单位	工程量	综合单价（元）	金额（元）	备注
1	720000	钻井设计费					48000.00	
2	721000	钻井地质设计		套	1.00	20000.00	20000.00	
3	722000	钻井工程设计		套	1.00	18000.00	18000.00	
4	723000	钻井工程预算		套	1.00	10000.00	10000.00	
5	730000	土地租用费					867000.00	
6	731000	进井场道路用地	长期租用	m^2	500.00	102.00	51000.00	
7	732000	井场用地	长期租用	m^2	5000.00	153.00	765000.00	
8	733000	生活区用地	临时租用	m^2	3000.00	17.00	51000.00	
9	760000	工程保险费					152740.00	
10	761000	雇主责任保险		次	1.00	16240.00	16240.00	
11	762000	井喷控制费用保险		次	1.00	31200.00	31200.00	
12	763000	设备保险		次	1.00	105300.00	105300.00	

12.5 钻井工程费用预算

钻井工程费用预算指将计算得出的钻前工程、钻进工程、固井工程、录井工程、测井工程、完井工程、工程建设其他项目等各分部分项工程费用预算进行汇总，并测算其费用结构比例，示例见表 12-9。

表 12-9 钻井工程费用预算

序号	项目编码	名称	金额（元）	占总费用比例（%）	备注
1		合计	19547936.65	100.00	
2	100000	钻前工程费	402505.39	2.06	
3	110000	井位勘测费	11500.00	0.06	
4	120000	道路修建费	181309.69	0.93	
5	130000	井场修建费	89158.50	0.46	
6	140000	钻机搬迁费	116552.00	0.60	
7	160000	税费	3985.20	0.02	折算税率1%
8	200000	钻进工程费	10157135.95	51.96	
9	210000	钻进作业费	6112198.00	31.27	
10	220000	主要材料费	3047682.25	15.59	
11	230000	大宗材料运输费	3047682.25	15.59	
12	240000	技术服务费	600000.00	3.07	

— 170 —

续表

序号	项目编码	名称	金额（元）	占总费用比例（%）	备注
13	250000	其他作业费	152000.00	0.78	
14	260000	税费	100565.70	0.51	折算税率1%
15	300000	固井工程费	5809246.79	29.72	
16	310000	固井作业费	175240.62	0.90	
17	320000	主要材料费	5346023.54	27.35	甲方供应
18	330000	大宗材料运输	71224.03	0.36	
19	340000	技术服务费	174092.23	0.89	
20	350000	其他作业	38080.00	0.19	
21	360000	税费	4586.37	0.02	折算税率1%，不含主材
22	400000	录井工程费	610249.07	3.12	
23	410000	录井作业费	508933.00	2.60	
24	420000	技术服务费	3420.00	0.02	
25	430000	其他作业费	91854.00	0.47	
26	440000	税费	6042.07	0.03	折算税率1%
27	500000	测井工程费	665385.48	3.40	
28	510000	裸眼测井费	374098.70	1.91	
29	520000	固井质量测井费	242079.40	1.24	
30	540000	资料处理解释费	42619.40	0.22	
31	560000	税费	6587.98	0.03	折算税率1%
32	600000	完井工程费	835673.97	4.27	
33	610000	完井作业费	183654.00	0.94	
34	620000	主要材料费	266125.00	1.36	甲方供应
35	630000	大宗材料运输费	27460.00	0.14	甲方负责
36	640000	技术服务费	298967.75	1.53	
37	650000	其他作业费	54100.00	0.28	
38	660000	税费	5367.22	0.03	折算税率1%，不含主材和运输
39	700000	工程建设其他费	1067740.00	5.46	甲方负责
40	720000	钻井设计费	48000.00	0.25	
41	730000	土地租用费	867000.00	4.44	
42	760000	工程保险费	152740.00	0.78	

12.6 技术经济指标分析

技术经济指标分析指与钻井工程费用预算相关的单项工程平均单位进尺造价、主要材料平均单位进尺费用以及平均单位进尺材料消耗量等，对钻井工程费用预算进行详细分析，举例如表 12-10 所示。

表 12-10 技术经济指标分析

序 号	名 称	单 位	数 量
1	平均费用指标		
1.1	钻井工程费	元/m	5012.29
1.1.1	钻前工程费	元/m	103.21
1.1.2	钻进工程费	元/m	2604.39
1.1.3	固井工程费	元/m	1489.55
1.1.4	录井工程费	元/m	156.47
1.1.5	测井工程费	元/m	170.61
1.1.6	完井工程费	元/m	214.28
1.1.7	工程建设其他费	元/m	273.78
1.2	主要材料		
1.2.1	钻头费	元/m	234.89
1.2.2	钻井液材料费	元/m	352.59
1.2.3	套管费	元/m	1236.20
2	平均消耗指标		
2.1	钻头	m/只	216.67
2.2	套管	kg/m	105.94
2.3	水泥	kg/m	79.49

13 钻井工程投资规划编制方法

13.1 专家经验法

每个石油企业都要做中长期发展规划,其中"十五"发展规划、"十一五"发展规划、"十二五"发展规划等 5 年发展规划是最重要的一种。目前编制 5 年规划采用的是固定的历史成本价格或专家经验价格,表 13-1 给出了某油田编制的"十二五"钻井投资规划示例。

表 13-1 某油田"十二五"钻井投资规划

项　　目	井数(口)	进尺(m)	单价(元/m)	投资(万元)
"十二五"合计				
合计	202	588000		263535
区块一	83	249000		105825
区块二	72	203000		85260
区块三	40	114000		59850
区块四	3	10000		6300
区块五	4	12000		6300
2011 年				
项　　目	井数(口)	进尺(m)	单价(元/m)	投资(万元)
合计	49	142500		63458
区块一	20	60000	4250	25500
区块二	18	51000	4200	21420
区块三	10	28500	5250	14963
区块四	0	0	6300	0
区块五	1	3000	5250	1575
2012 年				
项　　目	井数(口)	进尺(m)	单价(元/m)	投资(万元)
合计	46	133500		59678
区块一	20	60000	4250	25500
区块二	15	42000	4200	17640
区块三	10	28500	5250	14963
区块四	0	0	6300	0
区块五	1	3000	5250	1575

续表

2013 年

项 目	井数（口）	进尺（m）	单价（元/m）	投资（万元）
合计	45	131300		59205
区块一	20	60000	4250	25500
区块二	15	42000	4200	17640
区块三	8	22800	5250	11970
区块四	2	6500	6300	4095
区块五	0	0	5250	0

2014 年

项 目	井数（口）	进尺（m）	单价（元/m）	投资（万元）
合计	39	114100		50333
区块一	20	60000	4250	25500
区块二	12	34000	4200	14280
区块三	6	17100	5250	8978
区块四	0	0	6300	0
区块五	1	3000	5250	1575

2015 年

项 目	井数（口）	进尺（m）	单价（元/m）	投资（万元）
合计	23	66600		30863
区块一	3	9000	4250	3825
区块二	12	34000	4200	14280
区块三	6	17100	5250	8978
区块四	1	3500	6300	2205
区块五	1	3000	5250	1575

由表 13-1 可见，2011—2015 年区块一至区块五钻井投资估算的单价为 4250 元/m、4200 元/m、5250 元/m、6300 元/m、5250 元/m，没有变化。

从造价方面可以看出两个问题：一是单价是整 50 和整 100 的数值，可以判断出单价是经验估计值；二是单价没有考虑物价上涨因素，同一个区块 5 年间单价均是同一个数值。这样会使规划执行起来产生较大偏差。

13.2 造价指数法

为了使规划更加科学合理和便于决策，应该考虑物价上涨因素，并且做出多个方案进行比选。为了便于比较，这里姑且采用 2011 年 5 个区块的单价作为编制规划时的钻井工程参考指标，考虑综合价格上涨的造价指数分别为 5%（方案一）和 8%（方案二），编制出两个规划方案，方案一见表 13-2，方案二见表 13-3。

表 13-2 某油田"十二五"钻井投资规划（方案一）

"十二五"合计					
项目	井数（口）	进尺（m）	参考指标（元/m）	投资（万元）
合计	202	588000		287172
区块一	83	249000		114557
区块二	72	203000		93278
区块三	40	114000		65175
区块四	3	10000		7195
区块五	4	12000		6966

2011 年				
项目	井数（口）	进尺（m）	参考指标（元/m）	投资（万元）
合计	49	142500		63458
区块一	20	60000	4250	25500
区块二	18	51000	4200	21420
区块三	10	28500	5250	14963
区块四	0	0	6300	0
区块五	1	3000	5250	1575

2012 年				
项目	井数（口）	进尺（m）	参考指标（元/m）	投资（万元）
合计	46	133500		62661
区块一	20	60000	4463	26775
区块二	15	42000	4410	18522
区块三	10	28500	5513	15711
区块四	0	0	6615	0
区块五	1	3000	5513	1654

2013 年				
项目	井数（口）	进尺（m）	参考指标（元/m）	投资（万元）
合计	45	131300		65274
区块一	20	60000	4686	28114
区块二	15	42000	4631	19448
区块三	8	22800	5788	13197
区块四	2	6500	6946	4515
区块五	0	0	5788	0

2014 年				
项目	井数（口）	进尺（m）	参考指标（元/m）	投资（万元）
合计	39	114100		58266
区块一	20	60000	4920	29519
区块二	12	34000	4862	16531
区块三	6	17100	6078	10393
区块四	0	0	7293	0
区块五	1	3000	6078	1823

续表

2015 年

项目	井数（口）	进尺（m）	参考指标（元/m）	投资（万元）
合计	23	66600		37514
区块一	3	9000	5166	4649
区块二	12	34000	5105	17357
区块三	6	17100	6381	10912
区块四	1	3500	7658	2680
区块五	1	3000	6381	1914

表 13-3 某油田"十二五"钻井投资规划（方案二）

"十二五"合计

项目	井数（口）	进尺（m）	参考指标（元/m）	投资（万元）
合计	202	588000		302358
区块一	83	249000		120110
区块二	72	203000		98463
区块三	40	114000		68607
区块四	3	10000		7776
区块五	4	12000		7403

2011 年

项目	井数（口）	进尺（m）	参考指标（元/m）	投资（万元）
合计	49	142500		63458
区块一	20	60000	4250	25500
区块二	18	51000	4200	21420
区块三	10	28500	5250	14963
区块四	0	0	6300	0
区块五	1	3000	5250	1575

2012 年

项目	井数（口）	进尺（m）	参考指标（元/m）	投资（万元）
合计	46	133500		64452
区块一	20	60000	4590	27540
区块二	15	42000	4536	19051
区块三	10	28500	5670	16160
区块四	0	0	6804	0
区块五	1	3000	5670	1701

续表

2013年

项目	井数（口）	进尺（m）	参考指标（元/m）	投资（万元）
合计	45	131300		69057
区块一	20	60000	4957	29743
区块二	15	42000	4899	20575
区块三	8	22800	6124	13962
区块四	2	6500	7348	4776
区块五	0	0	6124	0

2014年

项目	井数（口）	进尺（m）	参考指标（元/m）	投资（万元）
合计	39	114100		63404
区块一	20	60000	5354	32123
区块二	12	34000	5291	17989
区块三	6	17100	6613	11309
区块四	0	0	7936	0
区块五	1	3000	6613	1984

2015年

项目	井数（口）	进尺（m）	参考指标（元/m）	投资（万元）
合计	23	66600		41988
区块一	3	9000	5782	5204
区块二	12	34000	5714	19428
区块三	6	17100	7143	12214
区块四	1	3500	8571	3000
区块五	1	3000	7143	2143

对比表13-1、表13-2、表13-3中某油田"十二五"钻井投资规划，在工程量202口井、进尺588000m相同的条件下，原方案投资为26.35亿元；方案一投资为28.71亿元，比原方案增加2.36亿元，增加了8.97%；方案二投资为30.23亿元，比原方案增加3.88亿元，增加了14.73%。可见，原方案中的钻井投资总额与方案一、方案二中的钻井投资总额差距是比较大的。

14 钻井工程投资优化分析方法

这里以钻井工程人工价格、柴油价格、套管价格为例，说明建立一套科学的钻井工程投资动态优化分析方法。

14.1 标准井费用变化分析方法

14.1.1 标准井人工费分析方法

（1）标准井人工费计算方法为

$$C_{rf} = P_{rj} \times Y \div N \times T \div H$$

式中，C_{rf} 为标准井人工费，元/m；P_{rj} 为施工队平均人工价格，元/人年；Y 为施工队定员，人；N 为施工队年有效作业时间标准，d；T 为标准井钻井周期，d；H 为标准井钻井深度，m。

（2）标准井人工费变化值计算方法为

$$\Delta C_{rf} = (P_{rj2} - P_{rj1}) \times Y \div N \times T \div H$$

式中，ΔC_{rf} 为标准井人工费变化值，元/m；P_{rj2} 为施工队当期平均人工价格，元/人年；P_{rj1} 为施工队上期平均人工价格，元/人年；Y 为施工队定员，人；N 为施工队年有效作业时间标准，d；T 为标准井钻井周期，d；H 为标准井钻井深度，m。

（3）人工价格变化对标准井工程造价影响程度计算方法为

$$d_{Cr} = C_{rf} \div C_T \qquad d_{\Delta Cr} = \Delta C_{rf} \div C_T$$

式中，d_{Cr} 为人工费占标准井全部工程造价的比例，%；C_{rf} 为标准井人工费，元/m；C_T 为标准井平均单位进尺造价，元/m；$d_{\Delta Cr}$ 为人工费变化值占标准井全部工程造价的比例，%；ΔC_{rf} 为标准井人工费变化值，元/m。

14.1.2 标准井柴油费分析方法

（1）标准井柴油费计算方法为

$$C_{of} = M_o \times P_{oj} \times T \div H$$

式中，C_{of} 为标准井柴油费，元/m；M_o 为平均日柴油消耗量，t/d；P_{oj} 为当期柴油价格，元/t；T 为标准井钻井周期，d；H 为标准井钻井深度，m。

（2）标准井柴油费变化值计算方法为

$$\Delta C_{of} = M_o \times (P_{oj2} - P_{oj1}) \times T \div H$$

式中，ΔC_{of} 为标准井柴油费变化值，元/m；M_o 为平均日柴油消耗量，t/d；P_{oj2} 为当期柴油价格，元/t；P_{oj1} 为上期柴油价格，元/t；T 为标准井钻井周期，d；H 为标准井钻井深度，m。

（3）柴油价格变化对标准井工程造价影响程度计算方法为

$$d_{Co} = C_{of} \div C_T, \quad d_{\Delta Co} = \Delta C_{of} \div C_T$$

式中，d_{Co} 为柴油费占标准井全部工程造价的比例，%；C_{of} 为标准井柴油费，元/m；C_T 为标准井平均单位进尺造价，元/m；$d_{\Delta Co}$ 为柴油费变化值占标准井全部工程造价的比例，%；ΔC_{of} 为标准井柴油费变化值，元/m。

14.1.3 标准井套管费分析方法

(1) 标准井套管费计算方法为

$$C_{gf} = \sum_{k=1}^{n} (M_{gk} \times P_{gjk}) \div H$$

式中，C_{gf}为标准井套管费，元/m；n为套管规格数量，组；M_{gk}为标准井套管消耗量，t；P_{gjk}为当期平均套管价格，元/t；H为标准井钻井深度，m。

(2) 标准井套管费变化值计算方法为

$$\Delta C_{gf} = \sum_{k=1}^{n} [M_{gk} \times (P_{gjk2} - P_{gjk1}) \div H]$$

式中，ΔC_{gf}为标准井套管费变化值，元/m；n为套管规格数量，组；M_{gk}为标准井套管消耗量，t；P_{gjk2}为当期平均套管价格，元/t；P_{gjk1}为上期平均套管价格，元/t；H为标准井钻井深度，m。

(3) 套管价格变化对标准井工程造价影响程度计算方法为

$$d_{Cg} = C_{gf} \div C_T , \quad d_{\Delta Cg} = \Delta C_{gf} \div C_T$$

式中，d_{Cg}为套管费占标准井全部工程造价的比例，%；C_{gf}为标准井套管费，元/m；C_T为标准井平均单位进尺造价，元/m；$d_{\Delta Cg}$为套管费变化值占标准井全部工程造价的比例，%；ΔC_{gf}为标准井套管费变化值，元/m。

14.1.4 标准井综合费分析方法

标准井综合费分析方法就是将上述人工费、柴油费、套管费的变化分析结果进行综合。当然，根据实际工作需要，还可以增加设备费、油管费、运输费、管理费等很多项目，并将所有这些项目放在一起进行综合分析。

(1) 标准井综合费计算方法为

$$C_{zf} = C_{rf} + C_{of} + C_{gf}$$

式中，C_{zf}为标准井综合费，元/m；C_{rf}为标准井人工费，元/m；C_{of}为标准井柴油费，元/m；C_{gf}为标准井套管费，元/m。

(2) 标准井综合费变化值计算方法为

$$\Delta C_{zf} = \Delta C_{rf} + \Delta C_{of} + \Delta C_{gf}$$

式中，ΔC_{zf}为标准井综合费变化值，元/m；ΔC_{rf}为标准井人工费变化值，元/m；ΔC_{of}为标准井柴油费变化值，元/m；ΔC_{gf}为标准井套管费变化值，元/m。

(3) 综合价格变化对标准井工程造价影响程度计算方法为

$$d_{Cz} = C_{zf} \div C_T \qquad d_{\Delta Cz} = \Delta C_{zf} \div C_T$$

式中，d_{Cz}为人工、柴油、套管三项综合费占标准井全部工程造价的比例，%；C_{zf}为标准井人工、柴油、套管三项综合费，元/m；C_T为标准井平均单位进尺造价，元/m；$d_{\Delta Cz}$为人工、柴油、套管三项综合费变化值占标准井全部工程造价的比例，%；ΔC_{zf}为标准井人工、柴油、套管三项综合费变化值，元/m。

14.2 区块钻井工程投资变化分析方法

区块钻井工程投资变化分析方法是采用标准井工程造价变化分析结果分析某一个油田下属的区块钻井工程投资变化情况，即分析在某一区块钻井进尺工程量W_q确定的条件下，各种价格变化对整个区块钻井工程投资的影响程度。

14.2.1 区块钻井工程投资计算方法

$$V_{Tq} = \sum_{i=1}^{n}(C_{Ti} \times W_{qi}) \times (1+F_q)$$

式中，V_{Tq}为区块钻井工程总投资，元；n为本区块所采用标准井的数量，口；C_{Ti}为标准井平均单位进尺造价，元/m；W_{qi}为标准井对应的钻井进尺工程量，m；F_q为工程预备费率，%。

当然，区块平均单位进尺造价可以采用区块钻井工程总投资V_{Tq}除以区块钻井进尺工程量W_q计算得出。

14.2.2 人工价格变化对区块钻井工程投资影响分析

（1）区块人工费计算方法为

$$V_{qr} = \sum_{i=1}^{n}(C_{rfi} \times W_{qi})$$

式中，V_{qr}为区块人工费，元；C_{rfi}为标准井人工费，元/m；W_{qi}为标准井对应的钻井进尺工程量，m。

（2）区块人工费变化值计算方法为

$$\Delta V_{qr} = \sum_{i=1}^{n}(\Delta C_{rfi} \times W_{qi})$$

式中，ΔV_{qr}为区块人工费变化值，元；ΔC_{rfi}为标准井人工费变化值，元/m；W_{qi}为标准井对应的钻井进尺工程量，m。

（3）人工价格变化对区块钻井工程投资影响程度计算方法为

$$d_{qr} = V_{qr} \div V_{Tq} \qquad d_{\Delta qr} = \Delta V_{qr} \div V_{Tq}$$

式中，d_{qr}为区块人工费占区块钻井工程投资的比例，%；V_{qr}为区块人工费，元；V_{Tq}为区块钻井工程投资，元；$d_{\Delta qr}$为区块人工费变化值占区块钻井工程投资的比例，%；ΔV_{qr}为区块人工费变化值，元。

14.2.3 柴油价格变化对区块钻井工程投资影响分析

（1）区块柴油费计算方法为

$$V_{qo} = \sum_{i=1}^{n}(C_{ofi} \times W_{qi})$$

式中，V_{qo}为区块柴油费，元；C_{ofi}为标准井柴油费，元/m；W_{qi}为标准井对应的钻井进尺工程量，m。

（2）区块柴油费变化值计算方法为

$$\Delta V_{qo} = \sum_{i=1}^{n}(\Delta C_{ofi} \times W_{qi})$$

式中，ΔV_{qo}为区块柴油费变化值，元；ΔC_{ofi}为标准井柴油费变化值，元/m；W_{qi}为标准井对应的钻井进尺工程量，m。

（3）柴油价格变化对区块钻井工程投资影响程度计算方法为

$$d_{qo} = V_{qo} \div V_{Tq} \qquad d_{\Delta qo} = \Delta V_{qo} \div V_{Tq}$$

式中，d_{qo}为区块柴油费占区块钻井工程投资的比例，%；V_{qo}为区块柴油费，元；V_{Tq}为区块钻井工程投资，元；$d_{\Delta qo}$为区块柴油费变化值占区块钻井工程投资的比例，%；ΔV_{qo}为区块柴油费变化值，元。

14.2.4 套管价格变化对区块钻井工程投资影响分析

（1）区块套管费计算方法为

$$V_{qg} = \sum_{i=1}^{n}(C_{gfi} \times W_{qi})$$

式中，V_{qg}为区块套管费，元；C_{gfi}为标准井套管费，元/m；W_{qi}为标准井对应的钻井进尺工程量，m。

（2）区块套管费变化值计算方法为

$$\Delta V_{qg} = \sum_{i=1}^{n}(\Delta C_{gfi} \times W_{qi})$$

式中，ΔV_{qg}为区块套管费变化值，元；ΔC_{gfi}为标准井套管费变化值，元/m；W_{qi}为标准井对应的钻井进尺工程量，m。

（3）套管价格变化对区块钻井工程投资影响程度计算方法为

$$d_{qg} = V_{qg} \div V_{Tq} \qquad d_{\Delta qg} = \Delta V_{qg} \div V_{Tq}$$

式中，d_{qg}为区块套管费占区块钻井工程投资的比例，%；V_{qg}为区块套管费，元；V_{Tq}为区块钻井工程投资，元；$d_{\Delta qg}$为区块套管费变化值占区块钻井工程投资的比例，%；ΔV_{qg}为区块套管费变化值，元。

14.2.5 综合价格变化对区块钻井工程投资影响分析

（1）区块综合费计算方法为

$$V_{qz} = \sum_{i=1}^{n}(C_{zfi} \times W_{qi})$$

式中，V_{qz}为区块综合费，元；C_{zfi}为标准井综合费，元/m；W_{qi}为标准井对应的钻井进尺工程量，m。

（2）区块综合费变化值计算方法为

$$\Delta V_{qz} = \sum_{i=1}^{n}(\Delta C_{zfi} \times W_{qi})$$

式中，ΔV_{qz}为区块综合费变化值，元；ΔC_{zfi}为标准井综合费变化值，元/m；W_{qi}为标准井对应的钻井进尺工程量，m。

（3）综合价格变化对区块钻井工程投资影响程度计算方法为

$$d_{qz} = V_{qz} \div V_{Tq} \qquad d_{\Delta qz} = \Delta V_{qz} \div V_{Tq}$$

式中，d_{qz}为区块综合费占区块钻井工程投资的比例，%；V_{qz}为区块综合费，元；V_{Tq}为区块钻井工程投资，元；$d_{\Delta qz}$为区块综合费变化值占区块钻井工程投资的比例，%；ΔV_{qz}为区块综合费变化值，元。

14.3 油田公司钻井工程投资变化分析方法

采用区块钻井工程投资变化分析结果，可以进一步分析某一个油田公司钻井工程投资变化情况，即分析在某油田公司钻井进尺工程量W_y确定的条件下，各种价格变化对整个油田公司钻井工程投资的影响程度。

14.3.1 油田公司钻井工程投资计算方法

$$V_{Ty} = \sum_{i=1}^{n} V_{Tqi}$$

式中，V_{Ty} 为油田公司钻井工程总投资，元；n 为油田公司所属区块数量，个；V_{Tqi} 为区块钻井工程总投资，元。

当然，油田公司平均单位进尺造价可以采用油田公司钻井工程总投资 V_{Ty} 除以油田公司钻井进尺工程量 W_y 计算得出。

14.3.2 人工价格变化对油田公司钻井工程投资影响分析

（1）油田公司人工费计算方法为

$$V_{yr} = \sum_{i=1}^{n} V_{qri}$$

式中，V_{yr} 为油田公司人工费，元；n 为油田公司所属区块数量，个；V_{qri} 为区块人工费，元。

（2）油田公司人工费变化值计算方法为

$$\Delta V_{yr} = \sum_{i=1}^{n} \Delta V_{qri}$$

式中，ΔV_{yr} 为油田公司人工费变化值，元；n 为油田公司所属区块数量，个；ΔV_{qri} 为区块人工费变化值，元。

（3）人工价格变化对油田公司钻井工程投资影响程度计算方法为

$$d_{yr} = V_{yr} \div V_{Ty} \qquad d_{\Delta yr} = \Delta V_{yr} \div V_{Ty}$$

式中，d_{yr} 为油田公司人工费占油田公司钻井工程投资的比例，%；V_{yr} 为油田公司人工费，元；V_{Ty} 为油田公司钻井工程投资，元；$d_{\Delta yr}$ 为油田公司人工费变化值占油田公司钻井工程投资的比例，%；ΔV_{yr} 为油田公司人工费变化值，元。

14.3.3 柴油价格变化对油田公司钻井工程投资影响分析

（1）油田公司柴油费计算方法为

$$V_{yo} = \sum_{i=1}^{n} V_{qoi}$$

式中，V_{yo} 为油田公司柴油费，元；n 为油田公司所属区块数量，个；V_{qoi} 为区块柴油费，元。

（2）油田公司柴油费变化值计算方法为

$$\Delta V_{yo} = \sum_{i=1}^{n} \Delta V_{qoi}$$

式中，ΔV_{yo} 为油田公司柴油费变化值，元；n 为油田公司所属区块数量，个；ΔV_{qoi} 为区块柴油费变化值，元。

（3）柴油价格变化对油田公司钻井工程投资影响程度计算方法为

$$d_{yo} = V_{yo} \div V_{Ty} \qquad d_{\Delta yo} = \Delta V_{yo} \div V_{Ty}$$

式中，d_{yo} 为油田公司柴油费占油田公司钻井工程投资的比例，%；V_{yo} 为油田公司柴油费，元；V_{Tq} 为油田公司钻井工程投资，元；$d_{\Delta yo}$ 为油田公司柴油费变化值占油田公司钻井工程投资的比例，%；ΔV_{yo} 为油田公司柴油费变化值，元。

14.3.4 套管价格变化对油田公司钻井工程投资影响分析

（1）油田公司套管费计算方法为

$$V_{yg} = \sum_{i=1}^{n} V_{qgi}$$

式中，V_{yg} 为油田公司套管费，元；n 为油田公司所属区块数量，个；V_{qgi} 为区块套管费，元。

（2）油田公司套管费变化值计算方法为

$$\Delta V_{yg} = \sum_{i=1}^{n} \Delta V_{qgi}$$

式中，ΔV_{yg} 为油田公司套管费变化值，元；n 为油田公司所属区块数量，个；ΔV_{qgi} 为区块套管费变化值，元。

（3）套管价格变化对油田公司钻井工程投资影响程度计算方法为

$$d_{yg} = V_{yg} \div V_{Ty}, \quad d_{\Delta yg} = \Delta V_{yg} \div V_{Ty}$$

式中，d_{yg} 为油田公司套管费占油田公司钻井工程投资的比例，%；V_{yg} 为油田公司套管费，元；V_{Ty} 为油田公司钻井工程投资，元；$d_{\Delta yg}$ 为油田公司套管费变化值占油田公司钻井工程投资的比例，%；ΔV_{yg} 为油田公司套管费变化值，元。

14.3.5 综合价格变化对油田公司钻井工程投资影响分析

（1）油田公司综合费计算方法为

$$V_{yz} = \sum_{i=1}^{n} V_{qzi}$$

式中，V_{yz} 为油田公司综合费，元；n 为油田公司所属区块数量，个；V_{qzi} 为区块综合费，元。

（2）油田公司综合费变化值计算方法为

$$\Delta V_{yz} = \sum_{i=1}^{n} \Delta V_{qzi}$$

式中，ΔV_{yz} 为油田公司综合费变化值，元；n 为油田公司所属区块数量，个；ΔV_{qzi} 为油田公司综合费变化值，元。

（3）综合价格变化对油田公司钻井工程投资影响程度计算方法为

$$d_{yz} = V_{yz} \div V_{Ty}, \quad d_{\Delta yz} = \Delta V_{yz} \div V_{Ty}$$

式中，d_{yz} 为油田公司综合费占油田公司钻井工程投资的比例，%；V_{yz} 为油田公司综合费，元；V_{Ty} 为油田公司钻井工程投资，元；$d_{\Delta yz}$ 为油田公司综合费变化值占油田公司钻井工程投资的比例，%；ΔV_{yz} 为油田公司综合费变化值，元。

14.4 股份公司钻井工程投资变化分析方法

采用油田公司钻井工程投资变化分析结果，可以进一步分析股份公司钻井工程投资变化情况，即分析在股份公司钻井进尺工程量 W_z 确定的条件下，各种价格变化对整个股份公司钻井工程投资的影响程度。

股份公司钻井工程投资计算方法和人工价格变化、柴油价格变化、套管价格变化以及三者的综合价格变化对股份公司钻井工程投资影响的分析计算方法同油田公司钻井工程投资分析计算方法是一致的，只是将区块升级为油田公司，将油田公司升级为股份公司。因此，这里不再将各种计算公式重复列出。

14.5 钻井工程投资优化分析方法应用

这套钻井工程投资优化分析方法是一项综合配套的工程造价管理技术，可以在钻井工程计价标准编制与调整、钻井工程投资变化趋势分析、勘探开发方案中钻井投资编制、钻井工程投资规划编制、钻井工程年度投资计划编制、钻井工程造价管理制度建设、钻井工程造价管理理论研究等7个方面进行广泛应用。

14.5.1 用于钻井工程计价标准编制与调整

依据标准井地质工程参数，确定标准井工程量消耗标准，采用工程量清单模式，计算出标准井工程造价，即编制出概算指标。同时根据各种主要费用项目的价格变化，可以及时调整概算指标。

区块钻井工程投资计算方法即是钻井工程估算指标的编制方法。由于其来源于概算指标，价格变化的调整可以随着概算指标的调整而同时进行调整。

油田公司钻井工程投资计算方法实际上就是钻井工程参考指标的编制方法。因为其来源于概算指标，价格变化的调整也可以随着概算指标的调整而同时进行调整。

价格变化对区块、油田公司、股份公司的钻井工程投资影响程度计算方法实际上就是钻井工程造价指数的测算方法。

可见，这套造价管理技术是一套编制和调整钻井工程计价标准的配套方法。

14.5.2 用于钻井工程投资变化趋势分析

该项技术可以分析历年因为主要费用项目的价格变化引起的钻井工程投资变化趋势，举例如下。

14.5.2.1 平均柴油价格变化引起钻井工程投资变化趋势分析

以2004年为基期，分析某油田2005—2011年由于平均柴油价格变化引起平均单位进尺投资变化趋势，参见图14-1。

图14-1 某油田2005—2011年柴油价格变化对钻井工程投资影响趋势

14.5.2.2 平均管材价格变化引起钻井工程投资变化趋势分析

以2004年为基期，分析某油田2005—2011年由于平均管材价格变化引起平均单位进尺投资变化趋势，参见图14-2。

14.5.3 用于钻井工程投资规划编制

示例详见第13章相关内容。

14.5.4 用于勘探开发方案中钻井投资编制

在可行性研究报告中，需要根据勘探方案或开发方案中钻井数量和钻井进尺，编制出多年的钻井工程投资，并将这些投资作为固定资产进行折现，计算出净现值、投资回收期等经

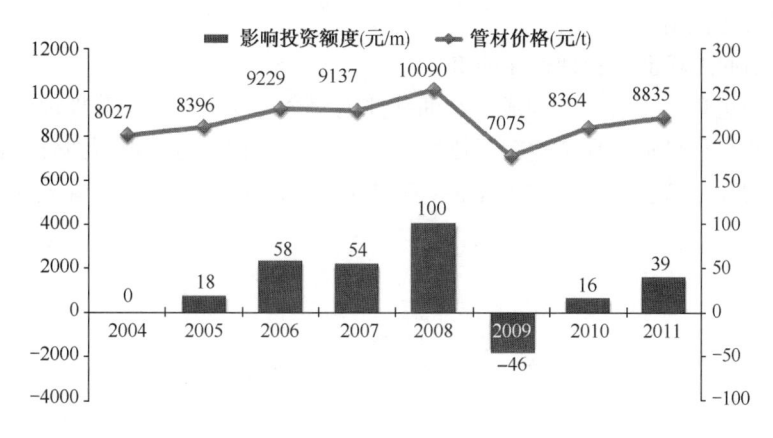

图14-2　某油田2005—2011年管材价格变化对钻井工程投资影响趋势

济效益指标。目前勘探开发方案中钻井投资估算的单价同前面的规划编制方法基本一致，存在的问题也是一样的。因此，同样需要科学合理的钻井工程投资估算指标和参考指标，考虑物价上涨因素，并且做出多方案进行比选，为投资决策提供可靠的依据。

14.5.5　用于钻井工程年度投资计划编制

在上一年工程量和投资水平基础上，采用标准井工程参数，结合本年度工程量情况，分析各地区价格变化趋势，测算本年度价格变化对钻井工程投资影响，用于钻井工程年度投资计划编制和调整。除了图14-1和图14-2给出的钻井投资影响程度表现形式外，还可以采用钻井工程投资影响指数，图14-3给出了某年度套管价格上涨10%对中国石油各油田钻井工程投资影响指数。

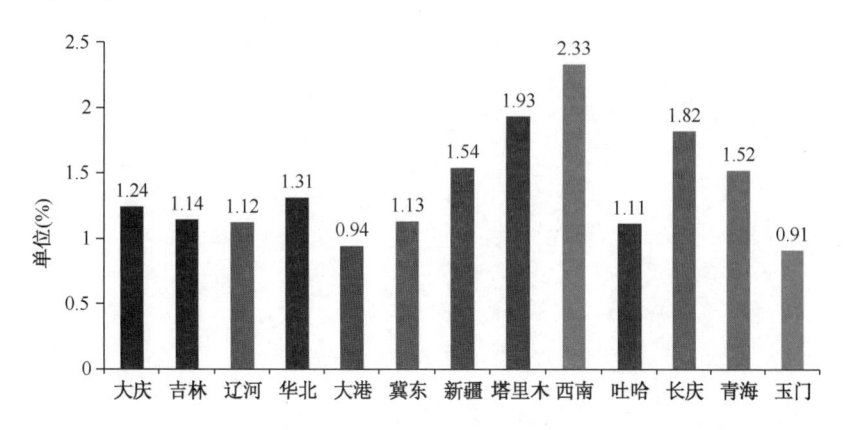

图14-3　某年度套管价格上涨10%对钻井工程投资影响指数

由图14-3可以看出，套管价格上涨10%，影响钻井工程投资变化幅度最大的前三个油田分别是西南油气田2.33%、塔里木油田1.93%、长庆油田1.82%，影响钻井工程投资变化幅度最小的是玉门油田，仅有0.91%。

14.5.6　用于钻井工程造价管理制度建设

这套投资优化分析方法既涉及钻井工程计价标准的编制与调整，又涉及规划计划和勘探开发方案中钻井工程投资的编制与调整，这些均是钻井工程造价管理制度的核心内容。理解并用好这套技术，对于建设钻井工程造价管理制度具有重要意义，对于提高钻井工程造价管理水平将起到重要作用。
14.5.7 用于钻井工程造价管理理论研究
研究建立的这套数学模型,构成了石油钻井工程全过程工程造价管理理论的一部分,将对中国石油钻井工程投资管理产生深远影响。同时,这套技术对其他石油公司钻井工程造价管理具有一定的参考借鉴作用,对于完善具有中国特色的我国工程造价管理理论建设起到一定的促进作用。

15 钻井工程造价管理信息系统建设

15.1 数据库建设

15.1.1 典型井工程参数数据库
该数据库包括两部分内容，一部分是历年本油田实际完成每口井总体信息，包括井号、建设单位、油田、区块、井型、井身结构、开钻时间、完钻时间、完井时间、完井方式、完钻井深、钻井周期、施工单位、井队等14个主要参数。另一部分是典型井工程参数，包括综合参数、钻前工程参数、钻进工程参数、固井工程参数、录井工程参数、测井工程参数、完井工程参数、工程建设其他项目参数等8个部分。

15.1.2 标准井工程参数数据库
本油田所有标准井工程参数，包括综合参数、钻前工程参数、钻进工程参数、固井工程参数、录井工程参数、测井工程参数、完井工程参数、工程建设其他项目参数等8个部分。

15.1.3 施工队伍工程档案数据库
本油田历年参加施工的所有钻井队、固井队、测井队、录井队、作业队等施工队伍工作量信息和综合信息，工作量信息包括施工队伍工作时间、工作方式、支出和收入情况，综合信息包括施工队伍人员、设备、主要材料消耗、成本和收入情况。

15.1.4 钻井工程投资数据库
本油田历年所有井钻井工程投资数据。

15.1.5 钻井工程基础标准数据库
本油田所有施工队伍的一套定员标准、设备标准、技术标准。

15.1.6 钻井工程主要价格数据库
本油田主要材料价格和运输价格。

15.1.7 钻井工程综合单价数据库
本油田完整配套的钻前工程综合单价、钻进工程综合单价、固井工程综合单价、录井工程综合单价、测井工程综合单价、完井工程综合单价、工程建设其他项目综合单价。

15.1.8 钻井工程计价指标数据库
本油田一套完整配套的概算指标、估算指标、参考指标。

15.1.9 钻井工程预算数据库
本油田所有单井或区块标准井的钻井工程预算数据。

15.1.10 钻井工程结算数据库
本油田所有单井或区块标准井的钻井工程结算数据。

15.2 管理子系统

15.2.1 集团公司管理子系统
集团公司管理子系统包括6个子系统：数据采集子系统、中长期规划子系统、可行性研究子系统、年度投资计划编制子系统、工程预算子系统、投资分析子系统。

15.2.2 油田公司管理子系统

油田公司管理子系统包括7个子系统：数据上报子系统、中长期规划子系统、可行性研究子系统、年度投资计划编制子系统、工程预算子系统、工程结算子系统、投资分析子系统。

15.2.3 钻探公司管理子系统

钻探公司管理子系统包括3个子系统：数据上报子系统、工程预算子系统、工程结算子系统。

当然，根据实际工作需要，还可以进一步补充完善数据库和管理子系统。

附件 A 钻井工程造价项目分类标准

项目编码	Ⅰ单项工程	Ⅱ单位工程	Ⅲ分部工程	Ⅳ分项工程	Ⅴ子项工程
100000	1 钻前工程费				
110000		1.1 井位勘测费			
111000			1.1.1 井位测量		
112000			1.1.2 道路井场勘测		
113000			1.1.3 地质钻探		
120000		1.2 道路修建费			
121000			1.2.1 道路建设		
122000			1.2.2 道路维修		
123000			1.2.3 桥涵修建		
130000		1.3 井场修建费			
131000			1.3.1 井场平整		
132000			1.3.2 生活区平整		
133000			1.3.3 池类构筑		
133100				1.3.3.1 沉砂池构筑	
133200				1.3.3.2 废液池构筑	
133300				1.3.3.3 放喷池构筑	
133400				1.3.3.4 垃圾坑构筑	
133500				1.3.3.5 圆井（方井）构筑	
134000			1.3.4 现浇基础构筑		
135000			1.3.5 桩基础构筑		
136000			1.3.6 井场围堰构筑		
137000			1.3.7 隔离带构筑		
140000		1.4 钻机搬迁费			
141000			1.4.1 钻机拆卸安装		
142000			1.4.2 水电拆卸安装		
143000			1.4.3 钻井设备运输		
144000			1.4.4 钻机整体运移		
150000		1.5 其他作业费			
151000			1.5.1 水井供水		
152000			1.5.2 泵站供水		
153000			1.5.3 井场供暖		
154000			1.5.4 地貌恢复		
160000		1.6 税费			

续表

项目编码	Ⅰ单项工程	Ⅱ单位工程	Ⅲ分部工程	Ⅳ分项工程	Ⅴ子项工程
200000	2 钻进工程费				
210000		2.1 钻进作业费			
211000			2.1.1 一开井段		
211100				2.1.1.1 钻进施工	
211200				2.1.1.2 完井施工	
212000			2.1.2 二开井段		
212100				2.1.2.1 钻进施工	
212200				2.1.2.2 完井施工	
213000			2.1.3 三开井段		
213100				2.1.3.1 钻进施工	
213200				2.1.3.2 完井施工	
214000			2.1.4 四开井段		
214100				2.1.4.1 钻进施工	
214200				2.1.4.2 完井施工	
215000			2.1.5 五开井段		
215100				2.1.5.1 钻进施工	
215200				2.1.5.2 完井施工	
220000		2.2 主要材料费			
221000			2.2.1 钻头		
221100				2.2.1.1 一开井段	
221200				2.2.1.2 二开井段	
221300				2.2.1.3 三开井段	
221400				2.2.1.4 四开井段	
221500				2.2.1.5 五开井段	
222000			2.2.2 钻井液材料		
222100				2.2.2.1 一开井段	
222200				2.2.2.2 二开井段	
222300				2.2.2.3 三开井段	
222400				2.2.2.4 四开井段	
222500				2.2.2.5 五开井段	
223000			2.2.3 生产用水		
223100				2.2.3.1 一开井段	
223200				2.2.3.2 二开井段	
223300				2.2.3.3 三开井段	
223400				2.2.3.4 四开井段	
223500				2.2.3.5 五开井段	
224000			2.2.4 钻具		

续表

项目编码	Ⅰ单项工程	Ⅱ单位工程	Ⅲ分部工程	Ⅳ分项工程	Ⅴ子项工程
224100				2.2.4.1 一开井段	
224200				2.2.4.2 二开井段	
224300				2.2.4.3 三开井段	
224400				2.2.4.4 四开井段	
224500				2.2.4.5 五开井段	
230000			2.3 大宗材料运输费		
231000				2.3.1 钻头运输	
232000				2.3.2 钻井液材料运输	
233000				2.3.3 生产用水运输	
234000				2.3.4 钻具运输	
240000			2.4 技术服务费		
241000				2.4.1 管具服务	
242000				2.4.2 钻井液服务	
243000				2.4.3 定向井服务	
244000				2.4.4 欠平衡服务	
245000				2.4.5 顶驱服务	
246000				2.4.6 测试服务	
250000			2.5 其他作业费		
251000				2.5.1 污水处理	
252000				2.5.2 废液处理	
253000				2.5.3 废物处理	
254000				2.5.4 废气处理	
255000				2.5.5 噪声处理	
260000			2.6 税费		
300000	3 固井工程费				
310000			3.1 固井作业费		
311000				3.1.1 一开井段	
312000				3.1.2 二开井段	
313000				3.1.3 三开井段	
314000				3.1.4 四开井段	
315000				3.1.5 五开井段	
320000			3.2 主要材料费		
321000				3.2.1 套管	
321100					3.2.1.1 一开井段
321200					3.2.1.2 二开井段
321300					3.2.1.3 三开井段
321400					3.2.1.4 四开井段

续表

项目编码	Ⅰ单项工程	Ⅱ单位工程	Ⅲ分部工程	Ⅳ分项工程	Ⅴ子项工程
321500				3.2.1.5 五开井段	
322000			3.2.2 套管附件		
322100				3.2.2.1 一开井段	
322200				3.2.2.2 二开井段	
322300				3.2.2.3 三开井段	
322400				3.2.2.4 四开井段	
322500				3.2.2.5 五开井段	
323000			3.2.3 井下工具		
323100				3.2.3.1 一开井段	
323200				3.2.3.2 二开井段	
323300				3.2.3.3 三开井段	
323400				3.2.3.4 四开井段	
323500				3.2.3.5 五开井段	
324000			3.2.4 水泥		
324100				3.2.4.1 一开井段	
324200				3.2.4.2 二开井段	
324300				3.2.4.3 三开井段	
324400				3.2.4.4 四开井段	
324500				3.2.4.5 五开井段	
325000			3.2.5 水泥外加剂		
325100				3.2.5.1 一开井段	
325200				3.2.5.2 二开井段	
325300				3.2.5.3 三开井段	
325400				3.2.5.4 四开井段	
325500				3.2.5.5 五开井段	
330000		3.3 大宗材料运输费			
331000			3.3.1 套管运输		
331100				3.3.1.1 一开井段	
331200				3.3.1.2 二开井段	
331300				3.3.1.3 三开井段	
331400				3.3.1.4 四开井段	
331500				3.3.1.5 五开井段	
332000			3.3.2 水泥运输		
332100				3.3.2.1 一开井段	
332200				3.3.2.2 二开井段	
332300				3.3.2.3 三开井段	
332400				3.3.2.4 四开井段	

续表

项目编码	Ⅰ单项工程	Ⅱ单位工程	Ⅲ分部工程	Ⅳ分项工程	Ⅴ子项工程
332500				3.3.2.5 五开井段	
333000			3.3.3 水泥外加剂运输		
333100				3.3.3.1 一开井段	
333200				3.3.3.2 二开井段	
333300				3.3.3.3 三开井段	
333400				3.3.3.4 四开井段	
333500				3.3.3.5 五开井段	
340000		3.4 技术服务费			
341000			3.4.1 套管检测		
341100				3.4.1.1 一开井段	
341200				3.4.1.2 二开井段	
341300				3.4.1.3 三开井段	
341400				3.4.1.4 四开井段	
341500				3.4.1.5 五开井段	
342000			3.4.2 水泥试验		
342100				3.4.2.1 一开井段	
342200				3.4.2.2 二开井段	
342300				3.4.2.3 三开井段	
342400				3.4.2.4 四开井段	
342500				3.4.2.5 五开井段	
343000			3.4.3 水泥混拌		
343100				3.4.3.1 一开井段	
343200				3.4.3.2 二开井段	
343300				3.4.3.3 三开井段	
343400				3.4.3.4 四开井段	
343500				3.4.3.5 五开井段	
344000			3.4.4 下套管服务		
344100				3.4.4.1 一开井段	
344200				3.4.4.2 二开井段	
344300				3.4.4.3 三开井段	
344400				3.4.4.4 四开井段	
344500				3.4.4.5 五开井段	
350000		3.5 其他作业费			
351000			3.5.1 打水泥塞		
352000			3.5.2 试压		
360000		3.6 税费			
400000	4 录井工程费				

续表

项目编码	Ⅰ单项工程	Ⅱ单位工程	Ⅲ分部工程	Ⅳ分项工程	Ⅴ子项工程
410000			4.1 录井作业费		
411000				4.1.1 资料采集	
411100					4.1.1.1 一开井段
411200					4.1.1.2 二开井段
411300					4.1.1.3 三开井段
411400					4.1.1.4 四开井段
411500					4.1.1.5 五开井段
412000				4.1.2 资料处理解释	
420000			4.2 技术服务费		
421000				4.2.1 定量荧光录井	
422000				4.2.2 岩石热解地化录井	
423000				4.2.3 热解气相色谱录井	
424000				4.2.4 罐顶气轻烃录井	
425000				4.2.5 核磁共振录井	
430000			4.3 其他作业费		
431000				4.3.1 化验分析	
432000				4.3.2 运程数据传输	
440000			4.4 税费		
500000	5 测井工程费				
510000		5.1 裸眼测井费			
511000			5.1.1 一开井段		
511100					5.1.1.1 入井深度
511200					5.1.1.2 测量井段
512000			5.1.2 二开井段		
512100					5.1.2.1 入井深度
512200					5.1.2.2 测量井段
513000			5.1.3 三开井段		
513100					5.1.3.1 入井深度
513200					5.1.3.2 测量井段
514000			5.1.4 四开井段		
514100					5.1.4.1 入井深度
514200					5.1.4.2 测量井段
515000			5.1.5 五开井段		
515100					5.1.5.1 入井深度
515200					5.1.5.2 测量井段
520000		5.2 固井质量测井费			
521000			5.2.1 一开井段		

续表

项目编码	Ⅰ单项工程	Ⅱ单位工程	Ⅲ分部工程	Ⅳ分项工程	Ⅴ子项工程
521100				5.2.1.1 入井深度	
521200				5.2.1.2 测量井段	
522000			5.2.2 二开井段		
522100				5.2.2.1 入井深度	
522200				5.2.2.2 测量井段	
523000			5.2.3 三开井段		
523100				5.2.3.1 入井深度	
523200				5.2.3.2 测量井段	
524000			5.2.4 四开井段		
524100				5.2.4.1 入井深度	
524200				5.2.4.2 测量井段	
525000			5.2.5 五开井段		
525100				5.2.5.1 入井深度	
525200				5.2.5.2 测量井段	
530000		5.3 技术服务费			
531000			5.3.1 电缆地层测试		
531100				5.3.1.1 入井深度	
531200				5.3.1.2 测试压力	
531300				5.3.1.3 采集样品	
532000			5.3.2 井壁取心		
532100				5.3.2.1 入井深度	
532200				5.3.2.2 取心数量	
533000			5.3.3 套管质量评价测井		
533100				5.3.3.1 入井深度	
533200				5.3.3.2 测量井段	
534000			5.3.4 压裂酸化评价测井		
534100				5.3.4.1 入井深度	
534200				5.3.4.2 测量井段	
540000		5.4 资料处理解释费			
541000			5.4.1 裸眼测井		
541100				5.4.1.1 一开井段	
541200				5.4.1.2 二开井段	
541300				5.4.1.3 三开井段	
541400				5.4.1.4 四开井段	
541500				5.4.1.5 五开井段	
542000			5.4.2 固井质量测井		
542100				5.4.2.1 一开井段	

续表

项目编码	Ⅰ单项工程	Ⅱ单位工程	Ⅲ分部工程	Ⅳ分项工程	Ⅴ子项工程
542200				5.4.2.2 二开井段	
542300				5.4.2.3 三开井段	
542400				5.4.2.4 四开井段	
542500				5.4.2.5 五开井段	
543000			5.4.3 技术服务		
543100				5.4.3.1 电缆地层测试	
543200				5.4.3.2 井壁取心	
543300				5.4.3.3 套管质量评价测井	
543400				5.4.3.4 压裂酸化评价测井	
550000		5.5 其他作业费			
551000			5.5.1 下电缆桥塞		
552000			5.5.2 爆炸切割		
553000			5.5.3 爆炸松扣		
560000		5.6 税费			
600000	6 完井工程费				
610000		6.1 完井作业费			
611000			6.1.1 设备搬迁		
611100				6.1.1.1 设备拆卸安装	
611200				6.1.1.2 设备运输	
612000			6.1.2 一层作业		
612100				6.1.2.1 井筒施工	
612200				6.1.2.2 排液求产	
613000			6.1.3 二层作业		
613100				6.1.3.1 井筒施工	
613200				6.1.3.2 排液求产	
614000			6.1.4 三层作业		
614100				6.1.4.1 井筒施工	
614200				6.1.4.2 排液求产	
620000		6.2 主要材料费			
621000			6.2.1 采油树		
622000			6.2.2 油管		
623000			6.2.3 洗井液		
624000			6.2.4 射孔液		
625000			6.2.5 压井液		
626000			6.2.6 井下工具		
627000			6.2.7 压裂酸化材料		
627100				6.2.7.1 清水	

续表

项目编码	Ⅰ单项工程	Ⅱ单位工程	Ⅲ分部工程	Ⅳ分项工程	Ⅴ子项工程
627200				6.2.7.2 添加剂	
627300				6.2.7.3 支撑剂	
627400				6.2.7.4 酸液	
630000		6.3 大宗材料运输费			
631000			6.3.1 采油树运输		
632000			6.3.2 油管运输		
633000			6.3.3 洗井液运输		
634000			6.3.4 射孔液运输		
635000			6.3.5 压井液运输		
636000			6.3.6 井下工具运输		
637000			6.3.7 压裂酸化材料运输		
637100				6.3.7.1 清水运输	
637200				6.3.7.2 添加剂运输	
637300				6.3.7.3 支撑剂运输	
637400				6.3.7.4 酸液运输	
640000		6.4 技术服务费			
641000			6.4.1 磁定位测井		
641100				6.4.1.1 入井深度	
641200				6.4.1.2 测量井段	
642000			6.4.2 射孔作业		
643000			6.4.3 地面计量		
644000			6.4.4 地层测试		
645000			6.4.5 试井		
646000			6.4.6 钢丝作业		
647000			6.4.7 压裂酸化		
648000			6.4.8 单项服务		
648100				6.4.8.1 泵车	
648200				6.4.8.2 液氮罐车	
648300				6.4.8.3 液氮泵车	
648400				6.4.8.4 水罐车	
648500				6.4.8.5 锅炉车	
648600				6.4.8.6 连续油管车	
648700				6.4.8.7 卡车	
650000		6.5 其他作业费			
651000			6.5.1 污水处理		
652000			6.5.2 废液处理		
653000			6.5.3 废物处理		

续表

项目编码	Ⅰ单项工程	Ⅱ单位工程	Ⅲ分部工程	Ⅳ分项工程	Ⅴ子项工程
654000			6.5.4 废气处理		
655000			6.5.5 噪声处理		
660000		6.6 税费			
700000	7 工程建设其他费				
710000		7.1 钻井工程管理费			
711000			7.1.1 建设单位管理		
712000			7.1.2 钻井工程监督		
720000		7.2 钻井设计费			
721000			7.2.1 钻井地质设计		
722000			7.2.2 钻井工程设计		
723000			7.2.3 钻井工程预算		
730000		7.3 土地租用费			
731000			7.3.1 进井场道路用地		
732000			7.3.2 井场用地		
733000			7.3.3 生活区用地		
740000		7.4 环保管理费			
741000			7.4.1 环境影响评价		
742000			7.4.2 环保监测		
750000		7.5 工程研究试验费			
751000			7.5.1 钻井工程方案编制		
752000			7.5.2 钻井工程技术先导试验		
760000		7.6 工程保险费			
761000			7.6.1 雇主责任保险		
762000			7.6.2 井喷控制费用保险		
763000			7.6.3 设备保险		
770000		7.7 安全保卫费			
780000		7.8 贷款利息			
790000		7.9 税费			

附录 B 钻井工程概算指标模式

指标编号 LHZB-1

基础数据

序号	项目	主要参数	序号	项目	主要参数
1	建设单位	兴隆台采油厂	19	井眼轨迹	水平位移 2650m；垂直井深 3482m；水平段 500m
2	油气田	兴隆台			
3	区块	马古1			
4	目的层	太古界			
5	井别	开发井			
6	井型	定向井			
7	井深	3900.00m			
8	垂直井深	3482.00m			
9	造斜点	2650.00m			
10	水平位移	500.00m			
11	建井周期	122.50d			
12	钻井周期	108.00d			
13	完井周期	10.50d			
14	钻机类型	ZJ50D			
15	作业机类型	XJ550			
16	井身结构	一开钻头：444.5mm×850m/套管：339.7mm×848m 二开钻头：311.1mm×2450m/套管：244.5mm×2445m 三开钻头：215.9mm×3900m/套管：168.3mm×3860m			
17	单井工程造价	19547936.65元			
18	单位进尺造价	5012.29元/m			

— 199 —

续表

工程量清单计价

序号	项目编码	项目名称	项目特征	计量单位	工程量	综合单价（元）	金额（元）	备注
1	100000	**钻前工程费**					**402505.39**	
2	110000	井位勘测费					11500.00	
3	113000	井位测量	全站仪测量	次	2.00	3500.00	7000.00	
4	111000	道路井场勘测	场地面积12000m², 常规勘测	次	1.00	4500.00	4500.00	
5	120000	道路修建费					181309.69	
6	121000	道路修建	在基本农田上修建临时进井路, 铺碎石	km	0.80	189137.11	151309.69	
7	122000	道路维修	加宽加固农田机耕道	km	2.00	15000.00	30000.00	
8	130000	井场建设费					89158.50	
9	131000	井场平整	在基本农田上平整井场9000m²	次	1.00	20365.00	20365.00	
10	132000	生活区平整	在基本农田上平整生活区3000m²	次	1.00	3000.00	3000.00	
11	133000	池类构筑					65793.50	
12	133100	沉砂池构筑	长12m×宽6.5m×高2.5m	个	1.00	28927.50	28927.50	
13	133200	废液池构筑	长12m×宽4.5m×高2m	个	2.00	12580.00	25160.00	
14	133300	放喷池构筑	长10m×宽3m×高1m	个	2.00	3200.00	6400.00	
15	133400	垃圾坑构筑	长2m×宽2m×高1m	个	2.00	928.00	1856.00	
16	133500	方井构筑	长2m×宽2m×高2m	个	1.00	3450.00	3450.00	
17	140000	钻机搬迁费					116552.00	
18	141000	钻机拆卸安装	ZJ50D钻机,	次	1.00	16850.00	16850.00	
19	142000	水电拆卸安装		次	1.00	10722.00	10722.00	
20	143000	钻井设备运输	ZJ50D钻机, 常规运输, 搬迁距离3km	次	1.00	88980.00	88980.00	
21	160000	税费		%	1.00	1.00	3985.20	
22	200000	**钻进工程费**					**10157135.95**	
23	210000	钻进作业费					6112198.00	

— 200 —

续表

序号	项目编码	项目名称	项目特征	计量单位	工程量	综合单价（元）	金额（元）	备注
24	211000	一开井段					735148.00	
25	211100	钻进施工	ZJ50D 钻机，444.5mm 井眼进尺 850m	d	7.86	56900.00	447234.00	
26	211200	完井施工	井深 850m，339.7mm 套管下深 848m	d	5.06	56900.00	287914.00	
27	212000	二开井段					2311847.00	
28	212100	钻进施工	ZJ50D 钻机，311.1mm 井眼进尺 1600m	d	29.40	56900.00	1672860.00	
29	212200	完井施工	井深 2450m，244.5mm 套管下深 2445m	d	11.23	56900.00	638987.00	
30	213000	三开井段					3065203.00	
31	213100	钻进施工	ZJ50D 钻机，215.9mm 井眼进尺 1450m	d	43.14	56900.00	2454666.00	
32	213200	完井施工	井深 3900m，168.3mm 套管下深 3860m	d	10.73	56900.00	610537.00	
33	220000	主要材料费					3047682.25	
34	221000	钻头					916083.00	
35	221100	一开井段	444.5mm，MP1-1，牙轮钻头进尺 850m	只	3.00	24537.00	73611.00	
36	221200	二开井段					533506.00	
37	221201		311.1mm，SHT22R-1，牙轮钻头进尺 280m	只	2.00	38995.00	77990.00	
38	221202		311.1mm，MP2R-1，牙轮钻头进尺 240m	只	2.00	26263.00	52526.00	
39	221203		311.1mm，HJ517G，牙轮钻头进尺 570m	只	3.00	59108.00	177324.00	
40	221204		311.1mm，BD536，PDC 钻头进尺 510m	只	0.50	451332.00	225666.00	
41	221300	三开井段	215.9mm，HJ517G，牙轮钻头进尺 1450m	只	8.00	38620.75	308966.00	
42	222000	钻井液材料					1375116.25	
43	222100	一开井段					164129.80	
44	222101		膨润土粉	kg	9000.00	0.72	6480.00	
45	222102		重晶石，$BaSO_4$	kg	80.00	0.56	44.80	
46	222103		烧碱，NaOH	kg	525.00	1.80	945.00	
47	222104		两性离子包被剂，FA-367	kg	2000.00	24.12	48240.00	

续表

序号	项目编码	项目名称	项目特征	计量单位	工程量	综合单价（元）	金额（元）	备注
48	222105		两性离子降黏剂，XY-27	kg	2600.00	24.50	63700.00	
49	222106		两性离子降滤失剂，JT-888	kg	900.00	24.20	21780.00	
50	222107		液体润滑剂，HY-203	kg	2000.00	11.47	22940.00	
51	222200	三开井段					344882.70	
52	222201		膨润土粉	kg	28000.00	0.72	20160.00	
53	222202		重晶石，BaSO$_4$	kg	4200.00	0.56	2352.00	
54	222203		纯碱，Na$_2$CO$_3$	kg	846.00	1.45	1226.70	
55	222204		烧碱，NaOH	kg	1250.00	1.80	2250.00	
56	222205		两性离子包被剂，FA-367	kg	4200.00	24.12	101304.00	
57	222206		两性离子降黏剂，XY-27	kg	3430.00	24.50	84035.00	
58	222207		两性离子降滤失剂，JT-888	kg	3725.00	24.20	90145.00	
59	222208		液体润滑剂，HY-203	kg	3000.00	11.47	34410.00	
60	222209		盐，NaCl	kg	12000.00	0.75	9000.00	
61	222300	三开井段					866103.75	
62	222201		膨润土粉	kg	25000.00	0.72	18000.00	
63	222202		重晶石，BaSO$_4$	kg	117000.00	0.56	65520.00	
64	222203		纯碱，Na$_2$CO$_3$	kg	5275.00	1.45	7648.75	
65	222204		烧碱，NaOH	kg	3475.00	1.80	6255.00	
66	222205		两性离子包被剂，FA-367	kg	2725.00	24.12	65727.00	
67	222206		两性离子降黏剂，XY-27	kg	9930.00	24.50	243285.00	
68	222207		两性离子降滤失剂，JT-888	kg	9285.00	24.20	224697.00	
69	222208		液体润滑剂，HY-203	kg	4000.00	11.47	45880.00	
70	222209		消泡剂，YHP-008	kg	2000.00	16.91	33820.00	
71	222210		羧甲基纤维素钠盐，CMC	kg	4500.00	2.40	10800.00	

— 202 —

续表

序号	项目编码	项目名称	项目特征	计量单位	工程量	综合单价（元）	金额（元）	备注
72	222211		磺化酚醛树脂，SMP-Ⅱ	kg	2500.00	11.29	28225.00	
73	222212		油溶性暂堵剂，EP-1	kg	4500.00	14.46	65070.00	
74	222213		暂堵剂，ZD-1	kg	4000.00	2.49	9960.00	
75	222214		碱式碳酸锌，2ZnCO$_3$·3Zn(OH)$_2$	kg	3200.00	12.88	41216.00	
76	223000	生产用水		m^3			21840.00	
77	223100	一开井段		m^3	910.00	6.50	5915.00	
78	223200	二开井段		m^3	1350.00	6.50	8775.00	
79	223300	三开井段		m^3	1100.00	6.50	7150.00	
80	224000	钻具					734643.00	
81	224100	一开井段	127mm钻杆	m	850.00	188.37	160114.50	
82	224200	二开井段	127mm钻杆	m	1600.00	188.37	301392.00	
83	224300	三开井段	127mm钻杆	m	1450.00	188.37	273136.50	
84	230000	大宗材料运输费					144690.00	
85	231000	钻头运输	往返路程20km	t·km	6690.00	1.00	6690.00	
86	232000	钻井液材料运输	往返路程20km	t·km	26700.00	1.00	26700.00	
87	233000	生产用水运输	往返路程20km	t·km	84000.00	1.00	84000.00	
88	234000	钻具运输	往返路程30km	t·km	27300.00	1.00	27300.00	
89	240000	技术服务费					600000.00	
90	243000	定向井服务	使用MWD	d	40.00	15000.00	600000.00	
91	250000	其他井服务					152000.00	
92	251000	污水处理		m^3	3500.00	20.00	70000.00	
93	252000	废液处理		m^3	8200.00	10.00	82000.00	
94	260000	税费		%		1.00	100565.70	
95	300000	固井工程费					5809246.79	

续表

序号	项目编码	项目名称	项 目 特 征	计量单位	工程量	综合单价（元）	金额（元）	备注
96	310000	固井作业费					175240.62	
97	311000	一开井段	2000型水泥车组，往返路程20km；444.5mm井眼井深850m，339.7mm套管下深848m，单级常规固井，水泥量100t	次	1.00	16285.61	16285.61	
98	312000	二开井段	2000型水泥车组，往返路程20km；311.1mm井眼井深2450m，244.5mm套管下深2445m，单级常规固井，水泥量130t	次	1.00	85539.44	85539.44	
99	313000	三开井段	2000型水泥车组，往返路程20km；215.9mm井眼井深3900m，168.3mm套管下深3860m，单级常规固井，水泥量80t	次	1.00	73415.57	73415.57	
100	320000	主要材料费					5346023.54	甲方提供
101	321000	套管					4821169.74	
102	321100	一开井段	外径339.7mm，壁厚10.92mm，单重90.86kg/m，长圆扣，钢级J55	m	848.00	758.68	643360.64	
103	321200	二开井段		m			1658013.50	
104	321210		外径244.5mm，壁厚11.99mm，单重70.01kg/m，长圆扣，钢级L80	m	205.00	665.10	136345.50	
105	321220		外径244.5mm，壁厚11.05mm，单重64.79kg/m，长圆扣，钢级L80	m	1480.00	615.51	910954.80	
106	321230		外径244.5mm，壁厚11.99mm，单重70.01kg/m，长圆扣，钢级TP110	m	760.00	803.57	610713.20	
107	321300	三开井段		m			2519795.60	
108	321310		外径168.3mm，壁厚10.59mm，单重41.71kg/m，VAM扣，钢级SM90	m	900.00	635.79	572211.00	
109	321320		外径168.3mm，壁厚10.59mm，单重41.71kg/m，VAM扣，钢级L80	m	820.00	596.45	489089.00	
110	321330		外径168.3mm，壁厚12.07mm，单重47.66kg/m，VAM扣，钢级L80	m	2140.00	681.54	1458495.60	

续表

序号	项目编码	项目名称	项目特征	计量单位	工程量	综合单价（元）	金额（元）	备注
111	322000	套管附件					70280.00	
112	322100	一开井段					25200.00	
113	322110		339.7mm 浮箍	个	1.00	8500.00	8500.00	
114	322120		339.7mm 浮鞋	个	1.00	8300.00	8300.00	
115	322130		弹簧扶正器	个	20.00	420.00	8400.00	
116	322200	二开井段					28000.00	
117	322210		244.5mm 浮箍	个	1.00	6600.00	6600.00	
118	322220		244.5mm 浮鞋	个	1.00	6400.00	6400.00	
119	322230		弹簧扶正器	个	60.00	250.00	15000.00	
120	322300	三开井段					17080.00	
121	322310		168.3mm 浮箍	个	1.00	2200.00	2200.00	
122	322320		168.3mm 浮鞋	个	1.00	2000.00	2000.00	
123	322330		弹簧扶正器	个	50.00	200.00	10000.00	
124	322340		钢性扶正器	个	4.00	720.00	2880.00	
125	323000	井下工具					28500.00	
126	323100	一开井段					28500.00	
127	323110		内管法注水泥器	只	1.00	28500.00	28500.00	
128	324000	水泥					181700.00	
129	324100	一开井段	油井水泥	t	100.00	550.00	55000.00	
130	324200	二开井段	油井水泥	t	130.00	550.00	71500.00	
131	324300	三开井段	嘉华 G 级水泥	t	80.00	690.00	55200.00	
132	325000	水泥外加剂					244373.80	
133	325200	二开井段	HT123	kg	150.00	22.76	3413.30	
134	325300	三开井段					240960.50	

续表

序号	项目编码	项目名称	项目特征	计量单位	工程量	综合单价（元）	金额（元）	备注
135	325310		OMEX-93L	kg	1790.00	27.94	50012.60	
136	325320		OMEX-89L	kg	5530.00	29.82	164904.60	
137	325330		OMEX-61L	kg	430.00	36.99	15905.70	
138	325340		OMEX-19L	kg	240.00	42.24	10137.60	
139	330000	大宗材料运输费					71224.03	
140	331000	套管运输					28444.50	
141	331100	一开井段	重量77.05t，往返路程20km	t·km	6511.40	1.00	6511.40	
142	331200	二开井段	重量163.45t，往返路程20km	t·km	8910.30	1.00	8910.30	
143	331300	三开井段	重量173.73t，往返路程20km	t·km	13022.80	1.00	13022.80	
144	332000	水泥运输					36439.34	
145	332100	一开井段	重量100t，往返路程20km	t·km	10638.74	1.00	10638.74	
146	332200	二开井段	重量130t，往返路程20km	t·km	16167.83	1.00	16167.83	
147	332300	三开井段	重量80t，往返路程20km	t·km	9632.77	1.00	9632.77	
148	333000	水泥外加剂运输					6340.19	
149	333200	二开井段	HT123：150kg，往返路程20km	t·km	1289.72	1.00	1289.72	
150	333300	三开井段	OMEX-93L：1790kg，OMEX-89L：5530kg，OMEX-61L：430kg，OMEX-19L：240kg，往返路程20km	t·km	5050.47	1.00	5050.47	
151	340000	技术服务费					174092.23	
152	341000	套管检测					108725.60	
153	341100	一开井段	339.7mm套管密封性能	m	848.00	15.20	12889.60	
154	341200	二开井段	244.5mm套管密封性能	m	2445.00	15.20	37164.00	
155	341300	三开井段	168.3mm套管密封性能	m	3860.00	15.20	58672.00	
156	342000	水泥试验					11107.53	
157	342100	一开井段		次	1.00	3702.51	3702.51	

续表

序号	项目编码	项目名称	项目特征	计量单位	工程量	综合单价（元）	金额（元）	备注
158	342200	二开井段		次	1.00	3702.51	3702.51	
159	342300	三开井段		次	1.00	3702.51	3702.51	
160	344000	下套管服务					54259.10	
161	344200	二开井段	244.5mm套管，扭矩监控记录	m	2445.00	8.82	21564.90	
162	344300	三开井段	168.3mm套管，扭矩监控记录	m	3860.00	8.47	32694.20	
163	350000	其他作业费					38080.00	
164	352000	试压	2000型水泥车1台	次	5.00	7616.00	38080.00	
165	360000	税费		%		1.00	4586.37	
166	**400000**	**录井工程费**					**610249.07**	
167	410000	录井作业费					508933.00	
168	411000	资料采集					453060.00	
169	411100	一开井段	地质录井	d	13.00	1998.00	23114.00	
170	411200	二开井段	地质录井	d	41.00	1998.00	72898.00	
171	411300	三开井段	地质录井和气测录井	d	54.00	6912.00	357048.00	
172	412000	资料处理解释		口井	1.00	27793.00	27793.00	
173	420000	技术服务费					3420.00	
174	421000	定量荧光录井	三维定量荧光录井，样品3块	次	1.00	3420.00	3420.00	
175	430000	其他作业费					91854.00	
176	432000	远程数据传输	卫星传输	d	54.00	1701.00	91854.00	
177	440000	税费		%		1.00	6042.07	
178	**500000**	**测井工程费**					**665385.48**	
179	510000	裸眼测井费					374098.70	
180	511000	一开井段	小数控				22024.60	
181	511100	入井深度					11012.30	

续表

序号	项目编码	项目名称	项目特征	计量单位	工程量	综合单价（元）	金额（元）	备注
182	511110		自然电位	计价米	850.00	2.21	1878.50	
183	511120		自然伽马	计价米	850.00	2.88	2448.00	
184	511130		普通电阻率	计价米	850.00	2.97	2520.80	
185	511140		井径	计价米	850.00	2.56	2176.00	
186	511150		井斜	计价米	850.00	2.34	1989.00	
187	511200	测量井段					11012.30	
188	511210		自然电位	计价米	850.00	2.21	1878.50	
189	511220		自然伽马	计价米	850.00	2.88	2448.00	
190	511230		普通电阻率	计价米	850.00	2.97	2520.80	
191	511240		井径	计价米	850.00	2.56	2176.00	
192	511250		井斜	计价米	850.00	2.34	1989.00	
193	512000	二开井段					87959.70	
194	512100	人井深度	3700				53210.19	
195	512110		自然电位	计价米	2450.00	4.41	10804.50	
196	512120		自然伽马	计价米	2450.00	5.32	13034.00	
197	512130		普通电阻率	计价米	2450.00	4.26	10433.19	
198	512140		井径	计价米	2450.00	3.67	8991.50	
199	512150		井斜	计价米	2450.00	4.06	9947.00	
200	512200	测量井段					34749.51	
201	512210		自然电位	计价米	1600.00	4.41	7056.00	
202	512220		自然伽马	计价米	1600.00	5.32	8512.00	
203	512230		普通电阻率	计价米	1600.00	4.26	6813.51	
204	512240		井径	计价米	1600.00	3.67	5872.00	
205	512250		井斜	计价米	1600.00	4.06	6496.00	

续表

序号	项目编码	项目名称	项目特征	计量单位	工程量	综合单价（元）	金额（元）	备注
206	513000	三开井段					264114.40	
207	513100	入井深度	3700				192531.99	
208	513110		自然电位	计价米	3900.00	4.41	17199.00	
209	513120		自然伽马	计价米	3900.00	5.32	20748.00	
210	513130		双感应/微球形聚集	计价米	3900.00	8.32	32448.00	
211	513140		补偿声波	计价米	3900.00	7.29	28419.99	
212	513150		补偿中子	计价米	3900.00	7.23	28197.00	
213	513160		补偿密度	计价米	3900.00	9.05	35295.00	
214	513170		井径	计价米	3900.00	3.68	14352.00	
215	513180		井斜	计价米	3900.00	4.07	15873.00	
216	513200	测量井段					71582.41	
217	513210		自然电位	计价米	1450.00	4.41	6394.50	
218	513220		自然伽马	计价米	1450.00	5.32	7714.00	
219	513230		双感应/微球形聚集	计价米	1450.00	8.32	12064.00	
220	513240		补偿声波	计价米	1450.00	7.29	10566.41	
221	513250		补偿中子	计价米	1450.00	7.23	10483.50	
222	513260		补偿密度	计价米	1450.00	9.05	13122.50	
223	513270		井径	计价米	1450.00	3.68	5336.00	
224	513280		井斜	计价米	1450.00	4.07	5901.50	
225	520000	固井质量测井费					242079.40	
226	521000	一开井段	小数控				13683.60	
227	521100	入井深度					6841.80	
228	521110		自然伽马	计价米	840.00	2.88	2419.20	
229	521120		磁定位	计价米	840.00	1.15	966.00	

续表

序号	项目编码	项目名称	项目特征	计量单位	工程量	综合单价（元）	金额（元）	备注
230	521130		CBL	计价米	840.00	4.12	3456.60	
231	521200	测量井段					6841.80	
232	521210		自然伽马	计价米	840.00	2.88	2419.20	
233	521220		磁定位	计价米	840.00	1.15	966.00	
234	521230		CBL	计价米	840.00	4.12	3456.60	
235	522000	二开井段					37203.60	
236	522100	入井深度	3700				18601.80	
237	522110		自然伽马	计价米	2440.00	2.88	7027.20	
238	522120		磁定位	计价米	2440.00	1.15	2806.00	
239	522130		CBL	计价米	2440.00	3.59	8768.60	
240	522200	测量井段					18601.80	
241	522210		自然伽马	计价米	2440.00	2.88	7027.20	
242	522220		磁定位	计价米	2440.00	1.15	2806.00	
243	522230		CBL	计价米	2440.00	3.59	8768.60	
244	523000	三开井段					191192.20	
245	523100	入井深度	5700				109170.68	
246	523110		自然伽马	计价米	3850.00	6.13	23600.50	
247	523120		磁定位	计价米	3850.00	5.86	22561.00	
248	523130		CBL	计价米	3850.00	6.84	26334.00	
249	523140		VDL	计价米	3850.00	9.53	36675.18	
250	523200	测量井段					82021.52	
251	523210		自然伽马	计价米	3850.00	6.13	23600.50	
252	523220		磁定位	计价米	3850.00	5.86	22561.00	
253	523230		CBL	计价米	3850.00	6.84	26334.00	

续表

序号	项目编码	项目名称	项目特征	计量单位	工程量	综合单价（元）	金额（元）	备注
254	523240		VDL	计价米	1000.00	9.53	9526.02	
255	540000	资料处理解释费					42619.40	
256	541000	裸眼测井					21982.55	
257	541100	一开井段	自然电位、自然伽马、普通电阻率、井径、井斜	处理米	4250.00	0.92	3917.23	
258	541200	二开井段	自然电位、自然伽马、普通电阻率、井径、井斜	处理米	8000.00	0.92	7373.60	
259	541300	三开井段	自然电位、自然伽马、双感应/微球形聚集、补偿声波、补偿中子、补偿密度、井斜	处理米	11600.00	0.92	10691.72	
260	542000	固井质量测井					20636.85	
261	542100	一开井段	自然伽马、磁定位、CBL	处理米	2520.00	0.92	2322.68	
262	542200	二开井段	自然伽马、磁定位、CBL	处理米	7320.00	0.92	6746.84	
263	542300	三开井段	自然伽马、磁定位、CBL、VDL	处理米	12550.00	0.92	11567.33	
264	560000	税费		%		1.00	6587.98	
265	**600000**	**完井工程费**					**835673.97**	
266	610000	完井作业费					183654.00	
267	611000	搬迁	XJ450修井机				33750.00	
268	611100	设备拆卸安装		次	1.00	22650.00	22650.00	
269	611200	设备运输		次	1.00	11100.00	11100.00	
270	612000	一层施工					149904.00	
271	612100	井筒施工	通井3500m，配合测井和射孔	d	4.50	15260.00	68670.00	
272	612200	排液求产	8mm油嘴三种工作制度求产、测压、取样	d	6.01	13520.00	81234.00	
273	620000	主要材料费					266125.00	
274	621000	采油树	KYS25/65DG采油树	套	0.10	43940.00	4394.00	
275	622000	油管					206763.00	

— 211 —

续表

序号	项目编码	项目名称	项目特征	计量单位	工程量	综合单价（元）	金额（元）	备注
276	622100	通井油管	外径88.9mm，壁厚9.53mm，单重19.27kg/m，长圆扣，钢级N80，3500m	m	350.00	123.00	43050.00	
277	622200A	射孔油管	外径88.9mm，壁厚9.53mm，单重19.27kg/m，长圆扣，钢级N80，3480m	m	348.00	123.00	42804.00	
278	622300A	下桥塞油管	外径88.9mm，壁厚9.53mm，单重19.27kg/m，长圆扣，钢级N80，3405m	m	340.50	123.00	41881.50	
279	622200B	射孔油管	外径88.9mm，壁厚9.53mm，单重19.27kg/m，长圆扣，钢级N80，3325m	m	332.50	123.00	40897.50	
280	622300B	下桥塞油管	外径88.9mm，壁厚9.53mm，单重19.27kg/m，长圆扣，钢级N80，3100m	m	310.00	123.00	38130.00	
281	623000	洗井液	3‰活性水，密度1.02g/cm³	m³	130.00	8.50	1105.00	
282	624000	射孔液	1%KCL+0.3%A-26+清水，密度1.02g/cm³	m³	110.00	11.60	1276.00	
283	625000	压井液	无固相压井液，密度1.25~1.30g/cm³	m³	65.00	39.80	2587.00	
284	626000	井下工具					50000.00	
285	626100	桥塞	FXY-114A可捞式桥塞	只	2.00	25000.00	50000.00	
286	630000	大宗材料运输费					27460.00	
287	631000	采油树	KYS25/65DG采油树1套，往返路程20km	t·km	1000.00	1.00	1000.00	
288	632000	油管	88.9mm油管长4200m，重80.93t，往返路程20km	t·km	18900.00	1.00	18900.00	
289	633000	洗井液	130m³，往返路程20km	t·km	2860.00	1.00	2860.00	
290	634000	射孔液	110m³，往返路程20km	t·km	2350.00	1.00	2350.00	
291	635000	压井液	65m³，往返路程20km	t·km	1350.00	1.00	1350.00	
292	636000	井下工具	2只桥塞，往返路程20km	t·km	1000.00	1.00	1000.00	
293	640000	技术服务费					298967.75	
294	641000	磁定位测井					39863.75	

— 212 —

续表

序号	项目编码	项目名称	项目特征	计量单位	工程量	综合单价（元）	金额（元）	备注
295	641100A	入井深度		计价米	3480.00		19245.87	
296	641110A		自然伽马	计价米	3480.00	2.88	10022.40	
297	641120A		磁定位	计价米	3480.00	2.65	9223.47	
298	641200A	测量井段		计价米	300.00		1659.13	
299	641210A		自然伽马	计价米	300.00	2.88	864.00	
300	641220A		磁定位	计价米	300.00	2.65	795.13	
301	641100B	入井深度		计价米	3325.00		17389.75	
302	641110B		自然伽马	计价米	3325.00	2.88	9576.00	
303	641120B		磁定位	计价米	3325.00	2.35	7813.75	
304	641200B	测量井段		计价米	300.00		1569.00	
305	641210B		自然伽马	计价米	300.00	2.88	864.00	
306	641220B		磁定位	计价米	300.00	2.35	705.00	
307	642000	射孔					182742.00	
308	642000A	射孔施工	油管传输射孔 3460~3470m，TY114-13-90 射孔枪，127-4 射孔弹	射孔米	10.00	8306.45	83064.55	
309	642000B	射孔施工	油管传输射孔 3300~3312m，TY114-13-90 射孔枪，127-4 射孔弹	射孔米	12.00	8306.45	99677.45	
310	643000	地面计量	三项分离器1台，计量罐2个，工程车1台，往返路程20km，两次计量施工	d	5.00	10490.00	52450.00	
311	647000	单项服务					23912.00	
312	647100	泵车	1台泵车，试压	次	6.00	1800.00	10800.00	
313	647200	液氮罐车	1台液氮罐车，降液面	次	2.00	756.00	1512.00	
314	647300	液氮泵车	1台液氮泵车，降液面	次	2.00	5800.00	11600.00	
315	650000	其他作业费					54100.00	

— 213 —

续表

序号	项目编码	项目名称	项目特征	计量单位	工程量	综合单价（元）	金额（元）	备注
316	651000	污水处理		m³	1380.00	20.00	27600.00	
317	652000	废液处理		m³	2560.00	10.00	26500.00	
318	660000	税费		%		1.00	5367.22	
319	**700000**	**工程建设其他费**					**1067740.00**	
320	720000	钻井设计费					48000.00	
321	721000	钻井地质设计		套	1.00	20000.00	20000.00	
322	722000	钻井工程设计		套	1.00	18000.00	18000.00	
323	723000	钻井工程预算		套	1.00	10000.00	10000.00	
324	730000	土地租用费					867000.00	
325	731000	进井场道路用地	长期租用	m²	500.00	102.00	51000.00	
326	732000	井场用地	长期租用	m²	5000.00	153.00	765000.00	
327	733000	生活区用地	临时租用	m²	3000.00	17.00	51000.00	
328	760000	工程保险费					152740.00	
329	761000	雇主责任保险		次	1.00	16240.00	16240.00	
330	762000	井喷控制费用保险		次	1.00	31200.00	31200.00	
331	763000	设备保险		次	1.00	105300.00	105300.00	

— 214 —

附录 C 钻井工程工程量清单计算规则

表 C-1 井位勘测（编码 110000）

项目编码	项目名称	项目特征	计量单位	工程量计算规则	工程内容
111000	井位测量	(1)测量方法； (2)测量要求	次	按测量次数计算	(1)现场测量井位； (2)设立井位标志
112000	道路井场勘测	(1)道路长度； (2)井场面积； (3)勘测要求	次	按勘测次数计算	(1)沿途勘察路况； (2)测量道路长度； (3)勘察井场环境； (4)编写勘测报告； (5)施工设计
113000	地质钻探	(1)钻孔深度； (2)钻孔数量	m	按钻孔进尺计算	(1)钻孔施工； (2)测量标高、进尺； (3)编写报告

表 C-2 道路修建（编码 120000）

项目编码	项目名称	项目特征	计量单位	工程量计算规则	工程内容
121000	道路修建	(1)地表条件； (2)修建要求	km	按设计新建道路长度计算	(1)挖填土石方； (2)铺垫； (3)碾压； (4)平整； (5)构筑护坡
122000	道路维修	(1)道路条件； (2)维修要求	km	按设计维修道路长度计算	(1)铺垫； (2)碾压； (3)平整
123000	桥涵修建	(1)桥涵长度； (2)修建要求	座	按设计修建桥涵数量计算	(1)桥涵加固； (2)简易桥涵架设

表 C-3 井场修建（编码 130000）

项目编码	项目名称	项目特征	计量单位	工程量计算规则	工程内容
131000	井场平整	(1)地表条件； (2)面积； (3)平整要求	次	按平整次数计算（1口井计1次，多井1平台计1次）	(1)铺垫； (2)平整； (3)压实； (4)转移余土
132000	生活区平整	(1)地表条件； (2)面积； (3)平整要求	次	按平整次数计算（1口井计1次，多井1平台计1次）	(1)铺垫； (2)平整； (3)压实； (4)转移余土
133000	池类构筑				

续表

项目编码	项目名称	项目特征	计量单位	工程量计算规则	工程内容
133100	沉砂池构筑	(1)体积； (2)类型； (3)构筑要求	个	按设计构筑数量计算	(1)开挖土方； (2)砌筑； (3)防渗
133200	废液池构筑				
133300	放喷池构筑				
133400	垃圾坑构筑				
133500	圆井(方井)构筑				
134000	现浇基础构筑	(1)基础类型； (2)构筑要求	组	按设计组数计算(1口井计1组，多井1平台计1组)	(1)开挖基础坑； (2)浇筑基础； (3)养护基础
135000	桩基基础构筑	(1)桩截面； (2)桩长度； (3)构筑要求	根	按设计图示尺寸以根数计算	(1)桩制作； (2)运输； (3)打桩
136000	井场围堰构筑	(1)地表条件； (2)施工要求	m	按设计长度计算	(1)测量； (2)铺垫； (3)砌筑
137000	隔离带构筑	(1)地表条件； (2)施工要求	m	按设计长度计算	(1)测量； (2)施工

表 C-4 钻机搬迁(编码 140000)

项目编码	项目名称	项目特征	计量单位	工程量计算规则	工程内容
141000	钻机拆卸安装	(1)钻机型号； (2)拆安方法	次	按设计拆安次数计算	(1)拆卸； (2)安装
142000	水电拆卸安装	(1)供水方式； (2)供电方式； (3)供水配电要求	次	按拆卸安装次数计算	(1)水电线路拆除； (2)水电线路安装
143000	钻井设备运输	(1)车辆规格； (2)车辆数量； (3)运输要求； (4)运输距离	次	按设计运输次数计算	(1)装车； (2)运输； (3)卸车
144000	钻机整体运移	(1)运移方法； (2)运移距离	次	按运移次数计算	(1)运移设备连接； (2)运移

表 C-5 其他作业(编码 150000)

项目编码	项目名称	项目特征	计量单位	工程量计算规则	工程内容
151000	水井供水	(1)水井深度； (2)供水要求	m	按水井深度计算	(1)打水井； (2)设立泵站； (3)铺设管线； (4)设置水罐； (5)架设电线； (6)水管线安装； (7)运输

续表

项目编码	项目名称	项目特征	计量单位	工程量计算规则	工程内容
152000	泵站供水	(1)距水源距离； (2)供水要求	km	按设计距离计算	(1)设立泵站； (2)铺设管线； (3)设置水罐； (4)架设电线； (5)水管线安装； (6)运输
153000	井场供暖	(1)供暖方式； (2)供暖要求	d	按设计服务时间计算	(1)供暖线路拆安； (2)锅炉安装拆卸； (3)现场供暖服务
154000	地貌恢复	(1)场地面积； (2)回填要求； (3)绿化要求	次	按设计次数计算	(1)清除垃圾； (2)回填池坑； (3)平整场地； (4)绿化

表 C-6　钻进作业（编码 210000）

项目编码	项目名称	项目特征	计量单位	工程量计算规则	工程内容
211000	一开井段				
211100	钻进施工	(1)钻机类型； (2)井眼尺寸； (3)进尺数量	d	按设计施工时间计算	(1)钻进、接单根、划眼、扩眼、起下钻、循环钻井液； (2)处理钻井液、测斜、检查保养设备
211200	完井施工	(1)完钻井深； (2)套管尺寸； (3)套管下深		按设计施工时间计算	(1)配合裸眼测井； (2)下套管； (3)配合固井作业； (4)配合测固井质量； (5)二开钻进准备
212000	二开井段				
212100	钻进施工	(1)钻机类型； (2)井眼尺寸； (3)进尺数量	d	按设计施工时间计算	(1)钻进、接单根、划眼、扩眼、起下钻、循环钻井液； (2)处理钻井液、测斜、检查保养设备
212200	完井施工	(1)完钻井深； (2)套管尺寸； (3)套管下深		按设计施工时间计算	(1)配合裸眼测井； (2)下套管； (3)配合固井作业； (4)配合测固井质量； (5)三开钻进准备
213000	三开井段				

续表

项目编码	项目名称	项目特征	计量单位	工程量计算规则	工程内容
213100	钻进施工	(1)钻机类型; (2)井眼尺寸; (3)进尺数量	d	按设计施工时间计算	(1)钻进、接单根、划眼、扩眼、起下钻、循环钻井液; (2)处理钻井液、测斜、检查保养设备
213200	完井施工	(1)完钻井深; (2)套管尺寸; (3)套管下深		按设计施工时间计算	(1)配合裸眼测井; (2)下套管; (3)配合固井作业; (4)配合测固井质量; (5)四开钻进准备
214000	四开井段				
214100	钻进施工	(1)钻机类型; (2)井眼尺寸; (3)进尺数量	d	按设计施工时间计算	(1)钻进、接单根、划眼、扩眼、循环钻井液; (2)处理钻井液、测斜、检查保养设备
214200	完井施工	(1)完钻井深; (2)套管尺寸; (3)套管下深		按设计施工时间计算	(1)配合裸眼测井; (2)下套管; (3)配合固井作业; (4)配合测固井质量; (5)五开钻进准备
215000	五开井段				
215100	钻进施工	(1)钻机类型; (2)井眼尺寸; (3)进尺数量	d	按设计施工时间计算	(1)钻进、接单根、划眼、扩眼、起下钻、循环钻井液; (2)处理钻井液、测斜、检查保养设备
215200	完井施工	(1)完钻井深; (2)套管尺寸; (3)套管下深		按设计施工时间计算	(1)配合裸眼测井; (2)下套管; (3)配合固井作业; (4)配合测固井质量

表 C-7 主要材料(编码 220000)

项目编码	项目名称	项目特征	计量单位	工程量计算规则	工程内容
221000	钻头				
221100	一开井段	(1)钻头尺寸; (2)钻头类型; (3)钻头要求	只	按设计钻头数量计算	(1)现场检测; (2)现场使用; (3)现场维护
221200	二开井段				
221300	三开井段				
221400	四开井段				
221500	五开井段				
222000	钻井液材料				

续表

项目编码	项目名称	项目特征	计量单位	工程量计算规则	工程内容
222100	一开井段	(1)钻井液体系; (2)钻井液性能; (3)材料要求	t 或 m³	按设计消耗数量计算	(1)现场检测; (2)现场使用; (3)现场维护
222200	二开井段				
222300	三开井段				
222400	四开井段				
222500	五开井段				
223000	生产用水	用水范围	m³	按设计消耗数量计算	
224000	钻具	钻具规格	m	按进尺长度计算	

表 C-8 大宗材料运输(编码 230000)

项目编码	项目名称	项目特征	计量单位	工程量计算规则	工程内容
231000	钻头运输	(1)规格、数量; (2)运输要求	t·km	按设计吨公里计算	(1)装车; (2)运输; (3)卸车
232000	钻井液材料运输	(1)重量或体积; (2)运输要求			
233000	生产用水运输				
234000	钻具运输				

表 C-9 技术服务(编码 240000)

项目编码	项目名称	项目特征	计量单位	工程量计算规则	工程内容
241000	管具服务	(1)管具类型; (2)服务要求	m	按设计钻井进尺计算	(1)管具检测; (2)管具运输; (3)管具维修
242000	钻井液服务	(1)仪器规格; (2)人员数量; (3)服务要求	d	按设计服务周期计算	(1)钻井液设计; (2)钻井液配制; (3)现场施工服务
243000	定向井服务	(1)仪器型号; (2)工具类型; (3)施工要求	d	按设计服务时间计算	(1)接定向工具; (2)定向施工; (3)卸定向工具
244000	欠平衡服务	(1)设备型号; (2)工具类型; (3)施工方式	d	按设计服务时间计算	(1)接欠平衡工具; (2)欠平衡施工; (3)卸欠平衡工具
245000	顶驱服务	(1)仪器规格; (2)人员数量	d	按设计服务时间计算	(1)顶驱设备拆安; (2)现场设备服务
246000	测试服务	(1)工具类型; (2)测试方法	d	按设计服务时间计算	(1)接测试工具; (2)现场测试; (3)卸测试工具

表 C-10　其他作业（编码 250000）

项目编码	项目名称	项目特征	计量单位	工程量计算规则	工程内容
251000	污水处理	(1)处理方式； (2)处理数量	m³	按设计处理数量计算	(1)原位处理； (2)拉运； (3)检验
252000	废液处理				
253000	废物处理				
254000	废气处理	(1)处理方式； (2)处理数量	次	按设计次数计算	(1)增加处理设施； (2)检验
255000	噪声处理				

表 C-11　固井作业（编码 310000）

项目编码	项目名称	项目特征	计量单位	工程量计算规则	工程内容
311000	一开井段	(1)车组类型要求； (2)井眼尺寸、井深； (3)套管尺寸、下深； (4)固井方法； (5)水泥量	次	按设计施工次数计算	(1)施工准备； (2)注水泥施工； (3)收尾
312000	二开井段				
313000	三开井段				
314000	四开井段				
315000	五开井段				

表 C-12　主要材料（编码 320000）

项目编码	项目名称	项目特征	计量单位	工程量计算规则	工程内容
321000	套管				
321100	一开井段	(1)外径； (2)壁厚； (3)单重； (4)扣型； (5)钢级	m	按设计下入套管长度计算	(1)现场检测； (2)现场使用； (3)现场维护
321200	二开井段				
321300	三开井段				
321400	四开井段				
321500	五开井段				
322000	套管附件				
322100	一开井段	(1)品种； (2)规格	个或套	按设计下入附件数量计算	(1)现场检测； (2)现场使用； (3)现场维护
322200	二开井段				
322300	三开井段				
322400	四开井段				
322500	五开井段				
323000	井下工具				
323100	一开井段	(1)品种； (2)规格	只或套	按设计下入工具数量计算	(1)现场检测； (2)现场使用； (3)现场维护
323200	二开井段				
323300	三开井段				
323400	四开井段				
323500	五开井段				
324000	水泥				

续表

项目编码	项目名称	项目特征	计量单位	工程量计算规则	工程内容
324100	一开井段	(1)品种; (2)级别	t	按设计用量计算	(1)现场检测; (2)现场使用; (3)现场维护
324200	二开井段				
324300	三开井段				
324400	四开井段				
324500	五开井段				
325000	水泥外加剂				
325100	一开井段	(1)品种; (2)规格	kg 或 m³	按设计用量计算	(1)现场检测; (2)现场使用; (3)现场维护
325200	二开井段				
325300	三开井段				
325400	四开井段				
325500	五开井段				

表 C-13 大宗材料运输(编码 330000)

项目编码	项目名称	项目特征	计量单位	工程量计算规则	工程内容
331000	套管运输				
331100	一开井段	(1)长度; (2)重量; (3)运输要求	t·km	按设计运输数量计算	(1)装车; (2)运输; (3)卸车
331200	二开井段				
331300	三开井段				
331400	四开井段				
331500	五开井段				
332000	水泥运输				
332100	一开井段	(1)品种; (2)重量; (3)运输要求	t·km	按设计运输数量计算	(1)装车; (2)运输; (3)卸车
332200	二开井段				
332300	三开井段				
332400	四开井段				
332500	五开井段				
333000	水泥外加剂运输				
333100	一开井段	(1)品种; (2)重量或体积; (3)运输要求	t·km	按设计运输数量计算	(1)装车; (2)运输; (3)卸车
333200	二开井段				
333300	三开井段				
333400	四开井段				
333500	五开井段				

表 C-14 技术服务(编码 340000)

项目编码	项目名称	项目特征	计量单位	工程量计算规则	工程内容
341000	套管检测				
341100	一开井段	(1)套管尺寸; (2)检测方法; (3)检测项目	m 或根	按设计检测长度或根数计算	在基地检测套管性能
341200	二开井段				
341300	三开井段				
341400	四开井段				
341500	五开井段				

续表

项目编码	项目名称	项目特征	计量单位	工程量计算规则	工程内容
342000	水泥试验				
342100	一开井段	(1)试验项目; (2)性能指标	次	按设计水泥试验次数计算	在实验室进行水泥性能分析化验和检测
342200	二开井段				
342300	三开井段				
342400	四开井段				
342500	五开井段				
343000	水泥混拌				
343100	一开井段	(1)水泥规格; (2)外掺料规格; (3)混拌要求	t	按设计混拌量计算	采用专用装置干混水泥和外加剂、外掺料
343200	二开井段				
343300	三开井段				
343400	四开井段				
343500	五开井段				
344000	下套管服务				
344100	一开井段	(1)套管规格; (2)服务要求	根	按设计下套管根数计算	采用专用设备专业人员下套管
344200	二开井段				
344300	三开井段				
344400	四开井段				
344500	五开井段				

表 C-15 其他作业(编码 350000)

项目编码	项目名称	项目特征	计量单位	工程量计算规则	工程内容
351000	打水泥塞	(1)水泥塞量; (2)车型及数量	次	按设计施工次数计算	现场打水泥塞
352000	试压	(1)车型及数量	次	按设计施工次数计算	现场试压

表 C-16 录井作业(编码 410000)

项目编码	项目名称	项目特征	计量单位	工程量计算规则	工程内容
411000	资料采集				
411100	一开井段	(1)录井方法; (2)录井要求	d	按设计录井作业时间计算	(1)录井准备; (2)现场施工; (3)分析化验; (4)资料整理
411200	二开井段				
411300	三开井段				
411400	四开井段				
411500	五开井段				
412000	资料处理解释	(1)处理解释要求	口井	按设计处理解释井数计算	(1)资料综合处理; (2)完井地质总结

表 C-17 技术服务(编码 420000)

项目编码	项目名称	项目特征	计量单位	工程量计算规则	工程内容
421000	定量荧光录井	(1)录井方法； (2)样品数量； (3)录取要求	次	按设计录井次数计算	(1)取样； (2)制备； (3)分析
422000	岩石热解地化录井	(1)样品数量； (2)录取要求	次	按设计录井次数计算	(1)取样； (2)处理； (3)分析
423000	热解气相色谱录井				
424000	罐顶气轻烃录井	(1)样品数量； (2)录取要求			(1)取样； (2)色谱分析； (3)处理评价
425000	核磁共振录井	(1)样品数量； (2)录取要求			(1)仪器标定； (2)样品处理； (3)样品分析

表 C-18 其他作业(编码 430000)

项目编码	项目名称	项目特征	计量单位	工程量计算规则	工程内容
431000	化验分析	(1)项目； (2)要求	项	按设计化验分析数量计算	(1)取样； (2)分析
432000	远程数据传输	(1)传输方式； (2)传输要求	d	按设计传输时间计算	(1)设备安装； (2)数据传输

表 C-19 裸眼测井(编码 510000)

项目编码	项目名称	项目特征	计量单位	工程量计算规则	工程内容
511000	一开井段				
511100	入井深度	(1)测井设备； (2)测井项目	计价米	按仪器入井深度计算	起下仪器
511200	测量井段			按测量井段长度计算	资料采集
512000	二开井段				
512100	入井深度	(1)测井设备； (2)测井项目	计价米	按仪器入井深度计算	起下仪器
512200	测量井段			按测量井段长度计算	资料采集
513000	三开井段				
513100	入井深度	(1)测井设备； (2)测井项目	计价米	按仪器入井深度计算	起下仪器
513200	测量井段			按测量井段长度计算	资料采集
514000	四开井段				
514100	入井深度	(1)测井设备； (2)测井项目	计价米	按仪器入井深度计算	起下仪器
514200	测量井段			按测量井段长度计算	资料采集
515000	五开井段				
515100	入井深度	(1)测井设备； (2)测井项目	计价米	按仪器入井深度计算	起下仪器
515200	测量井段			按测量井段长度计算	资料采集

表 C-20　固井质量测井（编码 520000）

项目编码	项目名称	项目特征	计量单位	工程量计算规则	工程内容
521000	一开井段				
521100	入井深度	(1)测井设备；	计价米	按仪器入井深度计算	起下仪器
521200	测量井段	(2)测井项目		按测量井段长度计算	资料采集
522000	二开井段				
522100	入井深度	(1)测井设备；	计价米	按仪器入井深度计算	起下仪器
522200	测量井段	(2)测井项目		按测量井段长度计算	资料采集
523000	三开井段				
523100	入井深度	(1)测井设备；	计价米	按仪器入井深度计算	起下仪器
523200	测量井段	(2)测井项目		按测量井段长度计算	资料采集
524000	四开井段				
524100	入井深度	(1)测井设备；	计价米	按仪器入井深度计算	起下仪器
524200	测量井段	(2)测井项目		按测量井段长度计算	资料采集
525000	五开井段				
525100	入井深度	(1)测井设备；	计价米	按仪器入井深度计算	起下仪器
525200	测量井段	(2)测井项目		按测量井段长度计算	资料采集

表 C-21　技术服务（编码 530000）

项目编码	项目名称	项目特征	计量单位	工程量计算规则	工程内容
531000	电缆地层测试				
531100	入井深度	(1)测试器类型；	计价米	按仪器入井深度计算	起下仪器
531200	测试压力	(2)测试要求	点	按设计测试压力点数计算	资料采集
531300	采集样品		点	按设计采集样品数量计算	
532000	井壁取心				
532100	入井深度	(1)取心方式；	计价米	按仪器入井深度计算	起下仪器
532200	取心数量	(2)取心要求	颗	按设计取心颗数计算	采集岩心
533000	套管质量评价				
533100	入井深度	(1)测井设备；	计价米	按仪器入井深度计算	起下仪器
533200	测量井段	(2)测井项目		按测量井段长度计算	资料采集
534000	压裂酸化评价				
534100	入井深度	(1)测井设备；	计价米	按仪器入井深度计算	起下仪器
534200	测量井段	(2)测井项目		按测量井段长度计算	资料采集

表 C-22　资料处理解释（编码 540000）

项目编码	项目名称	项目特征	计量单位	工程量计算规则	工程内容
541000	裸眼测井				
541100	一开井段				
541200	二开井段	(1)测井项目；	处理米	按设计处理解释长度计算	(1)资料处理；
541300	三开井段	(2)处理解释要求			(2)成果解释
541400	四开井段				
541500	五开井段				

续表

项目编码	项目名称	项目特征	计量单位	工程量计算规则	工程内容
542000	固井质量测井				
542100	一开井段	(1)测井项目； (2)处理解释要求	处理米	按设计处理解释长度计算	(1)资料处理； (2)成果解释
542200	二开井段				
542300	三开井段				
542400	四开井段				
542500	五开井段				
543000	技术服务				
543100	电缆地层测试	(1)测试方法； (2)处理解释要求	层	按设计处理解释层数计算	(1)资料处理； (2)成果解释
543200	井壁取心	(1)取心方法； (2)处理解释要求	次	按设计取心次数计算	(1)资料处理； (2)成果解释
543300	套管质量评价	(1)测井项目； (2)处理解释要求	处理米	按设计处理解释长度计算	(1)资料处理； (2)成果解释
543400	压裂酸化评价				

表 C-23　其他作业（编码 550000）

项目编码	项目名称	项目特征	计量单位	工程量计算规则	工程内容
551000	下电缆桥塞	(1)测井设备； (2)施工要求	次	按作业次数计算	(1)施工准备； (2)现场施工
551000	爆炸切割				
551000	爆炸松扣				

表 C-24　完井作业（编码 610000）

项目编码	项目名称	项目特征	计量单位	工程量计算规则	工程内容
611000	设备搬迁				
611100	设备拆卸安装	(1)修井机型号； (2)拆安方法	次	按设计拆安次数计算	(1)拆卸； (2)安装
611200	设备运输	(1)车辆规格； (2)车辆数量； (3)运输要求； (4)运输距离	次	按设计运输次数计算	(1)装车； (2)运输； (3)卸车
612000	一层作业				
612100	井筒施工	(1)施工内容； (2)施工要求	d	按设计时间计算	(1)井筒准备； (2)配合施工
612200	排液求产	(1)排液方法； (2)求产方法； (3)施工要求	d	按设计时间计算	(1)排液； (2)求产； (3)测压； (4)取样； (5)油气水分析

续表

项目编码	项目名称	项目特征	计量单位	工程量计算规则	工程内容
613000	二层作业				
613100	井筒施工	(1)施工内容; (2)施工要求	d	按设计时间计算	(1)井筒准备; (2)配合施工
613200	排液求产	(1)排液方法; (2)求产方法; (3)施工要求	d	按设计时间计算	(1)排液; (2)求产; (3)测压; (4)取样; (5)油气水分析
614000	三层作业				
614100	井筒施工	(1)施工内容; (2)施工要求	d	按设计时间计算	(1)井筒准备; (2)配合施工
614200	排液求产	(1)排液方法; (2)求产方法; (3)施工要求	d	按设计时间计算	(1)排液; (2)求产; (3)测压; (4)取样; (5)油气水分析

表 C-25 主要材料(编码 620000)

项目编码	项目名称	项目特征	计量单位	工程量计算规则	工程内容
621000	采油树	(1)品种; (2)规格	套	按设计采油树摊销量计算	
622000	油管	(1)外径; (2)壁厚; (3)单重; (4)扣型; (5)钢级	m	按设计下入油管摊销长度计算	
623000	洗井液	性能要求	m^3	按设计用量计算	(1)现场检测; (2)现场使用; (3)现场维护
624000	射孔液				
625000	压井液				
626000	井下工具	(1)品种; (2)规格	只或套	按设计工具数量计算	
627000	压裂酸化材料				
627100	清水	(1)品种; (2)规格	m^3	按设计用量计算	
627200	添加剂		m^3 或 t		
627300	支撑剂		t		
627400	酸液		m^3		

— 226 —

表 C-26　大宗材料运输（编码 630000）

项目编码	项目名称	项目特征	计量单位	工程量计算规则	工程内容
631000	采油树	(1)规格； (2)数量； (3)运输要求	t·km	按设计运输数量计算	(1)装车； (2)运输； (3)卸车
632000	油管	(1)长度； (2)重量； (3)运输要求			
633000	洗井液	(1)重量或体积； (2)运输要求			
634000	射孔液				
635000	压井液				
636000	井下工具	(1)品种； (2)数量； (3)运输要求			
637000	压裂酸化材料				
637100	清水	(1)品种； (2)重量； (3)运输要求			
637200	添加剂				
637300	支撑剂				
627400	酸液				

表 C-27　技术服务（编码 640000）

项目编码	项目名称	项目特征	计量单位	工程量计算规则	工程内容
641000	磁定位测井				
641100	入井深度	(1)测井设备； (2)测井项目	计价米	按仪器入井深度计算	起下仪器
641200	测量井段			按测量井段长度计算	资料采集
642000	射孔作业	(1)射孔方法； (2)射孔枪规格； (3)射孔弹规格	射孔米	按设计射孔段长度计算	(1)射孔准备； (2)射孔施工
643000	地面计量	(1)主要设备； (2)计量要求	d	按设计计量时间计算	(1)建立流程； (2)计量； (3)求取数据
644000	地层测试	(1)工具类型； (2)测试方法	次	按设计测试次数计算	(1)接测试工具； (2)现场测试； (3)卸测试工具
645000	试井	(1)仪器类型； (2)测试方法	次	按设计试井次数计算	(1)接试井仪器； (2)现场试井； (3)卸试井仪器
646000	钢丝作业	(1)主要工具； (2)施工要求	d	按设计施工时间计算	(1)拆接工具； (2)下井施工； (3)拆接井口

续表

项目编码	项目名称	项目特征	计量单位	工程量计算规则	工程内容
647000	压裂酸化	(1)作业规模; (2)车组类型; (3)施工要求	次	按设计施工次数计算	(1)摆罐; (2)配液; (3)装砂; (4)摆车; (5)接管线; (6)试压; (7)测试压裂; (8)压裂酸化; (9)关井; (10)拆管线; (11)撤出井场
648000	单项服务				
648100	泵车	(1)车辆数量; (2)要求	次	按设计次数计算	(1)路途行驶; (2)现场施工
648200	液氮罐车				
648300	液氮泵车				
648400	水罐车				
648500	锅炉车				
648600	连续油管车				
648700	卡车				

表 C-28 其他作业(编码 650000)

项目编码	项目名称	项目特征	计量单位	工程量计算规则	工程内容
651000	污水处理	(1)处理方式; (2)处理数量	m^3	按设计处理数量计算	(1)原位处理; (2)拉运; (3)检验
652000	废液处理				
653000	废物处理				
654000	废气处理	(1)处理方式; (2)处理要求	次	按设计次数计算	(1)增加处理设施; (2)检验
655000	噪声处理				

表 C-29 钻井工程管理(编码 710000)

项目编码	项目名称	项目特征	计量单位	工程量计算规则	工程内容
711000	建设单位管理	管理单位	口井	按设计井数计算	(1)钻井工程方案编制; (2)钻井设计管理; (3)钻井过程管理; (4)钻井与地质监督管理; (5)钻井资料与信息化管理; (6)工程技术研究与应用; (7)健康、安全、环境管理
712000	钻井工程监督	(1)监督类型; (2)人数	d	按设计监督时间计算	(1)钻井监督; (2)地质监督; (3)测井监督; (4)试油监督

表 C-30 钻井设计（编码 720000）

项目编码	项目名称	项目特征	计量单位	工程量计算规则	工程内容
721000	钻井地质设计	(1)设计单位； (2)设计要求	套	按设计套数计算	(1)资料调研； (2)编写设计； (3)设计审核
722000	钻井工程设计				
723000	钻井工程预算				

表 C-31 土地租用（编码 730000）

项目编码	项目名称	项目特征	计量单位	工程量计算规则	工程内容
731000	进井场道路用地	(1)租用时间； (2)租用类型； (3)地貌条件	m^2	按设计租用数量计算	(1)现场实测； (2)办理手续； (3)建立档案
732000	井场用地				
733000	生活区用地				

表 C-32 环保管理（编码 740000）

项目编码	项目名称	项目特征	计量单位	工程量计算规则	工程内容
741000	环境影响评价	(1)评价单位； (2)评价项目	次	按设计评价次数计算	(1)现场调查； (2)编写报告
742000	环保监测	(1)监测单位； (2)监测项目	次	按设计监测次数计算	(1)现场监测； (2)编写报告

表 C-33 工程研究试验（编码 750000）

项目编码	项目名称	项目特征	计量单位	工程量计算规则	工程内容
751000	钻井工程方案编制	(1)编制单位； (2)编制要求	次	按设计编制次数计算	(1)现场调查； (2)编写方案
752000	钻井工程技术先导试验	(1)试验单位； (2)试验项目	次	按设计试验次数计算	(1)现场试验； (2)编写报告

表 C-34 工程保险（编码 760000）

项目编码	项目名称	项目特征	计量单位	工程量计算规则	工程内容
761000	雇主责任保险	(1)保险单位； (2)文件规定	口井	按规定取费标准计算	
762000	井喷控制费用保险				
763000	钻井设备保险				

表 C-35 安全保卫（编码 770000）

项目编码	项目名称	项目特征	计量单位	工程量计算规则	工程内容
770000	安全保卫	(1)保卫单位； (2)保卫要求	口井	按相关规定要求计算	现场保卫

表 C-36 贷款利息（编码 780000）

项目编码	项目名称	项目特征	计量单位	工程量计算规则	工程内容
780000	贷款利息	(1)贷款单位； (2)文件规定	口井	按相关规定要求计算	

附录 D 钻井工程主要参数统计表

表 D-1 2011—2013 年开发井主要参数统计

序号	井号	建设单位	油田	区块	井型	井身结构	开钻时间	完钻时间	完井时间	完井方式	完钻井深(m)	钻井周期(d)	单位进尺工时(h/m)	施工单位	井队
1	C42-67	欢采	茨榆坨	茨32	定向井	二开	2011-3-5	2011-3-23	2011-3-28	套管完井	2463	24	0.2339	钻井一公司	30650
2	C36-68	欢采	茨榆坨	茨32	定向井	二开	2011-4-6	2011-4-20	2011-4-29	裸眼完井	2380	24	0.2420	钻井一公司	30650
3	C36-K68	欢采	茨榆坨	茨32	定向井	二开	2011-4-6	2011-5-14	2011-5-17	套管完井	2292	42	0.4398	钻井一公司	30650
4	C42-68	欢采	茨榆坨	茨32	定向井	二开	2011-7-23	2011-8-10	2011-8-14	套管完井	2440	23	0.2262	钻井一公司	30650
5															
6															

填表说明:

填表人:　　　　　　　　　　　　　　　　　　复核人:　　　　　　　　　　　　　　　　年　月　日

表 D-2 2011—2013 年评价井主要参数统计

序号	井号	建设单位	油田	区块	井型	井身结构	开钻时间	完钻时间	完井时间	完井方式	完钻井深(m)	钻井周期(d)	单位进尺工时(h/m)	施工单位	井队
1	L617	欢采	青龙台	龙10	定向井	二开	2011-11-20	2011-12-2	2011-12-9	套管完井	1595	19	0.2859	钻井二公司	30563
2	J635	欢采	欢喜岭			二开	2012-2-11	2012-4-9	2012-4-13	尾管完井	3253	62	0.4574	钻井二公司	32956
3	L81-1	冷东	冷家	雷81	定向井	二开	2011-11-15	2011-12-1	2011-12-5	裸眼完井	2390	20	0.2008	钻井二公司	32472
4	L81-2	冷东	冷家	雷81	定向井	二开	2011-12-6	2011-12-14	2011/12/19	裸眼完井	2146	13	0.1454	钻井二公司	32472
5															
6															

填表说明:

填表人:　　　　　　　　　　　　　　　　　　复核人:　　　　　　　　　　　　　　　　年　月　日

表 D-3 2011-2013 年探井主要参数统计

填表说明：

序号	井号	建设单位	油田	区块	井型	井身结构	开钻时间	完钻时间	完井时间	完井方式	完钻井深(m)	钻井周期(d)	单位进尺工时(h/m)	施工单位	井队
1	XH7	海洋勘探	滩海		定向井	四开	2011-8-22	2011-10-10	2011-10-21	套管完井	4420	60	0.3258	中油海	8号平台
2	XH5	海洋勘探	滩海		定向井	四开	2011-10-27	2011-12-24	2012-1-9	尾管完井	4561	74	0.3894	钻井一公司	50014
3	XH6	海洋勘探	滩海		直井	四开	2011-6-6	2011-8-22	2011-8-30	套管完井	3800	85	0.5368	中油海	1号平台
4															
5															

填表人：　　　　　　　　　　复核人：

年　月　日　　　　　　　　　年　月　日

附录 E 典型井工程参数统计表

表 E-1 综合参数

序号	项 目	内 容	备 注
1	建设单位	茨榆坨采油厂	
2	油气田	青龙台	
3	区块	龙11、龙617	
4	地理位置	辽宁省辽阳县小北河镇房身泡村	
5	地形地貌	平原,稻田	
6	开发情况	开发中期	
7	井别	开发井	
8	井型	定向井	
9	目的层	沙三段	
10	距基地距离	距兴隆台距离65.4km	

表 E-2 钻前工程参数

序号	项 目	单位	内 容	备 注
1	钻机型号		ZJ30	
2	井位测量	次		说明测量方法和次数
3	道路井场勘测	次		说明勘测方法、道路长度、井场面积
4	地质钻探	m		说明钻孔数量、深度
5	新建井场道路	km		说明地表条件、类型、宽度
6	维修井场道路	km		说明地表条件、类型
7	修建桥涵	座		说明桥涵类型、长度、宽度
8	井场用地面积	m²		说明地表条件、长度、宽度
9	生活区用地面积	m²		说明地表条件、长度、宽度
10	现浇基础	组		说明类型和长、宽、高
11	桩基基础构筑	根		说明材质、长度和要求
12	沉砂池构筑	个		
13	废液池构筑	个		
14	放喷池构筑	个		说明长、宽、高及要求
15	垃圾坑构筑	个		
16	圆井(方井)构筑	个		

续表

序号	项目	单位	内容	备注
17	井场围堰构筑	m		说明地表条件、宽度
18	隔离带构筑	m		说明地表条件、宽度
19	搬迁距离	km		说明搬迁方式
20	搬迁安装时间	d		
21	水井供水	m		说明供水要求
22	泵站供水	km		说明供水要求
23	井场供暖	d		说明供暖方式及要求
24	地貌恢复	m²		说明地貌恢复要求

表 E-3 钻井工程井身结构参数

序号	钻进井段	钻头尺寸(mm)	钻深(m)	井段长度(m)	套管尺寸(mm)	套管下深(m)
1	一开	346.0	306.00	306.00	273.0	303.00
2	二开	241.3	1659.00	1353.00	177.8	1658.00

表 E-4 钻井工程井眼轨迹参数

序号	项目	单位	数量
1	井深	m	1659.00
2	垂直井深	m	1641.46
3	造斜点	m	1108.33
4	水平位移	m	84.41

表 E-5 钻井周期参数

序号	项目	开钻日期	完钻日期	完井日期	钻进时间(d)	完井时间(d)	小计(d)
1	一开						
2	二开						
3	合计						

表 E-6 钻井工程钻头参数

序号	钻进井段	尺寸(mm)	型号	起深(m)	终深(m)	进尺(m)	钻进时间(h)	钻速(h/m)	磨损程度	所钻地层
1	一开	346.0	SKG124	0.00	309.00	309.00	12.60	24.40	5%	明化镇
2	二开	241.3	GY437FC	309.00	958.40	649.40	34.00	19.12	30%	馆陶组
3		241.3	HAT127	958.40	1574.00	615.60	50.30	12.23	20%	沙一段
4		241.3	HAT127	1574.00	1715.00	141.00	27.30	5.05	20%	沙三段
5		241.3	HJ437G	876.00	1522.00	646.00	62.33	10.36	70%	东营组、沙一段、沙三段
6		241.3	HJ437G	1522.00	1558.00	36.00	12.00	3.00	85%	沙三段

表 E-7　钻井工程钻井液材料参数

序号	材料名称	代号	单位	一开	二开	合计
1	土粉		t	22.00	13.80	35.80
2	纯碱		t	0.73	0.47	1.20
3	烧碱	NaOH	t	0.15	0.83	0.98
4	重晶石		t		82.23	82.23
5	复合硅降黏剂	GXJ	t		1.70	1.70
6	防塌降滤失剂	FT-881	t		3.00	3.00
7	固体润滑剂(常规)	油性石墨	t		1.33	1.33

表 E-8　钻井工程用水参数

序号	项目	钻井周期(d)	数量(m^3)	每天用水(m^3/d)	供水方式
1	生产用水	16.45	340.33	20.69	打水井供水
2	生活用水	16.45	164.50	10.00	打水井供水

表 E-9　钻进工程大宗材料运输参数

序号	项目	材料数量	车辆类型	规格型号	运输距离(km)	计量单位	数量
1	钻头						
2	钻井液材料						
2.1							
2.2							
3	生产用水						
4	钻具						
4.1							
4.2							
5	柴油						

表 E-10　钻井工程取心参数

序号	钻头尺寸(mm)	钻头型号	起深(m)	终深(m)	进尺(m)	工具类型
1						
2						
3						

表 E-11　钻井工程技术服务参数

序号	项目	服务时间(h)	服务人数(人)	主要设备	备注
1	钻井液服务	424.00	4.00	振动筛、离心机、除砂器	
2	定向井服务				
3	欠平衡服务				
4	顶驱服务				

表 E-12　钻井工程中途测试参数

序号	井眼尺寸(mm)	测试方法	工具型号	测试地层	井深(m)	测试时间(h)
1						
2						

表 E-13 钻进工程其他作业参数

井号	项目	处理方式	单位	处理数量
1	污水处理			
2	废液处理			
3	废物处理	加固化药剂	m^3	270.00
4	废气处理			
5	噪声处理			

表 E-14 固井作业参数

序号	钻进井段	套管尺寸(mm)	套管下深(m)	水泥量(m^3)	车组类型	行驶距离(km)	固井方法
1	一开	273.00	303.00	60.58	单机单注	150.00	插入固井
2	二开	177.80	1658.00	51.00	双机单注	150.00	单级固井

表 E-15 固井工程套管参数

井号	套管名称	套管尺寸(mm)	下深起点(m)	下深终点(m)	段长(m)	钢级	壁厚(mm)
1	表层套管	273.00	0.00	303.00	303.00	J55	8.89
2	生产套管	177.80	0.00	1658.00	1658.00	N80	9.19

表 E-16 套管附件参数

井号	钻进井段	套管尺寸(mm)	附件名称	规格	单位	数量
1	一开	273.00	水泥套管鞋	273.00mm	只	1.00
2	二开	177.80	凡尔鞋	177.80mm	只	1.00
3	二开	177.80	阻流环	177.80mm	只	1.00
4	二开	177.80	旋流发生器	177.80mm	只	6.00
5	二开	177.80	弹性扶正器	177.80mm	只	15.00

表 E-17 井下工具参数

序号	钻进井段	套管尺寸(mm)	工具名称	规格	单位	数量
1	一开	273.00	内管注水泥器	273.00mm	套	1.00

表 E-18 水泥参数

井号	钻进井段	套管尺寸(mm)	品种	级别	单位	数量
1	一开	273.00	油井水泥	G级	t	76.12
2	二开	177.80	低密度水泥	G级	t	40.03
3	二开	177.80	油井水泥加砂	G级	t	15.80

表 E-19 水泥外加剂参数

井号	钻进井段	套管尺寸(mm)	品种	级别	单位	数量
1	一开	273.00	冲洗液		m^3	4.00
2	一开	273.00	隔离液		m^3	8.00
3	一开	273.00	消泡剂		kg	75.50
4	一开	273.00	固井水		m^3	75.25

续表

井号	钻进井段	套管尺寸(mm)	品种	级别	单位	数量
5	二开	177.80	冲洗液		m³	4.00
6			隔离液		m³	8.00
7			消泡剂		kg	34.50
8			早强剂	S1	kg	54.00
9			固井水		m³	62.68

表 E-20 固井工程大宗材料运输参数

序号	项目	材料数量	车辆类型	规格型号	运输距离(km)	计量单位	数量
1	套管						
2	套管附件						
3	井下工具						
4	水泥						
5	水泥外加剂						

表 E-21 固井工程技术服务参数

序号	钻进井段	套管检测(根)	水泥试验(次)	水泥混拌(t)	下套管服务(根)	备注
1	一开	30.00	1.00	80.84	28.00	
2	二开	154.00	2.00	64.78	151.00	

表 E-22 固井工程其他作业参数

井号	钻进井段	试压(次)	打水泥塞(次)	备注
1	一开	1.00		
2	二开	1.00	1.00	

表 E-23 录井作业参数

序号	项目	录井方法	仪器型号	单位	数量
1	一开井段	地质录井	采集仪	d	3.00
2	二开井段	地质录井	采集仪	d	15.00
3	二开井段	气测录井	CPS-2000	d	15.00
4	资料处理解释			口井	1.00

表 E-24 录井工程技术服务参数

序号	项目	仪器型号	单位	数量
1				
2				

表 E-25 录井工程其他作业参数

序号	项目	仪器型号	单位	数量
1				
2				

表 E-26 裸眼测井参数

序号	项目	计量单位	国产数控	国产数控	5700数控
1	入井深度	深度米	1370.00	1703.50	1708.00
2	声波	测量米		1399.50	
3	双侧向	测量米	1066.00		338.00
4	自然电位	测量米		699.00	
5	井径	测量米		1399.50	338.00
6	连续测斜	测量米		1399.50	
7	微电极	测量米		333.50	
8	自然伽马	测量米			338.00
9	0.45m梯度	测量米		503.50	
10	微球聚焦	测量米			338.00
11	补偿中子	测量米			338.00
12	补偿密度	测量米			338.00

表 E-27 固井质量测井参数

序号	项目	计量单位	国产数控
1	入井深度(m)	深度米	1647.33
2	声幅	测量米	1577.33
3	变密度	测量米	1577.33
4	磁定位	测量米	1577.33
5	中子伽马	测量米	208.00
6	自然伽马	测量米	208.00

表 E-28 测井工程技术服务参数

序号	服务项目	测井系列	下深(m)	单位	数量	备注
1	电缆地层测试					
2	井壁取心					

表 E-29 测井工程资料处理解释参数

序号	服务项目	测井系列	单位	数量	备注
1	中完裸眼测井	国产数控	处理米	1066.00	
2	中完裸眼测井	国产数控	处理米	5734.50	
3	完井裸眼测井	5700数控	处理米	2028.00	
4	固井质量测井	国产数控	处理米	5147.99	

表 E-30 测井工程其他作业参数

序号	项目	测井设备	单位	数量	备注
1					
2					

表 E-31 完井作业参数

序号	项目	单位	内容	备注
1	作业机型号		XJ90Z	
2	搬迁距离	km	40.00	
3	搬迁日期		2013-4-6	
4	搬迁周期	d	1.00	
5	一层作业			
5.1	开工日期		2013-4-7	
5.2	井筒施工时间	d	1.50	
5.3	排液求产时间	d	3.50	
6	二层作业			
6.1	开工日期		2013-4-12	
6.2	井筒施工时间	d	0.50	
6.3	排液求产时间	d	1.50	
7	三层作业			
7.1	开工日期			
7.2	井筒施工时间			
7.3	排液求产时间			

表 E-32 完井工程主要材料参数

序号	材料名称	规格型号	单位	数量	备注
1	采油树	KY-21L1	套	1.00	
2	油管	φ73mm	m	1639.00	
3	洗井液	热水	m^3	30.00	
4	射孔液				
5	压井液	1.2g/cm^3盐水	m^3	60.00	
6	井下工具				
7	水泥				
8	砂子				
9	清水		m^3	60.00	
10	压裂液添加剂				
11	压裂支撑剂				
12	酸液				
13	酸液添加剂				

表 E-33 完井工程大宗材料运输参数

序号	项目	材料数量	车辆类型	规格型号	运输距离(km)	计量单位	数量
1	采油树						
2	油管						

续表

序号	项目	材料数量	车辆类型	规格型号	运输距离(km)	计量单位	数量
3	洗井液						
4	射孔液						
5	压井液						
6	井下工具						
7	水泥						
8	砂子						
9	清水						
10	添加剂						
11	支撑剂						
12	酸液						

表 E-34 完井工程技术服务参数

序号	服务项目	设备型号	作业时间(d)	作业长度(m)	施工规模(m³)	备注
1	磁定位测井					
2	射孔					
3	地面计量					
4	地层测试					
5	试井					
6	钢丝作业					
7	压裂酸化					
8	单项服务					

表 E-35 完井工程其他作业参数

井号	项目	处理方式	单位	处理数量
1	污水处理			
2	废液处理			
3	废物处理			
4	废气处理			
5	噪声处理			

表 E-36 工程建设其他项目参数

序号	项目	单位	数量	备注
1	监督	人	4.00	说明现场工作时间
1.1	钻井监督	人	2.00	
1.2	地质监督	人	2.00	
2	钻井设计	套		
2.1	钻井地质设计	套		
2.2	钻井工程设计	套		

续表

序号	项 目	单位	数量	备 注
2.3	钻井工程预算	套		
3	用地面积	m²		井场和生活区面积之和
3.1	临时用地面积	m²		说明地表条件、长度、宽度
3.2	长期区用地面积	m²		说明地表条件、长度、宽度
4	环保管理			
4.1	环境影响评价	次		说明评价内容和时间
4.2	环保监测	次		说明监测内容和时间
5	工程研究试验			
5.1	钻井工程方案编制	次		说明编制内容和时间
5.2	钻井工程技术先导试验	次		说明试验内容和时间
6	工程保险			
6.1	雇主责任保险	口井		说明取费依据和计算方法
6.2	井喷控制费用保险	口井		
6.3	设备保险	口井		
7	安全保卫	口井		说明保卫措施和取费方法
8	贷款利息	口井		说明取费依据和计算方法

附录 F 标准井工程参数设计表

表 F-1 综合参数

序号	项 目	内 容	备 注
1	建设单位	茨榆坨采油厂	
2	油气田	青龙台	
3	区块	龙 11、龙 617	
4	地理位置	辽宁省辽阳县小北河镇房身泡村	
5	地形地貌	平原，稻田	
6	开发情况	开发中期	
7	井别	开发井	
8	井型	定向井	
9	目的层	沙三段	
10	距基地距离	距兴隆台距离 65.4km	

表 F-2 钻前工程参数

序号	项 目	单 位	内 容	备 注
1	钻机型号		ZJ30	
2	井位测量	次	2.00	说明测量方法和次数
3	道路勘测	次	1.00	说明勘测方法、长度
4	井场勘测	次	1.00	说明勘测方法、长度、宽度
5	新建井场道路	km	0.80	说明地表条件、类型、宽度
6	维修井场道路	km		说明地表条件、类型
7	修建桥涵	座		说明桥涵类型、长度、宽度
8	井场用地面积	m²	1848.00	说明地表条件、长度、宽度
9	生活区用地面积	m²		说明地表条件、长度、宽度
10	现浇基础	组		说明类型和长、宽、高
11	桩基基础构筑	根		说明材质、长度和要求
12	沉砂池构筑	个	1.00	
13	废液池构筑	个	1.00	
14	放喷池构筑	个	2.00	说明长、宽、高及要求
15	垃圾坑构筑	个	2.00	
16	圆井(方井)构筑	个	1.00	
17	井场围堰构筑	m		说明地表条件、宽度
18	隔离带构筑	m		说明地表条件、宽度

续表

序号	项 目	单 位	内 容	备 注
19	搬迁距离	km	125.00	说明搬迁方式
20	搬迁安装时间	d	3.00	
21	水井供水	m		说明供水要求
22	泵站供水	km		说明供水要求
23	井场供暖	d		说明供暖方式及要求
24	地貌恢复	m²		说明地貌恢复要求

表 F-3 井身结构参数

序号	钻进井段	钻头尺寸(mm)	钻深(m)	井段长度(m)	套管尺寸(mm)	套管下深(m)
1	一开	346.00	306.00	306.00	273.00	303.00
2	二开	241.30	1659.00	1353.00	177.80	1658.00

表 F-4 井眼轨迹参数

序号	项 目	单 位	数 量
1	井深	m	1659.00
2	垂直井深	m	1641.46
3	造斜点	m	1108.33
4	水平位移	m	84.41

表 F-5 钻井周期参数

序号	项 目	井深(m)	进尺(m)	周期(d)	工时标准(h/m)
1	一开井段			2.17	
1.1	钻进施工	306.00	306.00	0.88	0.0690
1.2	完井施工	306.00		1.29	0.1012
2	二开井段			14.28	
2.1	钻进施工	1659.00	1353.00	9.64	0.1395
2.2	完井施工	1659.00		4.64	0.0671
合计				16.45	

注:(1)钻进施工工时标准(h/m)=周期(d)×24÷进尺(m);完井施工工时标准(h/m)=周期(d)×24÷井深(m)。
(2)工时标准可用于其他井钻井周期设计。钻进施工设计周期(d)=工时标准(h/m)×设计进尺(m)÷24;完井施工设计周期(d)=工时标准(h/m)×设计井深(m)÷24。

表 F-6 钻头参数

序号	尺寸(mm)	型号	起深(m)	终深(m)	进尺(m)
1	346.00	SKG124	0.00	306.00	306.00
2	241.30	GY437FC	306.00	956.00	650.00
3	241.30	HAT127	956.00	1476.00	520.00
4	241.30	HAT127	1476.00	1659.00	183.00

表 F-7 钻井液材料参数

序号	材料名称	代号	单位	一开钻进	二开钻进	合 计
1	土粉		t	22.00	13.80	35.80
2	纯碱		t	0.73	0.47	1.20
3	烧碱	NaOH	t	0.15	0.83	0.98
4	重晶石		t		82.23	82.23
5	复合硅降黏剂	GXJ	t		1.70	1.70
6	防塌降滤失剂	FT-881	t		3.00	3.00
7	固体润滑剂(常规)	油性石墨	t		1.33	1.33

表 F-8 用水参数

序 号	项目	数量(m^3)	每天用水(m^3/d)	供水方式
1	生产用水	340.33	20.69	打水井供水
2	生活用水	164.50	10.00	打水井供水

表 F-9 大宗材料运输参数

序号	项目	材料数量	车辆类型	规格型号	运输距离(km)	计量单位	数量
1	钻头						
2	钻井液材料						
2.1							
2.2							
3	生产用水						
4	钻具						
4.1							
4.2							
5	柴油						

表 F-10 取心参数

序号	钻头尺寸(mm)	钻头型号	起深(m)	终深(m)	进尺(m)	工具类型
1						
2						
3						

表 F-11 钻进工程技术服务参数

序号	项目	服务时间(h)	服务人数(人)	主要设备	备 注
1	钻井液服务	424.00	4.00	振动筛、离心机、除砂器	
2	定向井服务				
3	欠平衡服务				
4	顶驱服务				

表 F-12 钻进工程中途测试参数

序号	井眼尺寸(mm)	测试方法	工具型号	测试地层	井深(m)	测试时间(h)

表 F-13 其他作业参数

井号	项目	处理方式	单位	处理数量
1	污水处理			
2	废液处理			
3	废物处理	加固化药剂	m³	270.00
4	废气处理			
5	噪声处理			

表 F-14 固井作业参数

序号	钻进井段	套管尺寸(mm)	套管下深(m)	水泥量(m³)	车组类型	行驶距离(km)	固井方法
1	一开	273.00	303.00	60.58	单机单注	150.00	插入固井
2	二开	177.80	1658.00	51.00	双机单注	150.00	单级固井

表 F-15 套管参数

序号	钻进井段	套管尺寸(mm)	套管下深(m)	水泥量(m³)	车组类型	行驶距离(km)	固井方法
1	表层套管	273.00	0.00	303.00	303.00	J55	8.89
2	生产套管	177.80	0.00	1658.00	1658.00	N80	9.19

表 F-16 套管附件参数

井号	钻进井段	套管尺寸(mm)	附件名称	规格	单位	数量
1	一开	273.00	水泥套管鞋	273.00mm	只	1.00
2	二开	177.80	凡尔鞋	177.80mm	只	1.00
3	二开	177.80	阻流环	177.80mm	只	1.00
4	二开	177.80	旋流发生器	177.80mm	只	6.00
5	二开	177.80	弹性扶正器	177.80mm	只	15.00

表 F-17 井下工具参数

井号	钻进井段	套管尺寸(mm)	附件名称	规格	单位	数量
1	一开	273.00	内管注水泥器	273.00mm	套	1.00

表 F-18 水泥参数

井号	钻进井段	套管尺寸(mm)	品种	级别	单位	数量
1	一开	273.00	油井水泥	G级	t	76.12

续表

井号	钻进井段	套管尺寸(mm)	品种	级别	单位	数量
2	二开	177.80	低密度水泥	G级	t	40.03
3			油井水泥加砂	G级	t	15.80

表F-19 水泥外加剂参数

序号	钻进井段	套管尺寸(mm)	品种	规格	单位	数量
1	一开	273.00	冲洗液		m^3	4.00
2			隔离液		m^3	8.00
3			消泡剂		kg	75.50
4			固井水		m^3	75.25
5	二开	177.80	冲洗液		m^3	4.00
6			隔离液		m^3	8.00
7			消泡剂		kg	34.50
8			早强剂	S1	kg	54.00
9			固井水		m^3	62.68

表F-20 大宗材料运输参数

序号	项目	材料数量	车辆类型	规格型号	运输距离(km)	计量单位	数量
1	套管						
2	套管附件						
3	井下工具						
4	水泥						
5	水泥外加剂						

表F-21 固井工程技术服务参数

序号	钻进井段	套管检测(根)	水泥试验(次)	水泥混拌(t)	下套管服务(根)	备注
1	一开	30.00	1.00	80.84	28.00	
2	二开	154.00	2.00	64.78	151.00	

表F-22 固井工程其他作业参数

井号	钻进井段	试压(次)	打水泥塞(次)	备注
1	一开	1.00		
2	二开	1.00	1.00	

表F-23 录井作业参数

序号	项目	录井方法	仪器型号	单位	数量
1	一开井段	地质录井	采集仪	d	3.00
2	二开井段	地质录井	采集仪	d	15.00
3	二开井段	气测录井	CPS-2000	d	15.00
4	资料处理解释			口井	1.00

表 F-24 技术服务参数

序 号	项 目	仪器型号	单 位	数 量
1	定量荧光		d	15.00
2	录井信息		d	15.00

表 F-25 其他作业参数

序 号	项 目	仪器型号	单 位	数 量
1				
2				

表 F-26 裸眼测井参数

序号	项目	计量单位	国产数控	国产数控	5700 数控
1	入井深度	深度米	1370.00	1703.50	1708.00
2	声波	测量米		1399.50	
3	双侧向	测量米	1066.00		338.00
4	自然电位	测量米		699.00	
5	井径	测量米		1399.50	338.00
6	连续测斜	测量米		1399.50	
7	微电极	测量米		333.50	
8	自然伽马	测量米			338.00
9	0.45m 梯度	测量米		503.50	
10	微球聚焦	测量米			338.00
11	补偿中子	测量米			338.00
12	补偿密度	测量米			338.00

表 F-27 固井质量测井参数

序号	项目	计量单位	国产数控
1	入井深度(m)	深度米	1647.33
2	声幅	测量米	1577.33
3	变密度	测量米	1577.33
4	磁定位	测量米	1577.33
5	中子伽马	测量米	208.00
6	自然伽马	测量米	208.00

表 F-28 测井工程技术服务参数

序号	服务项目	测井系列	下深(m)	单位	数量	备注
1	电缆地层测试					
2	井壁取心	国产数控	1656.00	颗	21.00	
3	套管质量评价					
4	压裂评价					
5	下电缆桥塞					

表 F-29　测井工程资料处理解释参数

序号	服务项目	测井系列	单位	数量	备注
1	中完裸眼测井	国产数控	处理米	1066.00	
2	中完裸眼测井	国产数控	处理米	5734.50	
3	完井裸眼测井	5700数控	处理米	2028.00	
4	固井质量测井	国产数控	处理米	5147.99	

表 F-30　测井工程其他作业参数

序号	项目	测井设备	单位	数量	备注
1					
2					

表 F-31　完井作业参数

序号	项目	单位	内容	备注
1	作业机型号		XJ90Z	
2	搬迁距离	km	40.00	
3	搬迁周期	d	1.00	
4	一层作业	d	4.50	
4.1	井筒施工时间	d	1.50	
4.2	排液求产时间	d	3.00	

表 F-32　完井工程主要材料参数

序号	材料名称	规格型号	单位	数量	备注
1	采油树	KY-21L1	套	1.00	
2	油管	$\phi 73mm$	m	1639.00	
3	洗井液	热水	m^3	30.00	
4	射孔液				
5	压井液	1.2g/cm³盐水	m^3	60.00	
6	井下工具				
7	水泥				
8	砂子				
9	清水		m^3	60.00	
10	添加剂				
11	撑剂				
12	酸液				

表 F-33　大宗材料运输参数

序号	项目	材料数量	车辆类型	规格型号	运输距离(km)	计量单位	数量
1	采油树						
2	油管						
3	洗井液						

续表

序号	项目	材料数量	车辆类型	规格型号	运输距离(km)	计量单位	数量
4	射孔液						
5	压井液						
6	井下工具						
7	水泥						
8	砂子						
9	清水						
10	添加剂						
11	支撑剂						
12	酸液						

表 F-34 完井工程技术服务参数

序号	服务项目	设备型号	作业时间(d)	作业长度(m)	施工规模(m^3)	备注
1	磁定位测井					
2	射孔					
3	地面计量					
4	地层测试					
5	试井					
6	钢丝作业					
7	压裂酸化					
8	单项服务					

表 F-35 完井工程其他作业参数

井号	项 目	处理方式	单 位	处理数量
1				
2				

表 F-36 工程建设其他项目参数

序号	项 目	单 位	数 量	备 注
1	监督	人		说明现场工作时间
1.1	钻井监督	人		
1.2	地质监督	人		
2	钻井设计	套		
2.1	钻井地质设计	套		
2.2	钻井工程设计	套		
2.3	钻井工程预算	套		
3	用地面积	m^2		井场和生活区面积之和
3.1	临时用地面积	m^2		说明地表条件、长度、宽度
3.2	长期用地面积	m^2		说明地表条件、长度、宽度

续表

序号	项 目	单 位	数 量	备 注
4	环保管理			
4.1	环境影响评价	次		说明评价内容和时间
4.2	环保监测	次		说明监测内容和时间
5	工程研究试验			
5.1	钻井工程方案编制	次		说明编制内容和时间
5.2	钻井工程技术先导试验	次		说明试验内容和时间
6	工程保险			
6.1	雇主责任保险	口井		说明取费依据和计算方法
6.2	井喷控制费用保险	口井		
6.3	设备保险	口井		
7	安全保卫	口井		说明保卫措施和取费方法
8	贷款利息	口井		说明取费依据和计算方法

附录 G 标准井工程量清单模式

指标编号　　LHZB-1

基础数据

序号	项目	主要参数	序号	项目	主要参数
1	建设单位	兴隆台采油厂	19	井眼轨迹	2650m / 3482m / 500m
2	油气田	兴隆台			
3	区块	马古1			
4	目的层	太古界			
5	井别	开发井			
6	井型	定向井			
7	井深	3900.00m			
8	垂直井深	3482.00m			
9	造斜点	2650.00m			
10	水平位移	500.00m			
11	建井周期	122.50d			
12	钻井周期	108.00d			
13	完井周期	10.50d			
14	钻机类型	ZJ50D			
15	作业机类型	XJ550			
16	井身结构	一开钻头：444.5mm×850m/套管：339.7mm×848m 二开钻头：311.1mm×2450m/套管：244.5mm×2445m 三开钻头：215.9mm×3900m/套管：168.3mm×3860m			
17	单井工程造价				
18	单位进尺造价				

续表

工程量清单计价

序号	项目编码	项目名称	项目特征	计量单位	工程量	综合单价(元)	金额(元)	备注
1	100000	**钻前工程费**						
2	110000	井位勘测费						
3	113000	井位测量	全站仪测量	次	2.00			
4	111000	道路井场勘测	道路长度20km,常规勘测	次	1.00			
5	120000	道路修建费						
6	121000	道路修建	在基本农田上修建临时进井路,铺碎石	km	0.80			
7	122000	道路维修	加宽加固农田机耕道	km	2.00			
8	130000	井场修建费						
9	131000	井场平整	在基本农田上平整井场9000m²	次	1.00			
10	132000	生活区平整	在基本农田上平整生活区3000m²	次	1.00			
11	133000	池类构筑						
12	133100	沉砂池构筑	长12m×宽6.5m×高2.5m	个	1.00			
13	133200	废液池构筑	长12m×宽4.5m×高2m	个	2.00			
14	133300	放喷池构筑	长10m×宽3m×高1m	个	2.00			
15	133400	垃圾坑构筑	长2m×宽2m×高1m	个	2.00			
16	133500	方井构筑	长2m×宽2m×高2m	个	1.00			
17	140000	钻机搬迁费						
18	141000	钻机拆卸安装	ZJ50D钻机,	次	1.00			
19	142000	水电拆卸安装		次	1.00			
20	143000	钻井设备运输	ZJ50D钻机,常规运输,搬迁距离3km	次	1.00			
21	160000	税费		%				
22	200000	**钻进工程费**						
23	210000	钻进作业费						

— 251 —

续表

序号	项目编码	项目名称	项目特征	计量单位	工程量	综合单价(元)	金额(元)	备注
24	211000	一开井段						
25	211100	钻进施工	ZJ50D 钻机,444.5mm 井眼进尺 850m	d	7.86			
26	211200	完井施工	井深 850m,339.7mm 套管下深 848m	d	5.06			
27	212000	二开井段						
28	212100	钻进施工	ZJ50D 钻机,311.1mm 井眼进尺 1600m	d	29.40			
29	212200	完井施工	井深 2450m,244.5mm 套管下深 2445m	d	11.23			
30	213000	三开井段						
31	213100	钻进施工	ZJ50D 钻机,215.9mm 井眼进尺 1450m	d	43.14			
32	213200	完井施工	井深 3900m,168.3mm 套管下深 3860m	d	10.73			
33	220000	主要材料费						
34	221000	钻头						
35	221100	一开井段	444.5mm,MP1-1,牙轮钻头进尺 850m	只	3.00			
36	221200	二开井段						
37	221201		311.1mm,SHT22R-1,牙轮钻头进尺 280m	只	2.00			
38	221202		311.1mm,MP2R-1,牙轮钻头进尺 240m	只	2.00			
39	221203		311.1mm,HJ517G,牙轮钻头进尺 570m	只	3.00			
40	221204		311.1mm,BD536,PDC 钻头进尺 510m	只	0.50			
41	221300	三开井段	215.9mm,HJ517G,牙轮钻头进尺 1450m	只	8.00			
42	222000	钻井液材料						
43	222100	一开井段						
44	222101		膨润土粉	kg	9000.00			
45	222102		重晶石,$BaSO_4$	kg	80.00			
46	222103		烧碱,NaOH	kg	525.00			
47	222104		两性离子包被剂,FA-367	kg	2000.00			

— 252 —

续表

序号	项目编码	项目名称	项目特征	计量单位	工程量	综合单价(元)	金额(元)	备注
48	222105		两性离子降黏剂,XY-27	kg	2600.00			
49	222106		两性离子降滤失剂,JT-888	kg	900.00			
50	222107		液体润滑剂,HY-203	kg	2000.00			
51	222200	二开井段						
52	222201		膨润土粉	kg	28000.00			
53	222202		重晶石,BaSO$_4$	kg	4200.00			
54	222203		纯碱,Na$_2$CO$_3$	kg	846.00			
55	222204		烧碱,NaOH	kg	1250.00			
56	222205		两性离子包被剂,FA-367	kg	4200.00			
57	222206		两性离子降黏剂,XY-27	kg	3430.00			
58	222207		两性离子降滤失剂,JT-888	kg	3725.00			
59	222208		液体润滑剂,HY-203	kg	3000.00			
60	222209		盐,NaCl	kg	12000.00			
61	222300	三开井段						
62	222201		膨润土粉	kg	25000.00			
63	222202		重晶石,BaSO$_4$	kg	117000.00			
64	222203		纯碱,Na$_2$CO$_3$	kg	5275.00			
65	222204		烧碱,NaOH	kg	3475.00			
66	222205		两性离子包被剂,FA-367	kg	2725.00			
67	222206		两性离子降黏剂,XY-27	kg	9930.00			
68	222207		两性离子降滤失剂,JT-888	kg	9285.00			
69	222208		液体润滑剂,HY-203	kg	4000.00			
70	222209		消泡剂,YHP-008	kg	2000.00			
71	222210		羧甲基纤维素钠盐,CMC	kg	4500.00			

续表

序号	项目编码	项目名称	项目特征	计量单位	工程量	综合单价(元)	金额(元)	备注
72	222211		磺化酚醛树脂,SMP-Ⅱ	kg	2500.00			
73	222212		油溶性暂堵剂,EP-1	kg	4500.00			
74	222213		暂堵剂,ZD-1	kg	4000.00			
75	222214		碱式碳酸锌,2ZnCO$_3$·3Zn(OH)$_2$	kg	3200.00			
76	223000	生产用水		m^3	910.00			
77	223100	一开井段		m^3	1350.00			
78	223200	二开井段		m^3	1100.00			
79	223300	三开井段		m^3				
80	224000	钻具						
81	224100	一开井段	127mm 钻杆	m	850.00			
82	224200	二开井段	127mm 钻杆	m	1600.00			
83	224300	三开井段	127mm 钻杆	m	1450.00			
84	230000	大宗材料运输费						
85	231000	钻头运输	往返路程 20km	t·km	6690.00			
86	232000	钻井材料运输	往返路程 20km	t·km	26700.00			
87	233000	生产用水运输	往返路程 20km	t·km	84000.00			
88	234000	钻具运输	往返路程 30km	t·km	27300.00			
89	240000	技术服务费						
90	243000	定向井服务	使用 MWD	d	40.00			
91	250000	其他作业						
92	251000	污水处理		m^3	3500.00			
93	252000	废液处理		m^3	8200.00			
94	260000	税费		%				
95	**300000**	**固井工程费**						

续表

序号	项目编码	项目名称	项目特征	计量单位	工程量	综合单价(元)	金额(元)	备注
96	310000	固井作业费						
97	311000	一开井段	2000型水泥车组,往返路程20km;444.5mm井眼井深850m,339.7mm套管下深848m,单级常规固井,水泥量100t	次	1.00			
98	312000	二开井段	2000型水泥车组,往返路程20km;311.1mm井眼井深2450m,244.5mm套管下深2445m,单级常规固井,水泥量130t	次	1.00			
99	313000	三开井段	2000型水泥车组,往返路程20km;215.9mm井眼井深3900m,168.3mm套管下深3860m,单级常规固井,水泥量80t	次	1.00			
100	320000	主要材料费						甲方提供
101	321000	套管						
102	321100	一开井段	外径339.7mm,壁厚10.92mm,单重90.86kg/m,长圆扣,钢级J55	m	848.00			
103	321200	二开井段	外径244.5mm,壁厚11.99mm,单重70.01kg/m,长圆扣,钢级L80	m	205.00			
104	321210		外径244.5mm,壁厚11.05mm,单重64.79kg/m,长圆扣,钢级L80	m	1480.00			
105	321220		外径244.5mm,壁厚11.99mm,单重70.01kg/m,长圆扣,钢级TP110	m	760.00			
106	321230		外径168.3mm,壁厚10.59mm,单重41.71kg/m,VAM扣,钢级SM90	m	900.00			
107	321300	三开井段	外径168.3mm,壁厚10.59mm,单重41.71kg/m,VAM扣,钢级L80	m	820.00			
108	321310		外径168.3mm,壁厚12.07mm,单重47.66kg/m,VAM扣,钢级L80	m	2140.00			
109	321320							
110	321330							
111	322000	套管附件						
112	322100	一开井段	339.7mm浮箍	个	1.00			
113	322110		339.7mm浮鞋	个	1.00			
114	322120		弹簧扶正器	个	20.00			
115	322130							
116	322200	二开井段						

续表

序号	项目编码	项目名称	项目特征	计量单位	工程量	综合单价(元)	金额(元)	备注
117	322210	244.5mm 浮箍		个	1.00			
118	322220	244.5mm 浮鞋		个	1.00			
119	322230	弹簧扶正器		个	60.00			
120	322300	三开井段						
121	322310	168.3mm 浮箍		个	1.00			
122	322320	168.3mm 浮鞋		个	1.00			
123	322330	弹簧扶正器		个	50.00			
124	322340	钢性扶正器		个	4.00			
125	323000	井下工具						
126	323100	一开井段						
127	323110	内管法注水泥器		只	1.00			
128	324000	水泥						
129	324100	一开井段	油井水泥	t	100.00			
130	324200	二开井段	油井水泥	t	130.00			
131	324300	三开井段	嘉华G级水泥	t	80.00			
132	325000	水泥外加剂						
133	325200	二开井段	HT123	kg	150.00			
134	325300	三开井段						
135	325310		OMEX-93L	kg	1790.00			
136	325320		OMEX-89L	kg	5530.00			
137	325330		OMEX-61L	kg	430.00			
138	325340		OMEX-19L	kg	240.00			
139	330000	大宗材料运输费						
140	331000	套管运输						

— 256 —

续表

序号	项目编码	项目名称	项目特征	计量单位	工程量	综合单价(元)	金额(元)	备注
141	331100	一开井段	重量77.05t,往返路程20km	t·km	6511.40			
142	331200	二开井段	重量163.45t,往返路程20km	t·km	8910.30			
143	331300	三开井段	重量173.73t,往返路程20km	t·km	13022.80			
144	332000	水泥运输						
145	332100	一开井段	重量100t,往返路程20km	t·km	10638.74			
146	332200	二开井段	重量130t,往返路程20km	t·km	16167.83			
147	332300	三开井段	重量80t,往返路程20km	t·km	9632.77			
148	333000	水泥外加剂运输						
149	333200	二开井段	HT123:150kg,往返路程20km	t·km	1289.72			
150	333300	三开井段	OMEX-93L:1790kg,OMEX-89L:5530kg,OMEX-61L:430kg,OMEX-19L:240kg,往返路程20km	t·km	5050.47			
151	340000	技术服务费						
152	341000	套管检测						
153	341100	一开井段	339.7mm套管密封性能	m	848.00			
154	341200	二开井段	244.5mm套管密封性能	m	2445.00			
155	341300	三开井段	168.3mm套管密封性能	m	3860.00			
156	342000	水泥试验						
157	342100	一开井段		次	1.00			
158	342200	二开井段		次	1.00			
159	342300	三开井段		次	1.00			
160	344000	下套管服务						
161	344200	二开井段	244.5mm套管,扭矩监控记录	m	2445.00			
162	344300	三开井段	168.3mm套管,扭矩监控记录	m	3860.00			
163	350000	其他作业费						

续表

序号	项目编码	项目名称	项目特征	计量单位	工程量	综合单价(元)	金额(元)	备注
164	352000	试压	2000型水泥车1台	次	5.00			
165	360000	税费		%				
166	**400000**	**录井工程费**						
167	410000	录井作业费						
168	411000	资料采集						
169	411100	一开井段	地质录井	d	13.00			
170	411200	二开井段	地质录井	d	41.00			
171	411300	三开井段	地质录井和气测录井	d	54.00			
172	412000	资料处理解释		口井	1.00			
173	420000	技术服务费						
174	421000	定量荧光录井	三维定量荧光录井,样品3块	次	1.00			
175	430000	其他作业费						
176	432000	远程数据传输	卫星传输	d	54.00			
177	440000	税费		%				
178	**500000**	**测井工程费**						
179	510000	裸眼测井费						
180	511000	一开井段	小数控					
181	511100	入井深度						
182	511110		自然电位	计价米	850.00			
183	511120		自然伽马	计价米	850.00			
184	511130		普通电阻率	计价米	850.00			
185	511140		井径	计价米	850.00			
186	511150		井斜					
187	511200	测量井段						

— 258 —

续表

序号	项目编码	项目名称	项目特征	计量单位	工程量	综合单价(元)	金额(元)	备注
188	511210		自然电位	计价米	850.00			
189	511220		自然伽马	计价米	850.00			
190	511230		普通电阻率	计价米	850.00			
191	511240		井径	计价米	850.00			
192	511250		井斜	计价米	850.00			
193	512000	二开井段	3700					
194	512100	人井深度						
195	512110		自然电位	计价米	2450.00			
196	512120		自然伽马	计价米	2450.00			
197	512130		普通电阻率	计价米	2450.00			
198	512140		井径	计价米	2450.00			
199	512150		井斜	计价米	2450.00			
200	512200	测量井段						
201	512210		自然电位	计价米	1600.00			
202	512220		自然伽马	计价米	1600.00			
203	512230		普通电阻率	计价米	1600.00			
204	512240		井径	计价米	1600.00			
205	512250		井斜	计价米	1600.00			
206	513000	三开井段	3700					
207	513100	人井深度						
208	513110		自然电位	计价米	3900.00			
209	513120		自然伽马	计价米	3900.00			
210	513130		双感应/微球形聚集	计价米	3900.00			
211	513140		补偿声波	计价米	3900.00			

— 259 —

续表

序号	项目编码	项目名称	项目特征	计量单位	工程量	综合单价(元)	金额(元)	备注
212	513150		补偿中子	计价米	3900.00			
213	513160		补偿密度	计价米	3900.00			
214	513170		井径	计价米	3900.00			
215	513180		井斜	计价米	3900.00			
216	513200	测量井段						
217	513210		自然电位	计价米	1450.00			
218	513220		自然伽马	计价米	1450.00			
219	513230		双感应/微球形聚集	计价米	1450.00			
220	513240		补偿声波	计价米	1450.00			
221	513250		补偿中子	计价米	1450.00			
222	513260		补偿密度	计价米	1450.00			
223	513270		井径	计价米	1450.00			
224	513280		井斜					
225	520000	固井质量测井费						
226	521000	一开井段	小数控					
227	521100	入井深度						
228	521110		自然伽马	计价米	840.00			
229	521120		磁定位	计价米	840.00			
230	521130		CBL	计价米	840.00			
231	521200	测量井段						
232	521210		自然伽马	计价米	840.00			
233	521220		磁定位	计价米	840.00			
234	521230		CBL	计价米	840.00			
235	522000	二开井段						

续表

序号	项目编码	项目名称	项目特征	计量单位	工程量	综合单价(元)	金额(元)	备注
236	522100	入井深度	3700					
237	522110		自然伽马	计价米	2440.00			
238	522120		磁定位	计价米	2440.00			
239	522130		CBL	计价米	2440.00			
240	522200	测量井段						
241	522210		自然伽马	计价米	2440.00			
242	522220		磁定位	计价米	2440.00			
243	522230		CBL	计价米	2440.00			
244	523000	三开井段						
245	523100	入井深度	5700					
246	523110		自然伽马	计价米	3850.00			
247	523120		磁定位	计价米	3850.00			
248	523130		CBL	计价米	3850.00			
249	523140		VDL	计价米	3850.00			
250	523200	测量井段						
251	523210		自然伽马	计价米	3850.00			
252	523220		磁定位	计价米	3850.00			
253	523230		CBL	计价米	3850.00			
254	523240		VDL	计价米	1000.00			
255	540000	资料处理解释费						
256	541000	裸眼测井						
257	541100	一开井段	自然电位,自然伽马,普通电阻率,井径,井斜	处理米	4250.00			
258	541200	二开井段	自然电位,自然伽马,普通电阻率,井径,井斜	处理米	8000.00			
259	541300	三开井段	自然电位,自然伽马,双感应,微球形聚集,补偿声波,补偿中子,补偿密度,井径,井斜	处理米	11600.00			

— 261 —

续表

序号	项目编码	项目名称	项目特征	计量单位	工程量	综合单价(元)	金额(元)	备注
260	542000	固井质量测井						
261	542100	一开井段	自然伽马,磁定位,CBL	处理米	2520.00			
262	542200	二开井段	自然伽马,磁定位,CBL	处理米	7320.00			
263	542300	三开井段	自然伽马,磁定位,CBL、VDL	处理米	12550.00			
264	560000	税费		%				
265	**600000**	**完井工程费**						
266	610000	完井作业费						
267	611000	搬迁	XJ450修井机					
268	611100	设备拆卸安装		次	1.00			
269	611200	设备运输		次	1.00			
270	612000	一层作业						
271	612100	井筒施工	通井3500m,配合测井和射孔	d	4.50			
272	612200	排液求产	8mm油嘴三种工作制度求产,测压,取样	d	6.01			
273	620000	主要材料费						
274	621000	采油树	KYS25/65DG采油树	套	0.10			
275	622000	油管						
276	622100	通井油管	外径88.9mm,壁厚9.53mm,单重19.27kg/m,长圆扣,钢级N80,3500m	m	350.00			
277	622200A	射孔油管	外径88.9mm,壁厚9.53mm,单重19.27kg/m,长圆扣,钢级N80,3480m	m	348.00			
278	622300A	下桥塞油管	外径88.9mm,壁厚9.53mm,单重19.27kg/m,长圆扣,钢级N80,3405m	m	340.50			
279	622200B	射孔油管	外径88.9mm,壁厚9.53mm,单重19.27kg/m,长圆扣,钢级N80,3325m	m	332.50			
280	622300B	下桥塞油管	外径88.9mm,壁厚9.53mm,单重19.27kg/m,长圆扣,钢级N80,3100m	m	310.00			
281	623000	洗井液	3‰活性水,密度1.02g/cm^3	m^3	130.00			
282	624000	射孔液	1%KCL+0.3%A-26+清水,密度1.02g/cm^3	m^3	110.00			
283	625000	压井液	无固相压井液1.25~1.30g/cm^3	m^3	65.00			

— 262 —

续表

序号	项目编码	项目名称	项目特征	计量单位	工程量	综合单价(元)	金额(元)	备注
284	626000	井下工具	FXY-114A 可捞式桥塞	只	2.00			
285	626100	桥塞						
286	630000	大宗材料运输费						
287	631000	采油树	KYS25/65DG 采油树1套,往返路程20km	t·km	1000.00			
288	632000	油管	88.9mm 油管长4200m,重80.93t,往返路程20km	t·km	18900.00			
289	633000	洗井液	130m³,往返路程20km	t·km	2860.00			
290	634000	射孔液	110m³,往返路程20km	t·km	2350.00			
291	635000	压井液	65m³,往返路程20km	t·km	1350.00			
292	636000	井下工具	2只桥塞,往返路程20km	t·km	1000.00			
293	640000	技术服务费						
294	641000	磁定位测井						
295	641100A	入井深度	自然伽马	计价米	3480.00			
296	641110A		磁定位	计价米	3480.00			
297	641120A							
298	641200A	测量井段	自然伽马	计价米	300.00			
299	641210A		磁定位	计价米	300.00			
300	641220A							
301	641100B	入井深度	自然伽马	计价米	3325.00			
302	641110B		磁定位	计价米	3325.00			
303	641120B							
304	641200B	测量井段	自然伽马	计价米	300.00			
305	641210B		磁定位	计价米	300.00			
306	641220B							
307	642000	射孔						

— 263 —

续表

序号	项目编码	项目名称	项目特征	计量单位	工程量	综合单价(元)	金额(元)	备注
308	642000A	射孔施工	油管传输射孔 3460～3470m,TY114-13-90 射孔枪,127-4 射孔弹	射孔米	10.00			
309	642000B	射孔施工	油管传输射孔 3300～3312m,TY114-13-90 射孔枪,127-4 射孔弹	射孔米	12.00			
310	643000	地面计量	三项分离器 1 个,计量罐 2 个,工程车 1 台,往返路程 20km,两次计量施工	d	5.00			
311	647000	单项服务						
312	647100	泵车	1 台泵车,试压	次	6.00			
313	647200	液氮罐车	1 台液氮罐车,降液面	次	2.00			
314	647300	液氮泵车	1 台液氮泵车,降液面	次	2.00			
315	650000	其他作业费						
316	651000	污水处理		m³	1380.00			
317	652000	废液处理		m³	2560.00			
318	660000	税费		%				
319	700000	工程建设其他费						
320	720000	钻井设计费						
321	721000	钻井地质设计		套	1.00			
322	722000	钻井工程设计		套	1.00			
323	723000	钻井工程预算		套	1.00			
324	730000	土地租用费						
325	731000	进井场道路用地	长期租用	m²	500.00			
326	732000	井场用地	长期租用	m²	5000.00			
327	733000	生活区用地	临时租用	m²	3000.00			
328	760000	工程保险费						
329	761000	雇主责任保险		次	1.00			
330	762000	井喷控制费用保险		次	1.00			
331	763000	设备保险		次	1.00			

— 264 —

附录 H 施工队伍信息统计表

表 H-1 井位测量队工作量信息表

序号	井号	开工日期	工作时间（d）	测量方法	支出（元）	收入（元）	备注
1							
2							
3							
2011年小计							
4							
2012年小计							
5							
2013年小计							

填表人： 年 月 日 复核人： 年 月 日

表 H-2 井位测量队综合信息表

年份	工作量 测量次数（次）	工作量 全站仪（次）	工作量 GPS（次）	工作量 工作时间（d）	人工 人数（人）	人工 人工费（元）	设备 型号	设备 原值（元）	设备 折旧（元）	设备 修理费（元）	材料费（元）	其他直接费（元）	制造费（元）	成本（元）	收入（元）	备注
2011年																
2012年																
2013年																

填表人： 年 月 日 复核人： 年 月 日

表 H-3 钻前工程队工作量信息表

序号	井号	开工日期	工作时间（d）	新建道路（km）	维修道路（km）	桥涵（座）	井场面积（m²）	生活区面积（m²）	池类（个）	其他工程	支出（元）	收入（元）	备注
1													
2													
3													
2011年小计													
4													
2012年小计													
5													
2013年小计													

填表人： 年 月 日 复核人： 年 月 日

表 H-4 钻前工程队综合信息表

| 年份 | 工作量 ||||| 人工 || 设备 ||| 材料费(元) | 其他直接费(元) | 制造费(元) | 成本(元) | 收入(元) | 备注 |
	新建道路(km)	维修道路(km)	桥涵(座)	修井场(个)	修生活区(个)	工作时间(d)	人数(人)	人工费(元)	型号	原值(元)	折旧(元)	修理费(元)						
2011年																		
2012年																		
2013年																		

填表人：　　年　月　日　　　　复核人：　　　　年　月　日

表 H-5 水电安装队工作量信息表

序号	井号	上井日期	工作时间(d)	钻机型号	供水方式	泵站管线长度(km)	水井深度(m)	供电方式	外接电距离(km)	其他工程	支出(元)	收入(元)	备注
1													
2													
3													
2011年小计													
4													
2012年小计													
5													
2013年小计													

填表人：　　年　月　日　　　　复核人：　　　　年　月　日

表 H-6 水电安装队综合信息表

| 年份 | 工作量 |||| 人工 || 设备 ||| 材料费(元) | 其他直接费(元) | 制造费(元) | 成本(元) | 收入(元) | 备注 |
	安装井数(口)	泵站供水(口)	水井供水(口)	外接电(口)	工作时间(d)	人数(人)	人工费(元)	型号	原值(元)	折旧(元)	修理费(元)						
2011年																	
2012年																	
2013年																	

填表人：　　年　月　日　　　　复核人：　　　　年　月　日

表 H-7 机械化作业队工作量信息表

序号	井号	上井日期	工作时间(d)	钻机型号	作业方式	搬迁距离(km)	支出(元)	收入(元)	备注
1									
2									
3									
2011年小计									
4									
2012年小计									
5									
2013年小计									

填表人：　　年　月　日　　　　复核人：　　　年　月　日

表 H-8 机械化作业队综合信息表

| 年份 | 工作量 ||| 人工 || 设备 |||| 材料费(元) | 其他直接费(元) | 制造费(元) | 成本(元) | 收入(元) | 备注 |
	施工井数(口)	运输井数(口)	运移井数(口)	工作时间(d)	人数(人)	人工费(元)	型号	原值(元)	折旧(元)	修理费(元)						
2011年																
2012年																
2013年																

填表人：　　年　月　日　　　　复核人：　　　年　月　日

表 H-9 测绘队工作量信息表

序号	井号	开工日期	工作时间(d)	道路长度(m)	测绘面积(m²)	钻孔数量(个)	钻孔进尺(m)	支出(元)	收入(元)	备注
1										
2										
3										
2011年小计										
4										
2012年小计										
5										
2013年小计										

填表人：　　年　月　日　　　　复核人：　　　年　月　日

表 H-10 测绘队综合信息表

年份	工作量 测绘次数（次）	工作量 钻孔数量（个）	工作量 钻孔进尺（m）	工作量 工作时间（d）	人工 人数（人）	人工 人工费（元）	设备 型号	设备 原值（元）	设备 折旧（元）	设备 修理费（元）	材料费（元）	其他直接费（元）	制造费（元）	成本（元）	收入（元）	备注
2011年																
2012年																
2013年																

填表人：　　年　月　日　　　　　复核人：　　年　月　日

表 H-11 供暖队工作量信息表

序号	井号	上井日期	工作时间（d）	人数（人）	主要设备	供暖方式	支出（元）	收入（元）	备注
1									
2									
3									
2011年小计									
4									
2012年小计									
5									
2013年小计									

填表人：　　年　月　日　　　　　复核人：　　年　月　日

表 H-12 供暖队综合信息表

年份	工作量 服务井数（口）	工作量 工作时间（d）	人工 人数（人）	人工 人工费（元）	设备 型号	设备 原值（元）	设备 折旧（元）	设备 修理费（元）	材料费（元）	其他直接费（元）	制造费（元）	成本（元）	收入（元）	备注
2011年														
2012年														
2013年														

填表人：　　年　月　日　　　　　复核人：　　年　月　日

表 H-13 综合队工作量信息表

序号	井号	上井日期	工作时间(d)	钻机型号	作业方式	搬迁距离(km)	支出(元)	收入(元)	备注
1									
2									
3									
2011年小计									
4									
2012年小计									
5									
2013年小计									

填表人：　　年　月　日　　　　　复核人：　　　年　月　日

表 H-14 综合队综合信息表

年份	工作量				人工		设备			材料费(元)	其他直接费(元)	制造费(元)	成本(元)	收入(元)	备注
	施工井数(口)	运输井数(口)	运移井数(口)	工作时间(d)	人数(人)	人工费(元)	型号	原值(元)	折旧(元)	修理费(元)						
2011年																
2012年																
2013年																

填表人：　　年　月　日　　　　　复核人：　　　年　月　日

表 H-15 钻井队工作量信息表

序号	基本参数						时间参数					材料参数		费用参数					备注
	井号	油田	井别	井型	井身结构	井深(m)	搬迁日期	开钻日期	完钻日期	完井日期	建井周期(d)	钻井周期(d)	钻头(只)	柴油(t)	钻头费(元)	柴油费(元)	钻井液费(元)	水费(元)	运输费(元)	
1																				
2																				
3																				
4																				
5																				
2011年小计																				
6																				
2012年小计																				
8																				
2013年小计																				

填表人：　　年　月　日　　　　　复核人：　　　年　月　日

表 H-16 钻井队综合信息表

| 年份 | 工作量 ||| 人工 || 设备 ||| 材料费（元） | 其他直接费（元） | 制造费（元） | 成本（元） | 收入（元） | 备注 |
	井数（口）	进尺（m）	建井周期（d）	钻井周期（d）	人数（人）	人工费（元）	型号	原值（元）	折旧（元）	修理费（元）						
2011 年															
2012 年															
2013 年															

填表人：　　年　月　日　　　　复核人：　　年　月　日

说明：

（1）建井周期。

建井周期指建设一口井所需的全部作业时间，即从搬迁第一台钻井设备开始，到完成本井最后一道工序止的全部作业时间。

建井周期=搬迁安装周期+钻井周期。

（2）搬迁安装周期。

搬迁安装周期指从搬迁第一台钻井设备开始，到本井开钻为止的全部作业时间。

（3）钻井周期。

钻井周期指从第一次开钻至完成钻井工程设计规定的全部工作为止的全部工作时间。根据不同井的情况，其起止点可能有所区别。

起点：第一次开钻。

止点 1：测完固井质量并试压完；

止点 2：裸眼测井或测试完；

止点 3：报废打水泥塞起钻完；

止点 4：装完采油树试压完；

止点 5：下完筛管起钻完。

表 H-17 管具服务队工作量信息表

序号	井号	上井日期	工作时间（d）	管具类型	管具规格	管具数量（根）	管具长度（m）	运输距离（km）	支出（元）	收入（元）	备注
1											
2											
3											
2011 年小计											
4											
2012 年小计											
5											
2013 年小计											

填表人：　　年　月　日　　　　复核人：　　年　月　日

表 H-18 管具服务队综合信息表

年份	工作量 施工井数（口）	工作量 管具数量（根）	工作量 管具长度（m）	工作量 工作时间（d）	人工 人数（人）	人工 人工费（元）	设备 型号	设备 原值（元）	设备 折旧（元）	设备 修理费（元）	材料费（元）	其他直接费（元）	制造费（元）	成本（元）	收入（元）	备注
2011 年																
2012 年																
2013 年																

填表人：　　年　月　日　　　　复核人：　　　　年　月　日

表 H-19 钻井液服务队工作量信息表

序号	井号	上井日期	工作时间（d）	人数（人）	主要设备	服务内容	支出（元）	收入（元）	备注
1									
2									
3									
2011 年小计									
4									
2012 年小计									
5									
2013 年小计									

填表人：　　年　月　日　　　　复核人：　　　　年　月　日

表 H-20 钻井液服务队综合信息表

年份	工作量 服务井数（口）	工作量 工作时间（d）	人工 人数（人）	人工 人工费（元）	设备 型号	设备 原值（元）	设备 折旧（元）	设备 修理费（元）	材料费（元）	其他直接费（元）	制造费（元）	成本（元）	收入（元）	备注
2011 年														
2012 年														
2013 年														

填表人：　　年　月　日　　　　复核人：　　　　年　月　日

表 H-21　定向井服务队工作量信息表

序号	井号	上井日期	工作时间(d)	人数(人)	主要设备	服务内容	支出(元)	收入(元)	备注
1									
2									
3									
2011年小计									
4									
2012年小计									
5									
2013年小计									

填表人：　　年　月　日　　　　　复核人：　　年　月　日

表 H-22　定向井服务队综合信息表

年份	工作量		人工		设备			材料费(元)	其他直接费(元)	制造费(元)	成本(元)	收入(元)	备注
^	服务井数(口)	工作时间(d)	人数(人)	人工费(元)	型号	原值(元)	折旧(元)	修理费(元)	^	^	^	^	^	^
2011年														
2012年														
2013年														

填表人：　　年　月　日　　　　　复核人：　　年　月　日

表 H-23　欠平衡服务队工作量信息表

序号	井号	上井日期	工作时间(d)	人数(人)	主要设备	服务内容	支出(元)	收入(元)	备注
1									
2									
3									
2011年小计									
4									
2012年小计									
5									
2013年小计									

填表人：　　年　月　日　　　　　复核人：　　年　月　日

表 H-24　欠平衡服务队综合信息表

年份	工作量 服务井数（口）	工作量 工作时间（d）	人工 人数（人）	人工 人工费（元）	设备 型号	设备 原值（元）	设备 折旧（元）	设备 修理费（元）	材料费（元）	其他直接费（元）	制造费（元）	成本（元）	收入（元）	备注
2011年														
2012年														
2013年														

填表人：　　年　月　日　　　　　复核人：　　年　月　日

表 H-25　顶驱服务队工作量信息表

序号	井号	上井日期	工作时间（d）	人数（人）	顶驱型号	支出（元）	收入（元）	备注
1								
2								
3								
2011年小计								
4								
2012年小计								
5								
2013年小计								

填表人：　　年　月　日　　　　　复核人：　　年　月　日

表 H-26　顶驱服务队综合信息表

年份	工作量 服务井数（口）	工作量 工作时间（d）	人工 人数（人）	人工 人工费（元）	设备 型号	设备 原值（元）	设备 折旧（元）	设备 修理费（元）	材料费（元）	其他直接费（元）	制造费（元）	成本（元）	收入（元）	备注
2011年														
2012年														
2013年														

填表人：　　年　月　日　　　　　复核人：　　年　月　日

表 H-27　固井队工作量信息表

序号	井号	上井日期	工作时间（d）	钻头尺寸（mm）	套管尺寸（mm）	井深（m）	固井规模（t）	人数（人）	车组类型	柴油消耗（t）	柴油费用（元）	支出（元）	收入（元）	备注
1														
2														
3														
2011年小计														

续表

序号	井号	上井日期	工作时间(d)	钻头尺寸(mm)	套管尺寸(mm)	井深(m)	固井规模(t)	人数(人)	车组类型	柴油消耗(t)	柴油费用(元)	支出(元)	收入(元)	备注
4														
2012年小计														
5														
2013年小计														

填表人：　　　年　月　日　　　　　复核人：　　　年　月　日

表 H-28　固井队综合信息表

年份	工作量			人工		设备			材料费(元)	其他直接费(元)	制造费(元)	成本(元)	收入(元)	备注
	服务次数(次)	固井规模(t)	工作时间(d)	人数(人)	人工费(元)	型号	原值(元)	折旧(元)	修理费(元)					
2011年														
2012年														
2013年														

填表人：　　　年　月　日　　　　　复核人：　　　年　月　日

表 H-29　套管检测队工作量信息表

序号	井号	开工日期	工作时间(d)	套管尺寸(mm)	套管数量(根)	套管长度(m)	检测项目	支出(元)	收入(元)	备注
1										
2										
3										
2011年小计										
4										
2012年小计										
5										
2013年小计										

填表人：　　　年　月　日　　　　　复核人：　　　年　月　日

表 H-30　套管检测队综合信息表

年份	工作量			人工		设备				材料费（元）	其他直接费（元）	制造费（元）	成本（元）	收入（元）	备注
	检测数量（根）	检测长度（m）	工作时间（d）	人数（人）	人工费（元）	型号	原值（元）	折旧（元）	修理费（元）						
2011 年															
2012 年															
2013 年															

填表人：　　　年　月　日　　　　　复核人：　　　年　月　日

表 H-31　水泥混拌队工作量信息表

序号	井号	开工日期	工作时间（d）	水泥类型	水泥数量（t）	外加剂名称	外加剂规格型号	外加剂数量（t）	支出（元）	收入（元）	备注
1											
2												
3												
2011 年小计											
4												
2012 年小计											
5												
2013 年小计											

填表人：　　　年　月　日　　　　　复核人：　　　年　月　日

表 H-32　水泥混拌队综合信息表

年份	工作量			人工		设备				材料费（元）	其他直接费（元）	制造费（元）	成本（元）	收入（元）	备注
	水泥数量（t）	外加剂数量（t）	工作时间（d）	人数（人）	人工费（元）	型号	原值（元）	折旧（元）	修理费（元）						
2011 年															
2012 年															
2013 年															

填表人：　　　年　月　日　　　　　复核人：　　　年　月　日

表 H-33　下套管服务队工作量信息表

序号	井号	上井日期	工作时间（d）	套管尺寸（mm）	下套管数量（根）	下套管长度（m）	下套管设备	支出（元）	收入（元）	备注
1										
2											
3											

续表

序号	井号	上井日期	工作时间(d)	套管尺寸(mm)	下套管数量(根)	下套管长度(m)	下套管设备	支出(元)	收入(元)	备注
2011年小计										
4										
2012年小计										
5										
2013年小计										

填表人：　　年　月　日　　　　　复核人：　　年　月　日

表H-34　下套管服务队综合信息表

年份	工作量			人工		设备			材料费(元)	其他直接费(元)	制造费(元)	成本(元)	收入(元)	备注
^	下套管数量(根)	下套管长度(m)	工作时间(d)	人数(人)	人工费(元)	型号	原值(元)	折旧(元)	修理费(元)	^	^	^	^	^	^
2011年															
2012年															
2013年															

填表人：　　年　月　日　　　　　复核人：　　年　月　日

表H-35　录井队工作量信息表

序号	井号	上井日期	工作时间(d)	人数(人)	主要设备	录井项目	支出(元)	收入(元)	备注
1									
2									
3									
2011年小计									
4									
2012年小计									
5									
2013年小计									

填表人：　　年　月　日　　　　　复核人：　　年　月　日

表 H-36　录井队综合信息表

年份	工作量		人工		设备			材料费（元）	其他直接费（元）	制造费（元）	成本（元）	收入（元）	备注
^	服务井数（口）	工作时间（d）	人数（人）	人工费（元）	型号	原值（元）	折旧（元）	修理费（元）	^	^	^	^	^	^
2011 年														
2012 年														
2013 年														

填表人：　　年　月　日　　　　　复核人：　　　年　月　日

表 H-37　测井队工作量信息表

序号	井号	上井日期	工作时间（d）	井眼尺寸（mm）	井深（m）	套管尺寸（mm）	套管下深（m）	入井深度（m）	测量项目	测量长度（m）	柴油消耗（t）	柴油费用（元）	支出（元）	收入（元）	备注
1															
2															
3															
2011 年小计															
4															
2012 年小计															
5															
2013 年小计															

填表人：　　年　月　日　　　　　复核人：　　　年　月　日

表 H-38　测井队综合信息表

年份	工作量						人工		设备			材料费（元）	其他直接费（元）	制造费（元）	成本（元）	收入（元）	备注
^	作业井数（口）	上井次数（次）	入井深度（m）	测量项目	测量长度（m）	工作时间（d）	人数（人）	人工费（元）	型号	原值（元）	折旧（元）	修理费（元）	^	^	^	^	^	^
2011 年																	
2012 年																	
2013 年																	

填表人：　　年　月　日　　　　　复核人：　　　年　月　日

表 H-39　取心队工作量信息表

序号	井号	上井日期	工作时间（d）	井眼尺寸（mm）	入井深度（m）	取心方法	取心数量（颗）	支出（元）	收入（元）	备注
1										
2										
3										

— 277 —

续表

序号	井号	上井日期	工作时间(d)	井眼尺寸(mm)	入井深度(m)	取心方法	取心数量(颗)	支出(元)	收入(元)	备注
2011年小计										
4										
2012年小计										
5										
2013年小计										

填表人：　　年　月　日　　　　复核人：　　年　月　日

表 H-40　取心队综合信息表

| 年份 | 工作量 ||||| 人工 || 设备 ||| 材料费(元) | 其他直接费(元) | 制造费(元) | 成本(元) | 收入(元) | 备注 |
	作业井数(口)	上井次数(次)	入井深度(m)	取心数量(颗)	工作时间(d)	人数(人)	人工费(元)	型号	原值(元)	折旧(元)	修理费(元)						
2011年																	
2012年																	
2013年																	

填表人：　　年　月　日　　　　复核人：　　年　月　日

表 H-41　资料评价队工作量信息表

序号	井号	开工日期	工作时间(d)	井眼尺寸(mm)	套管尺寸(mm)	评价项目	评价长度(m)	支出(元)	收入(元)	备注
1										
2										
3										
2011年小计										
4										
2012年小计										
5										
2013年小计										

填表人：　　年　月　日　　　　复核人：　　年　月　日

表 H-42　资料评价队综合信息表

年份	工作量				人工		设备				材料费（元）	其他直接费（元）	制造费（元）	成本（元）	收入（元）	备注
	评价井数（口）	评价项目	评价长度（m）	工作时间（d）	人数（人）	人工费（元）	型号	原值（元）	折旧（元）	修理费（元）						
2011年																
2012年																
2013年																

填表人：　　年　月　日　　　　　　复核人：　　年　月　日

表 H-43　作业队工作量信息表

序号	井号	搬迁日期	开工日期	完工日期	完井周期（d）	作业周期（d）	作业井深（m）	柴油消耗（t）	柴油费用（元）	支出（元）	收入（元）	备注
1												
2												
3												
2011年小计												
4												
2012年小计												
5												
2013年小计												

填表人：　　年　月　日　　　　　　复核人：　　年　月　日

说明：完井周期=完工日期-搬迁日期，作业周期=完工日期-开工日期。

表 H-44　作业队综合信息表

年份	工作量			人工		设备				材料费（元）	其他直接费（元）	制造费（元）	成本（元）	收入（元）	备注
	作业井数（口）	完井周期（d）	作业周期（d）	人数（人）	人工费（元）	型号	原值（元）	折旧（元）	修理费（元）						
2011年															
2012年															
2013年															

填表人：　　年　月　日　　　　　　复核人：　　年　月　日

表 H-45 射孔队工作量信息表

序号	井号	上井日期	工作时间(d)	套管尺寸(mm)	射孔方法	射孔枪类型	射孔弹规格	射孔深度(m)	射孔长度(m)	支出(元)	收入(元)	备注
1												
2												
3												
2011年小计												
4												
2012年小计												
5												
2013年小计												

填表人：　　　年　月　日　　　　　　复核人：　　　年　月　日

表 H-46 射孔队综合信息表

年份	工作量					人工		设备			材料费(元)	其他直接费(元)	制造费(元)	成本(元)	收入(元)	备注
	作业井数(口)	上井次数(次)	射孔深度(m)	射孔长度(m)	工作时间(d)	人数(人)	人工费(元)	型号	原值(元)	折旧(元)	修理费(元)					
2011年																
2012年																
2013年																

填表人：　　　年　月　日　　　　　　复核人：　　　年　月　日

表 H-47 地层测试队工作量信息表

序号	井号	上井日期	工作时间(d)	人数(人)	测试仪器	测试内容	支出(元)	收入(元)	备注
1									
2									
3									
2011年小计									
4									
2012年小计									
5									
2013年小计									

填表人：　　　年　月　日　　　　　　复核人：　　　年　月　日

表 H-48 地层测试队综合信息表

年份	工作量			人工		设备				材料费（元）	其他直接费（元）	制造费（元）	成本（元）	收入（元）	备注
	测试井数（口）	测试次数（次）	工作时间（d）	人数（人）	人工费（元）	型号	原值（元）	折旧（元）	修理费（元）						
2011年															
2012年															
2013年															

填表人： 年 月 日　　　　复核人： 年 月 日

表 H-49 地面计量队工作量信息表

序号	井号	上井日期	工作时间（d）	人数（人）	主要设备	计量内容	支出（元）	收入（元）	备注
1									
2									
3									
2011年小计									
4									
2012年小计									
5									
2013年小计									

填表人： 年 月 日　　　　复核人： 年 月 日

表 H-50 地面计量队综合信息表

年份	工作量			人工		设备				材料费（元）	其他直接费（元）	制造费（元）	成本（元）	收入（元）	备注
	计量井数（口）	计量次数（次）	工作时间（d）	人数（人）	人工费（元）	型号	原值（元）	折旧（元）	修理费（元）						
2011年															
2012年															
2013年															

填表人： 年 月 日　　　　复核人： 年 月 日

表 H-51 试井队工作量信息表

序号	井号	上井日期	工作时间（d）	人数（人）	主要设备	试井内容	支出（元）	收入（元）	备注
1									
2									
3									

续表

序号	井号	上井日期	工作时间(d)	人数（人）	主要设备	试井内容	支出（元）	收入（元）	备注
2011年小计									
4									
2012年小计									
5									
2013年小计									

填表人：　　年　月　日　　　　　复核人：　　年　月　日

表 H-52　试井队综合信息表

年份	工作量			人工		设备			材料费（元）	其他直接费（元）	制造费（元）	成本（元）	收入（元）	备注
	试井井数（口）	试井次数（次）	工作时间（d）	人数（人）	人工费（元）	型号	原值（元）	折旧（元）	修理费（元）					
2011年														
2012年														
2013年														

填表人：　　年　月　日　　　　　复核人：　　年　月　日

表 H-53　钢丝作业队工作量信息表

序号	井号	上井日期	工作时间(d)	人数（人）	主要设备	作业内容	支出（元）	收入（元）	备注
1									
2									
3									
2011年小计									
4									
2012年小计									
5									
2013年小计									

填表人：　　年　月　日　　　　　复核人：　　年　月　日

表 H-54 钢丝作业队综合信息表

年份	工作量			人工		设备			材料费（元）	其他直接费（元）	制造费（元）	成本（元）	收入（元）	备注
	作业井数（口）	作业次数（次）	工作时间（d）	人数（人）	人工费（元）	型号	原值（元）	折旧（元）	修理费（元）					
2011年														
2012年														
2013年														

填表人：　　年　月　日　　　　复核人：　　　年　月　日

表 H-55 压裂酸化队工作量信息表

序号	井号	上井日期	工作时间（d）	人数（人）	主要设备	作业类型	液量（m³）	砂量（m³）	柴油消耗（t）	柴油费用（元）	支出（元）	收入（元）	备注
1													
2													
3													
2011年小计													
4													
2012年小计													
5													
2013年小计													

填表人：　　年　月　日　　　　复核人：　　　年　月　日

表 H-56 压裂酸化队综合信息表

年份	工作量				人工		设备			材料费（元）	其他直接费（元）	制造费（元）	成本（元）	收入（元）	备注
	井数（口）	作业次数（次）	液量（m³）	砂量（m³）	工作时间（d）	人数（人）	人工费（元）	型号	原值（元）	折旧（元）	修理费（元）					
2011年															
2012年															
2013年															

填表人：　　年　月　日　　　　复核人：　　　年　月　日

表 H-57 建设项目部工作量信息表

序号	井号	开始日期	工作时间(d)	管理人员(人)	管理方式	管理内容	支出(元)	收入(元)	备注
1									
2									
3									
2011 年小计									
4									
2012 年小计									
5									
2013 年小计									

填表人：　　年　月　日　　　　　　复核人：　　年　月　日

表 H-58 建设项目部综合信息表

| 年份 | 工作量 ||| 人工 || 设备 |||| 材料费(元) | 其他直接费(元) | 制造费(元) | 成本(元) | 收入(元) | 备注 |
	管理井数(口)	监督井数(口)	工作时间(d)	人数(人)	人工费(元)	型号	原值(元)	折旧(元)	修理费(元)						
2011 年															
2012 年															
2013 年															

填表人：　　年　月　日　　　　　　复核人：　　年　月　日

表 H-59 钻井设计工作量信息表

序号	井号	开始日期	工作时间(d)	设计人员(人)	设计内容	涵盖井数(口)	支出(元)	收入(元)	备注
1									
2									
3									
2011 年小计									
4									
2012 年小计									
5									
2013 年小计									

填表人：　　年　月　日　　　　　　复核人：　　年　月　日

表 H-60 钻井设计综合信息表

年份	工作量 设计井数(口)	工作量 涵盖井数(口)	工作量 工作时间(d)	人工 人数(人)	人工 人工费(元)	设备 型号	设备 原值(元)	设备 折旧(元)	设备 修理费(元)	材料费(元)	其他直接费(元)	制造费(元)	成本(元)	收入(元)	备注
2011 年															
2012 年															
2013 年															

填表人： 年 月 日　　　复核人： 年 月 日

附录 I 主要材料和运输价格统计表

表 I-1 钻头价格

序号	尺寸（mm）	类型	型号	计量单位	金额
1	660.4	三牙轮钻头	P2	元/只	
2	444.5	三牙轮钻头	ST517GK	元/只	
3	311.1	三牙轮钻头	HA437	元/只	
4		三牙轮钻头	HAT127	元/只	
5		三牙轮钻头	HJ517G	元/只	
6		三牙轮钻头	HJ437G	元/只	
7		PDC 钻头	GP536D	元/只	
8	215.9	三牙轮钻头	HJT537GL	元/只	
9		三牙轮钻头	MX-DS44GDX	元/只	
10		三牙轮钻头	LMT617GL	元/只	
11		三牙轮钻头	MXL-DS55DX	元/只	
12		三牙轮钻头	LMT637GL	元/只	
13	117.5	单牙轮钻头	GYD437GL	元/只	

表 I-2 钻井液材料价格

序号	名称	代号	类型	计量单位	金额
1	膨润土		原材料	元/t	
2	纯碱	Na_2CO_3		元/t	
3	烧碱	$NaOH$		元/t	
4	重晶石	$BaSO_4$	加重材料	元/t	
5	强力包被剂	HWB-101		元/t	
6	硅氟高温降黏剂	SF-260	降黏剂	元/t	
7	硅氟 150			元/t	
8	防塌降滤失剂	FT-881	降滤失剂	元/t	
9	无荧光防塌降失水剂	KH-931	降滤失剂	元/t	
10	HA 树脂		降滤失剂	元/t	
11	抗盐降滤失剂剂	KFT	降滤失剂	元/t	
12	低软化点沥青		页岩抑制剂	元/kg	
13	液体润滑剂		润滑剂	元/kg	
14	油性石墨		润滑剂	元/kg	
15	超细碳酸钙	$CaCO_3$		元/t	

表 I-3　油料和水电价格

序号	名称	代号	类型	计量单位	金额
1	柴油	0#		元/t	
2	机油			元/kg	
3	生产用水			元/m³	
4	生活用水			元/m³	
5	电			元/kW·h	

表 I-4　套管价格

序号	外径（mm）	壁厚（mm）	钢级	扣型	产地	单位重量（kg/m）	计量单位	金额
1								
2								
3								
4								
5								

表 I-5　套管附件和井下工具价格

序号	名称	规格型号	计量单位	金额
1				
2				
3				

表 I-6　水泥和水泥外加剂价格

序号	名称	规格型号	计量单位	金额
1				
2				
3				

表 I-7　采油树价格

序号	名称	规格型号	计量单位	金额
1				
2				
3				

表 I-8　油管价格

序号	外径（mm）	壁厚（mm）	钢级	扣型	产地	单位重量（kg/m）	计量单位	金额
1								
2								
3								
4								
5								

表 I-9　完井液价格

序号	名称	代号	类型	计量单位	金额
1	洗井液				
2	射孔液				
3	压井液				
4	保护液				
5					

表 I-10　完井井下工具价格

序号	名称	规格型号	计量单位	金额
1				
2				
3				

表 I-11　压裂酸化材料价格

序号	名称	规格型号	计量单位	金额
1				
2				
3				

表 I-12　车辆运输价格

序号	车辆类型	规格型号	计量单位	金额
1			元/t·km	
2			元/t·km	
3			元/t·km	
4			元/t·km	
5			元/t·km	
6			元/t·km	
7			元/t·km	
8			元/台时	
9			元/台时	
10			元/台时	
11			元/台时	
12			元/台时	

附录 J 钻井工程投资统计表

表 J-1 2011—2013 年钻井工程投资统计

序号	井号	建设单位	油田	井别	井型	井身结构	井深	投资（元）	备注
	合计								
1									

表 J-2 2011—2013 年钻井工程投资分类汇总

建设单位	油田	标准井井号	典型井井号	井型	井身结构	总井数（口）	总进尺（m）	投资（元）	备注
XXCC	XXLLTT	LHBZKF-1	马20-18-22、马20-20-22、马20-12-18	定向井	二开井	11	24667.00		
		LHBZKF-2	马古-H101、马古6-6-14、马古12-8-8	定向井	四开井	19	92869.00		
		LHBZKF-3	兴古7-H230、兴古7-10-20、兴古7-10-24	定向井	四开井	6	28001.00		
		LHBZKF-4	兴古7-H234、兴古-中H102、兴古7-H233	水平井	四开井	20	100344.63		
	OOLLTT	LHBZKF-5	欧37-62-32、欧37-73-30、欧37-72-30	定向井	二开井	7	20953.00		
SSCC	SSTTZZ	LHBZKF-6	双23-24、双20-037、双20-38	定向井	二开井	6	16019.00		
	BBTT	LHBZKF-7	边35-26、边33-21、边36-20	定向井	三开井	6	15511.05		
		LHBZKF-8	边台-H22、边台-H211、边台-H207	水平井	三开井	10	25901.22		
	JJAAPP	LHBZKF-9	安1-H2、安1-H3、安1-H5	水平井	三开井	5	17936.00		
		LHBZKF-10	沈630-H1220、沈630-H1521、沈630-H921	水平井	三开井	9	40021.87		
		LHBZKF-11	胜601-H305、胜601-H509、胜601-H711	水平井	三开井	9	35966.53		
	DDMMTT	LHBZKF-12	前19-64、前21-61、前19-50	定向井	二开井	7	21676.00		
CCCC	CCYYTT	LHBZKF-13	茨42-67、茨42-68、茨55-121	定向井	二开井	7	17096.00		
	ZZQQ	LHBZKF-14	强1-44-21、强1-38-18、强1-50-14	直井	二开井	10	17290.00		
		LHBZKF-15	强1-44-15、强1-32-16、强1-58-18	定向井	二开井	37	67676.00		

续表

建设单位	油田	标准井井号	典型井井号	井型	井身结构	总井数（口）	总进尺（m）	投资（元）	备注
CCCC	NNJJ	LHBZKF-16	牛16-气2、牛16-气3、牛16-气4	定向井	二开井	5	8440.00		
	QQLLTT	LHBZKF-17	龙16-322、龙17-319、龙14-16	定向井	二开井	13	22189.00		
GGCC	GGSS	LHBZKF-18	高2-2-026、高2-4-026、高2-04-81	定向井	二开井	30	53500.00		
		LHBZKF-19	雷24-11、雷26-13、雷24-10	定向井	二开井	7	15621.00		
		LHBZKF-20	雷11-莲H703、雷11-莲H706、雷11-莲H705	水平井	二开井	3	7377.00		
		LHBZKF-21	雷26-8、雷25-16、雷28-11	定向井	三开井	7	17510.00		
HHCC	HHXXLL	LHBZKF-22	欢127-17-30、欢127-17-31、欢127-18-29	定向井	二开井	4	3405.00		
		LHBZKF-23	欢2-13-2308、欢2-13-2309、欢2-12-2309	定向井	二开井	5	7572.00		
		LHBZKF-24	欢2-11-5018、欢2-10-5317、欢2-19-316	定向井	二开井	20	55648.00		
		LHBZKF-25	欢616-莲H3、欢616-莲H4、欢127-H28	水平井	二开井	5	5700.00		
		LHBZKF-26	齐2-15-3009、齐2-13-012、齐2-13-311	定向井	二开井	5	11211.00		
		LHBZKF-27	齐40-13-K281、齐40-14-K032、齐40-16-K30	定向井	二开井	23	22526.00		
		LHBZKF-28	齐40-H5、齐40-H7、齐40-H9	水平井	三开井	4	4731.00		
JJCC	HHXXLL	LHBZKF-29	锦7-033-29、锦45-023-023、锦45-024-025	定向井	二开井	61	66915.00		
		LHBZKF-30	锦2-6-A346、锦2-丙5-A326、锦2-丙5-A336	定向井	二开井	16	25155.00		
		LHBZKF-31	锦2-6-339、锦2-6-239、锦2-6-39	定向井	二开井	5	13316.00		
LLXX	HHJJDD	LHBZKF-32	黄66-5、黄66-3、黄66-6	定向井	三开井	6	16916.00		
	NNMM	LHBZKF-33	奈1-62-50、奈1-38-44、奈1-66-60	定向井	二开井	28	66253.61		
		LHBZKF-34	奈1-74-60、奈1-64-58、奈1-34-48	直井	二开井	12	27894.00		
	RRXXTT	LHBZKF-35	荣281-26、荣281-32、荣281-K32	定向井	二开井	4	6266.00		
		LHBZKF-36	荣72-24-38、荣72-26-46、荣72-28-34	定向井	三开井	4	12077.00		
	XXLLTT	LHBZKF-37	兴浅气23、兴浅气24、兴浅气26	定向井	二开井	9	16582.79		

续表

建设单位	油田	标准井井号	典型井井号	井型	井身结构	总井数（口）	总进尺（m）	投资（元）	备注
LLDD	LLJJPP	LHBZKF-38	陈古-H303、陈古-H305、陈古-H307	水平井	四开井	4	22643.00		
	XXWW	LHBZKF-39	洼83-H103、洼83-H102、洼83-H105	定向井	二开井	6	10582.00		
		LHBZKF-40	洼60-H65、洼60-H67、洼60-H3102	水平井	三开井	3	6043.00		
SUCC	SSGG	LHBZKF-41	杜813-45-79、杜84-29-51、杜813-41-K60	定向井	二开井	167	151968.00		
		LHBZKF-42	曙3-H1201、曙3-H2302、曙3-H2306	水平井	二开井	47	77847.00		
		LHBZKF-43	杜84-兴H3082、杜212-兴H222、杜813-H302	水平井	三开井	75	100230.34		
TTYY	SSGG	LHBZKF-44	杜32-50-K42、杜32-55-K39、杜32-44-51	定向井	二开井	19	20498.00		
		LHBZKF-45	杜32-兴H223、杜84-兴H3052、杜84-兴H2005	水平井	二开井	5	7103.00		
		LHBZKF-46	杜32-兴H209、杜84-兴H3062、杜84-兴H3338	水平井	三开井	57	76902.75		
JJMM	HHW WHH	LHBZKF-47	海3-18、海7-24、海2-15	定向井	二开井	20	39481.00		
		LHBZKF-48	新海27-H60、新海27-H100、新海27-H98	水平井	二开井	9	15950.00		
QQHH	BBJJLL	LHBZKF-49	架岭607-3-3、架岭607-3-11、架岭607-1-3	定向井	三开井	4	14375.00		
QQHH	BBJJLL	LHBZPJ-1	架岭607、架岭609	定向井	三开井	2	7362.00		
SSCC	BBTT	LHBZPJ-2	曹621H导、曹622H导、曹623H导	定向井	四开井	4	9694.00		
		LHBZPJ-3	曹625H导、曹628H导、曹629H导	定向井	三开井	3	8436.00		
	DDMMTT	LHBZPJ-4	静601H、静602H	水平井	三开井	2	7469.00		
		LHBZPJ-5	沈658、沈658K	定向井	二开井	2	7264.00		
LLDD	LLJJ	LHBZPJ-6	雷81-1、雷81-2	定向井	二开井	2	4536.00		
	XXLLTT	LHBZPJ-7	陈古1-1、陈古1-2	定向井	四开井	3	14541.00		
XXCC	XXLLTT	LHBZPJ-8	马古3-1、马古6-2、马古6-4	定向井	四开井	4	18562.00		
		LHBZPJ-9	兴古7-16、兴古7-19、兴古7-20	定向井	四开井	4	19526.00		
KKTTBB	DDMMTT	LHBZKT-1	曹32、曹30	定向井	二开井	2	4979.00		
		LHBZKT-2	沈327、沈317	定向井	二开井	2	7287.06		
		LHBZKT-3	沈326、沈312、沈324	定向井	三开井	4	15467.00		

续表

建设单位	油田	标准井井号	典型井井号	井型	井身结构	总井数（口）	总进尺（m）	投资（元）	备注
KKTTBB	DDMMTT	LHBZKT-4	哈37、沈325、沈308	定向井	三开井	4	17041.00		
		LHBZKT-5	沈311、沈320、沈314	直井	三开井	6	24643.00		
	DDBBAX	LHBZKT-6	龙70、欧58、荣89	定向井	二开井	3	10910.00		
		LHBZKT-7	小40、于68、台42	定向井	三开井	3	12100.00		
		LHBZKT-8	界17、小42	直井	二开井	5	15997.00		
	LLXXAX	LHBZKT-9	包35、包34	直井	二开井	2	4136.00		
	LLDDAX	LHBZKT-10	广8、河17	直井	二开井	3	7538.00		
	XXBBAX	LHBZKT-11	雷81、雷83、雷84	定向井	二开井	3	8886.00		
		LHBZKT-12	雷79、洼113、兴西2	定向井	二开井	3	11569.00		
		LHBZKT-13	冷189、双232、曙137	定向井	三开井	3	11141.00		
		LHBZKT-14	冷191、马南13、双231	直井	三开井	3	11621.00		
		LHBZKT-15	曙古165、曙古168	直井	四开井	2	7161.00		
	ZZYYLQ	LHBZKT-16	赵古12、赵古10、赵古5	定向井	三开井	3	9817.34		
XXQQBB	KKLLPD	LHBZKT-17	庙31、庙32、白28	直井	二开井	4	8620.00		
HHYYKKTT	TTHHZB	LHBZKT-18	仙鹤5、仙鹤6、仙鹤7	定向井	四开井	3	12781.00		

参 考 文 献

[1] 李向阳，刘泓波. 集团公司全面深化改革领导小组第一次会议召开［N］. 中国石油报，2014-4-18（1）
[2] 张卫东. 新制度经济学［M］. 大连：东北财经大学出版社，2010
[3] 谭庆刚. 新制度经济学——分析框架与中国实践［M］. 北京：清华大学出版社，2011
[4] ［美］利奥尼德·赫维茨，斯坦利·瑞特著，田国强等译. 经济机制设计［M］. 上海：格致出版社，上海三联书店，上海人民出版社，2009
[5] 全国造价工程师执业资格考试培训教材编审组. 工程造价计价与控制［M］. 北京：中国计划出版社，2009
[6] 王震，郑炯，赵林等. 跨国石油投资与并购［M］. 北京：石油工业出版社，2010
[7] 徐向艺，陈振化，李治国. 中国上市公司关联交易生成机制及规范治理研究［M］. 北京：经济科学出版社，2010
[8] 黄伟和，刘文涛，司光，魏伶华. 石油天然气钻井工程造价理论与方法［M］. 北京：石油工业出版社，2010
[9] 黄伟和. 石油钻井工程市场定价机制研究［M］. 北京：石油工业出版社，2013
[10] 黄伟和. 石油天然气钻井工程工程量清单计价方法［M］. 北京：石油工业出版社，2012
[11] 黄伟和. 石油钻井系统工程造价技术体系研究［M］. 北京：石油工业出版社，2008
[12] 黄伟和，孙立国，司光，刘海. 国际石油钻井市场运作模式发展分析与启示［J］. 国际石油经济，2011，19（12）：60~65